Dance
Electronic Music

Redbook

Dance

Electronic Music

Manu González

MA NON TROPPO

MA
NON
TROPPO

Un sello de Redbook ediciones
Indústria 11 (pol. Ind. Buvisa)
08329 Teià (barcelona)
info@redbookediciones.com
www.redbookediciones.com

Diseño de cubierta: Regina Richling
Diseño de interior: César Muñoz

ISBN: 978-84-15256-89-2
Depósito legal: B-1.321-2016

Impreso por Sagrafic,
Plaza Urquinaona 14, 7º-3ª
08010 Barcelona

Impreso en España - *Printed in Spain*

Índice

Introducción

Bailando, me paso el día bailando

El espíritu inicial de la música house y la música electrónica de baile era romper las reglas preestablecidas para hacer las cosas de muchas maneras diferentes.

Thomas Bangalter (Daft Punk)

Los ordenadores y la música electrónica no es lo contrario de la música hecha por humanos. Es exactamente lo mismo.

Bill Laswell

He comenzado este libro con estas dos citas para intentar reflejar dos cualidades intrínsecas del carácter vanguardista de la música electrónica. Al no sonar exactamente igual que la música hecha con instrumentos tradicionales de cuerda, viento o percusión, la novedad suele ir acompañada de altas dosis de improvisación y experimentación, llevándonos a bailar cosas muy extrañas en la pista de baile. Pero también es una música hecha por humanos, fabricada para humanos, para ser pinchada en un local nocturno e invitarte al baile en comunidad con mucha gente a la que no conoces de nada y disfrutar con lo que suena en los altavoces potentes de ese gran o pequeño club oscuro.

El ser humano siempre ha bailado al ritmo de la música. Ya sea como una forma de expresión artística o, incluso, religiosa, pero sobre todo como una gran herramienta de interacción social y entretenimiento. Las coreografías corales y sociales dieron paso a las coreografías personales gracias a la popularización de la música y cientos de estilos de baile se han ido asociando a un estilo musical concreto (desde la samba, pasando por el dancehall, la cumbia, el tango o el kuduro). En la dance electronic music pasa lo mismo. La historia de la música electrónica de baile es la historia de sus instrumentos, de sus clubs, de sus DJs, de sus comunidades y de sus drogas, siempre presentes en la cultura de club: porque no es lo mismo escuchar un tema como «Higher State of Consciousness» de Josh Wink, «The Bells» de Jeff Mills o «Crispy Bacon» de Laurent Garnier (por solo citar tres ejemplos) en casa sentado, enfrente de tu equipo de sonido, que bajo la influencia de drogas en un club oscuro lleno de gente bailando y con un equipo de sonido muy potente que te haga vibrar todo el cuerpo con los bajos.

La música electrónica no nació para ser bailada, sino para aspirar a ser vanguardista y futurista, pero la tecnología fue mejorando y creciendo, y comenzó a ser fácil de usar y de conseguir a buen precio, así que era mucho mejor usar un sintetizador a principios de los ochenta que varios teclados caros y además con un montón de sonidos nuevos. Pero los primeros experimentos de la música electrónica para bailar comenzaron a fraguarse en las peceras de producción, donde toda una nueva forma de procesar el sonido grabado podía convertir una canción en algo nuevo y excitante. Los jamaicanos lo comprendieron más rápidamente que nadie y a principio de los años setenta estaban haciendo temas dub, revisiones de temas de reggae, dancehall o rocksteady directamente pensados para que el público los bailara. La música disco recogió el testigo de esta forma nueva de hacer música. Ahora no mandaba la radio que escuchaba el público en su casa, en el trabajo o en su coche, sino los temas que más rápidamente se hacían populares en la pista de baile mezclados convenientemente por una figura nueva y moderna llamada DJ, una persona que no produce ni crea, simplemente altera el producto para hacerlo más bailable y continuista.

La música electrónica de baile no funciona igual que el resto de estilos musicales. Es, principalmente, un producto hecho para sonar en un sitio determinado y de una manera determinada: el club. La distribución también ha ido cambiando con el tiempo pero siempre se ha reducido a tiradas cortas de vinilos de 12 pulgadas con un tema o dos por cara. El tiempo de estos temas también se ha alargado, por culpa de los DJs que comenzaron a estirar las partes más bailables de las canciones más famosas, lo que dio pie a que se crearan estilos nuevos como la música house.

Hemos decidido centrarnos en la música electrónica de baile porque es global e inmensa. Si hubiéramos escrito solo un libro de música electrónica en general nos habríamos perdido muchos estilos, historias y artistas de las dos grandes familias de la electrónica: la dance music y la electronic music, con un árbol genealógico tan gigante que incluso hemos tenido que aparcar a un lado una familia entera de la música de baile para que se entendiera mejor toda esta historia. Nos referimos al hip hop, una de las más grandes ramas de este árbol de estilos y encuentros imposibles. Con este libro comenzamos un viaje a través de más de cuarenta años de sonidos marcianos, rítmicas imposibles, paredes húmedas, sonido atronador, drogas ilegales, gente en continúo contacto, danzando al son de una música tribal y diferente en diversas partes del mundo: desde Jamaica a Angola, de Tokio a Londres, de Berlín a Barcelona, de Detroit a Chicago. Esperemos que este libro sirva para acercar al público poco dado en socializar bailando a este mundo excitante de beats ruidosos en continúa revolución cultural, y que pueda ser utilizado por el aficionado más o menos experto como una eficaz, divertida y diferente guía de consulta.

☺

1. Historia de la música electrónica de baile

Nunca confíes en un DJ que no baila.

A Guy Called Gerald

Me encanta la música disco. Dicen que las letras son estúpidas y repetitivas.
¿Qué hay de malo en eso? No todo tiene que ser serio.

Lou Reed

El techno no fue diseñado para ser música de baile,
fue creado para ser una declaración futurista.

Jeff Mills

¿Qué es la música electrónica?

La explicación es bastante simple, *a priori*: música hecha con instrumentos electrónicos que necesitan energía de algún tipo para poder funcionar. Hay que diferenciar muy bien entre música eléctrica y música electrónica. La música eléctrica utiliza instrumentos como la guitarra y el bajo que necesitan un amplificador para sonar en condiciones, pero funciona muy parecido a todos los instrumentos de cuerda creados desde hace siglos. La música electrónica basa su sonido en el solfeo, sí, pero suelen ser sonidos nuevos, manipulados, que nacen en señales eléctricas convertidas en sonido alejado de los que pueda emitir cualquier instrumento clásico de viento, cuerda o percusión, aunque muchas veces lo imiten.

La música electrónica fue durante años propiedad exclusiva de la vanguardia clásica y siempre ha avanzado gracias a sus instrumentos. En definitiva, la historia de la música electrónica es la historia de sus instrumentos, y nace con los nuevos avances científicos de creación de energía y grabación de audio. Desde la creación del fonógrafo en 1878 por Thomas A. Edison, que utiliza la válvula *audión* (un invento diseñado por Lee De Forest que permitiría la amplificación y emisión sonora de señales eléctricas), la música electrónica ha tenido más de un siglo de innovación y aceptación por parte el oyente. Los primeros grandes inventos sonoros electrónicos fueron cacharros electromecánicos como el Telharmonium (de Thaddeus Cahill, desarrollado entre 1898 y 1912) o el sencillo y futurista Theremin (de Léon Theremin, creado entre 1919 y 1920); pero uno de los instrumentos claves de la música electrónica es el Ondes Martenot (un teclado unido a un generador de bajas frecuencias que tenía un altavoz monofónico), que sería utilizado por compositores vanguardistas como Olivier Messiaen o André Jolivet y que es el protagonista de una de las primeras grabaciones electrónicas, la banda sonora de *L'Idée*, de Berthold Bartosch, compuesta por el suizo Arthur Honegger.

La música electrónica es la historia de sus instrumentos, y hasta que estos no comenzaron a ser producidos en masa, siendo accesibles para casi todos los bolsillos, no comenzó a ser cotidiana en el oyente. Esto se produjo gracias a la popularización de los sintetizadores, teclados electrónicos que incluyen una gran variedad de sonidos y pueden imitar a otros instrumentos, construidos a partir de los años cuarenta por empresas de instrumentos musicales como Hammond, Yamaha o Wurtlizer hasta llegar al revolucionario Moog Modular de Robert Moog (1964), el instrumento que revolucionaría la música electrónica y sus aplicaciones a la música pop y rock. Pero antes de esto el público comenzó a identificar la música electrónica con otros mundos o con el futurismo, y en eso tuvo la culpa el séptimo arte, el cine.

Cine y futurismo

Los instrumentos electrónicos como el ondes martenot o el theremin se utilizaban para obras de vanguardia clásica, pero pronto comenzaron a tener su utilidad en el mundo del celuloide. Muchos compositores de la escuela vienesa comenzaron a ver (o mejor dicho: oír) que esos nuevos sonidos podían servir muy bien para introducir elementos sonoros en las películas que crearan desasosiego o una idea de futuro y mundos desconocidos. Es por eso que la música electrónica tuvo su primer contacto con el gran público gracias a su utilización en películas de Alfred Hitchcock (Bernard Hermann utilizaría el theremin en películas como *Psicosis*) o en la famosa *Lawrence de Arabia* (1962) de David Lean, donde Maurice Jarre utilizaría el ondes martenot. Los sonidos atonales creados por los nuevos instrumentos serían aprovechados por el cine de terror y suspense para crear desasosiego en el espectador. Una técnica que desarrollarían los directores de terror de la década de los setenta como John Carpenter (compositor de sus propias bandas sonoras) o la escuela italiana, liderada por Dario Argento (quien le dio la batuta de sus películas a bandas de rock progresivo electrónico como Goblin).

Pero si actualmente asociamos futurismo con música electrónica (y en la segunda década del siglo XXI continuamos haciéndolo) es gracias al cine de ciencia-ficción que durante dos décadas utilizó los instrumentos de música electrónica para crear fanfarrias musicales de otros mundos. Todo comenzó con *Planeta Prohibido* (Fred McLeod Wilcox, 1956) cuyo *soundtrack* compuesto por el matrimonio Bebe y Louis Barron está hecho enteramente de sonidos electrónicos creados a partir de circuitos eléctricos que la propia pareja construía. Bebe Barron no sería la única pionera de la música electrónica. De hecho, la música electrónica experimental de aquellos años no sería la misma sin la participación de mujeres como Delia Derbyshire, que convirtió la partitura de Ron Grainer en la composición futurista y electrónica más famosa de los años sesenta y setenta (la banda sonora de la serie de la BBC, *Doctor Who*) y sería una de las figuras claves en el laboratorio de sonidos de BBC Radiophonic Workshop, donde se desarrollaron muchas técnicas modernas de creación y grabación de sonido. Otra gran compositora electrónica pionera es Wendy Carlos, que trabajaría con Stanley Kubrick en *La Naranja Mecánica* (1971) y *El Resplandor* (1980) y llegaría hacer la banda sonora de la futurista *Tron* (1982).

La ciencia-ficción hizo suyo instrumentos como el theremin, que se popularizó en el imaginario colectivo gracias a las películas de ciencia-ficción mucho antes que The Beach Boys lo utilizaran para su «Good Vibrations». Esta asociación audiovisual de futurismo electrónico influirá a bandas claves para el desarrollo de la música electrónica y la dance music como Kraftwerk (aunque ellos lo convirtieron en retrofuturismo al tratarlo como el sueño de la vieja Europa de principios de siglo, retratado en películas como *Metrópolis* de Fritz Lang y la ciencia-ficción de la posguerra) o la primera banda de Juan Atkins, Cybotron, influido por la nueva ola de la ciencia-ficción de Alvin Toffler.

El germen de la dance music

Como ya hemos comentado más de una vez, la música electrónica es la historia de sus instrumentos, pero la historia de la dance music es, además de eso, las discotecas donde se ponía esa música, el DJ que pinchaba esa música, la comunidad que creció alrededor de esos templos del hedonismo y, porque no decirlo, la historia de las diferentes drogas que ha ido consumiendo el público que iba a bailar los fines de semana para olvidarse de la tediosa realidad. Es por eso que muchos estilos de la dance music crecieron en el *underground*, en guetos urbanos pobres, mucho antes de hacerse popular. Bailar y drogarse para huir de una sociedad de consumo completamente asfixiante.

La primera canción famosa de música electrónica que se pudo bailar no nació en los clubs, sino gracias al desarrollo del sintetizador moog modular y al disco que Gershon Kingsley grabó en 1969, *Music to Moog By*, donde mezclaba creaciones propias, versiones de clásicos como Beethoven o los Beatles y un tema muy divertido y bailable llamado «Popcorn», que en 1972 sería revisitado por la banda americana Hot Butter que lo convirtió en todo un hit instantáneo para las pistas de baile de todas las discotecas del mundo. Pero antes de esa fecha, la dance music comenzó a gestarse, también, detrás de la pecera, en los avances en producción y grabación de sonido que se habían desarrollado durante la década de los sesenta gracias a figuras de la música popular como The Beatles (y su productor e incansable buscador de sonidos George Martin) o los Beach Boys de Brian Wilson y su disco *Pet Sounds* (1966), una obra maestra de la innovación en producción en la época.

Siguiendo con el contexto pop-rock: un año después, la banda de Nueva York Silver Apples comenzaría a introducir sonidos nuevos electrónicos en el rock, como osciladores e instrumentos creados por la propia banda. Esta mezcla imposible de rock y sonidos electrónicos sería desarrollada, alcanzando casi todo su potencial, en Alemania, durante la década de los setenta, en la corriente llamada krautrock, donde participaron bandas como Can, Neu!, Faust, Amon Düül, Cluster, Popol Vuh o dos de las primeras bandas de música electrónica de la historia: Kraftwerk y Tangerine Dream. Estos músicos alemanes crecieron gracias a las influencias de Silver Apples, la banda de Lou Reed y John Cale The Velvet Underground, la psicodelia de Pink Floyd, la vanguardia de música clásica de Pierre Schaeffer, John Cage, Karlheinz Stockhausen y LaMonte Young, el rock progresivo de King Crimson o experimentos como los de Frank Zappa & The Mothers of Invention, pero también cogieron elementos creados en Jamaica, por la primera generación de dub, la primera música creada artificialmente en un estudio y pensada directamente para ser consumida en las pistas de baile.

Dub: Jamaica baila

Sí, los primeros que comenzaron a manipular el sonido para hacerlo más rítmico y bailable no fueron los blancos europeos o norteamericanos, sino los productores de dancehall jamaicanos (estilo que une reggae, ska, rocksteady y toda la música de origen jamaicana), creadores de muchas de las técnicas de producción y reproducción de la música electrónica de baile. La importancia de Jamaica es vital en este relato, porque también popularizó muchas formas de trabajar que luego recogería la dance music. Pero vayamos por partes. En Jamaica no existían locales, sino *soundsystems* de sonido compuestos por ingenieros, DJs, cantantes y MCs (antes de que se creara la palabra MC, eran maestros de ceremonias que iban introduciendo los diversos temas). Cada soundsytem tenía una sana rivalidad con otros soundsystems por sonar mejor, más potente, tener el mejor selector o pinchar los temas más bailables en cada momento. En el año 1968, el soundsystem operator Rudolph "Ruddy" Redwood estaba trabajando en el tema de The Paragons «On The Beach» cuando por error su ingeniero Byron Smith borró la parte vocal del tema. Ruddy mantuvo el resultado y su DJ Wassy lo pinchaba mientras tosteaba (*toasting*, hablar medio rimando) por encima del tema. Fue todo un éxito y un competidor de Ruddy, Bunny Lee, le contó a King Tubby que la gente estaba loca por ese nuevo sonido dubby.

Tubby fue la persona que comenzó a rehacer temas de reggae y rocksteady añadiéndole efectos como ecos, delays, reverberaciones, aparición de la voz en momentos claves y muchos otros juegos de producción. El resultado de estas primeras remezclas dub de éxitos de la música jamaicana consiguió que la gente comenzara a pedir temas nuevos, los llamados *riddim*, temas de dub creados en estudio para que los cantantes, MCs o *toasters* cantaran por encima.

Aunque Tubby sea el padre del dub, Lee "Scratch" Perry lo llevó hasta límites insospechados en su The Black Ark estudio, situado en el patio de su casa, donde grabó miles y miles de riddims y temas para gente como The Congos, Bob Marley, Max Romeo y muchos más. Tubby y Perry desnudaron los temas de reggae dejándolos en su más pura iniciación dance: la sección rítmica, bajo y batería. A partir de ahí, y gracias a los efectos de la droga oficial de Jamaica (la marihuana), los temas eran adornados con ecos siderales y voces que parecían surgir del otro lado del espejo, llevando a los bailarines a un estado semioníríco y muy sexual.

El soundsystem jamaicano fue la inspiración de los primeros creadores del hip hop en el Nueva York de finales de los años setenta para crear sus propios soundsystems. Esa forma de producir temas con la única finalidad de ser bailados es el abc de la música dance. Una música pensada en un principio para bailar en un ambiente adecuado y con el mejor sonido posible.

Música disco: el éxito

Mientras en la vieja Europa gente como Kraftwerk, Tangerine Dream o Jean Michel Jarre comenzaban a grabar sus primeras composiciones enteramente electrónicas, en Estados Unidos, el *underground* de la música R&B, funk y soul de baile iba a tener en su siguiente mutación un éxito inesperado gracias a la popularización de instrumentos como los sintetizadores y el secuenciador (el primer programador de ritmos y sonidos electrónicos): la música disco. La música disco instauró el compás clásico de la dance music, el 4/4, y se basaba en ritmos repetitivos muy rápidos que podían alcanzar los 120 bpm, pero no solo se alimentaba de R&B, funk o soul, también contenía elementos de la salsa o muchos rasgos rítmicos de la dance music latina. Fue una música que causó un impacto mayor en comunidades pobres o marginales como la comunidad gay, la cultura afroamericana y latina y, también, los italoamericanos (como muy bien refleja la película *Fiebre del sábado noche*) en lugares como Nueva York o Filadelfia. Los padres del proto-disco son grupos como Sly And The Family Stone, Isaac Hayes, Willie Hutch y los arreglos de orquesta del Philly Soul, que vendía hedonismo y felicidad a una sociedad empobrecida que buscaba sus dosis de escapismo cada fin de semana.

Aunque temas como «The Love You Save» de Jackson 5, «Superstition» de Stevie Wonder o «Soul Makossa» de Manu Dibango podrían considerarse disco, el primer tema que entró en las listas bajo ese nombre fue el «Love Train» de The O'Jays. La música disco estuvo omnipresente en las pistas de baile entre 1972 y 1982 y llegó a ser famosa mundialmente gracias a clubs como Studio 54, The Loft, Leviticus o Sanctuary en Nueva York, Studio One en Los Angeles, Dugan's Bistro en Chicago o The Library en Atlanta. Aparte de ser la música de la primigenia cultura de clubs, también fue donde comenzó el culto al DJ con figuras como David Mancuso, Rex Potts, Larry Levan, JellyBean o Jim Burgess.

A finales de los setenta la fiebre disco había alcanzado cotas enormes. Todo el mundo tenía su canción disco (desde rockeros como Rod Stewart, hasta grupos de proto-punk como Blondie) y todos los famosos iban a Studio 54. Drogas como la cocaína, LSD o MDMA, anfetamínicos o cualquier tipo de droga psicodélica eran consumidas como si fueran agua. Pero la verdadera revolución sonora dentro de la música disco y su verdadera evolución hacia la música de baile puramente electrónica no se produciría en Nueva York, sino en Italia y en Alemania.

Disco Europa: *Space is the Place*

En Europa la moda disco cuajo perfectamente a finales de los setenta en dos lugares muy específicos: Alemania e Italia. En Alemania ya existía la música electrónica gracias a Kraftwerk y Tangerine Dream, pero su figura más internacional no tendría ADN germánico, sino italiano; nos referimos a Giovanni Giorgio Moroder, quien inventaría el sonido Munich a finales de los setenta. En 1977 llega al estrellato gracias a su LP *From Here to Eternity*, que estaba repleto de pop y space disco (grabado además sin pausas, como si fuera una gran sesión de DJ). Ese mismo año le regala a Donna Summer el hit eterno «I Feel Love», una canción que estalla en el imaginario de los adictos a la música disco convirtiéndose en su obra maestra definitiva, siendo el primer tema de música electrónica de baile con reconocimiento masivo. Un tema que no ha envejecido ni un ápice y que todavía continúa pinchándose en clubs de todo el mundo casi cuarenta años después. En Alemania también tenían productos propios de la música disco, como Boney M, que se convirtió en un éxito en muchos países europeos como España, pero recordemos que ABBA, con sus canciones de pop adictivas, también arrasaron en Europa y en medio mundo y se pinchaban junto a los clásicos de la música disco.

En Italia le cogieron el gusto a la música disco a finales de los setenta. Como los instrumentos electrónicos cada vez eran más comunes y baratos, salía más a cuenta producir como churros temas más electrónicos que contratar a toda una banda para grabar hits. Influidos por la música disco, Moroder, la música francesa electrónica de Cerrone, Kraftwerk o la Yellow Magic Orchestra, en el norte de Italia comienzan a surgir sellos y productores que lanzan hits bailables sin parar. La escuela italiana de música disco sería la más influyente en América en los primeros ochenta, y sería el espejo en el que comenzarían a crearse estilos como el eurobeat o el Hi-NRG, mucho más pop, que tuvo en el trío de productores Stock, Aitken y Waterman sus orfebres más aplicados y que generó una superestrella mundial del pop, la mismísima Madonna, que siempre ha coqueteado con la música electrónica a lo largo de toda su carrera.

El italo disco y el space disco (la vertiente más futurista de la música disco, con gente como Cerrone, Moroder, Space, Droïds o los rusos Zodiac) han sido unas de las canteras más valoradas (e imitadas) por músicos contemporáneos como Daft Punk, Lindrstrøm, Metro Area, Vitalic o Sally Shapiro. La influencia de esta música llegó hasta finales de los años ochenta dando casos como el sonido Sabadell, donde se producía música italo para el mercado internacional y que sería la base del primer *Max Mix* (1985) de Raúl Orellana y Mike Platinas.

Inglaterra synthpop: *No Future*

Al Reino Unido siempre habrá que darle de comer aparte en cuestiones de música electrónica y baile. Sobre todo a finales de los setenta y primeros ochenta. Mientras la música disco triunfaba en todo el mundo, el punk y el *do-it-yourself* fueron el origen del synthpop británico, donde bandas que venían del *underground* punk y las vanguardias culturales encontraron en los sintetizadores y los secuenciadores una nueva vía de expresión diferente a las guitarras desafinadas del punk-rock. Pero la mezcla de sintetizador y energía punk no nació en Inglaterra (como el punk, que no lo inventaron Sex Pistols, sino The Ramones), sino en la siempre vanguardista Nueva York con el dúo Suicide.

El impacto de este sonido hizo que muchas bandas como Cabaret Voltaire o Throbbing Gristle comenzaran a experimentar, convirtiéndose en los innovadores de la música industrial y el ambient más oscuro. Pero el éxito y la popularización de la música electrónica no se produciría con sus bandas más vanguardistas, sino con las más pop. Influidos por el tema «The Model» de Kraftwerk, en Inglaterra comenzaron a surgir bandas que mezclaban pop y sintetizadores como Ultravox, The Human League, Gary Numan, Soft Cell, Japan y Orchestral Manoeuvres in the Dark, y que llegaría a su máximo esplendor en los ochenta con el éxito de Depeche Mode, Erasure y Pet Shop Boys (más influidos por la música disco latina electrónica de Bobby Orlando en Nueva York que por los fríos compases germánicos de Kraftwerk, todo sea dicho).

Los primeros ochenta fueron electrónicos en las listas de éxito inglesas, junto a la aparición de bandas como Tears For Fears o The Communards, y la aparición de los *new romantics* como Duran Duran, Visage o Spandau Ballet, menos electrónicos pero mundialmente famosos (como A-Ha en Suecia). El synthpop triunfó en todo el mundo y pronto comenzaron a surgir bandas de diversos lugares del globo terráqueo como Trans X (Canadá), Yello (Suiza), Propaganda y Alphaville (Alemania) o Azul y Negro (España). Aunque Inglaterra comenzara a popularizar la música electrónica de baile, su influencia en otra parte del mundo (en ciudades como Chicago, Nueva

York y Detroit) fue el verdadero catalizador de la explosión de la dance music tal y como la conocemos hoy en día.

Chicago: la historia del house

Lo más divertido de la explosión del house en Norteamérica es que no existe un relato oficial de cómo se desarrolló. No fue de pronto: «Eureka, ya lo tenemos». Todo fue una serie de bienaventuradas alegrías. Pero comencemos por el principio. A finales de los setenta Nueva York está lleno de clubs donde se pincha música disco, los hits latinos de Salsoul, el funk más rítmico e, incluso, discos de Kraftwerk que llegan de Europa. Dos de los DJs con más proyección e inventiva eran Frankie Knuckles y Larry Levan, dos jovencísimos DJs que triunfan en clubs como The Continental Baths o The Gallery. Un amigo de los dos, Robert Williams (promotor nocturno) vuelve de visitar a su madre en Chicago y ve que la ciudad de los vientos está muerta de noche. Convence a Knuckles para que se mude a Chicago y abrir The Warehouse (1977), el club donde comenzó todo.

Knuckles comienza a mezclar todo tipo de sonidos (música disco, soul, funk, el primer synthpop que llega de Inglaterra, Kraftwerk, los japoneses Yellow Magic Orchestra) haciendo hincapié en el ritmo y llegando a hacer eternos loops de los trozos más rítmicos (mediante la técnica de pinchar el mismo disco dos veces). En Chicago se vuelven locos con las sesiones de Knuckles, pero no está sólo. En la ciudad de los vientos también está Ron Hardy y en Nueva York, Larry Levan sigue un proceso similar con sus maratonianas sesiones en el Paradise Garage (un local con un sonido alucinante donde Levan comienza a pontenciar la parte más vocal de los tracks, creando el llamado garage house). En los primeros ochenta aparece un instrumento que sería la base sobre la que dos estilos fundamentales de la música moderna crearían su primera iglesia: hablamos del hip hop y el house, y el instrumento se llama Roland TR-808.

La TR-808 era una caja de ritmos muy marciana que la compañía japonesa Roland fabricó durante 1980 y 1984. Intentaba imitar diversos tipos de percusiones pero sonaba muy artificial, como venido de un mundo extraterrestre. La TR-808 era un instrumento muy asequible y pronto comenzó a estar en muchos estudios, pero hubo un punto de inflexión en 1982 cuando esta pequeña caja de ritmos fue utilizada en dos éxitos de aquel año: el primer tema de Afrika Bambaataa & The Soulsonic Force, «Planet Rock», una de las piezas más influyentes de la historia del hip hop (estilo que forma parte de la gran familia de la música electrónica de baile y que debería tener un libro aparte debido a su importancia y grandeza sonora), y en el «Sexual Healing» del mítico Marvin Gaye que utilizó la TR-808 para darle un aire más sensual a su tema más famoso. La TR-808 también se utilizaría en el primer tema de chicago house de la historia, el «On and On» de Jesse Saunders en 1984.

No es que Saunders (y su socio Vince Lawrence) dijera un día, «voy a inventar un estilo», simplemente hizo un tema que pudiera pinchar en medio de sus sesiones todoterrereno, utilizando la base del tema «Space Invaders» de Player One, pero el bien ya estaba hecho. Antes de existir la etiqueta house music, sellos como Trax y DJ International, comienzan a publicar material de gente como Marshall Jefferson, Farley "Jackmaster" Funk, Adonis, Mr. Fingers (y Fingers Inc), Steve "Silk" Hurley o el mismo Frankie Knuckles entre 1985 y 1987.

Otro de los instrumentos que Saunders utilizó para su «On and On» fue la Roland TB-303, un emulador de bajo que ya había sido utilizado de manera muy imaginativa por el músico indio Charanjit Singh en su disco *Synthesizing: Ten Ragas to a Disco Beat* (1982). Singh es un precursor de lo que sería llamado acid house, sino fuera porque este disco nunca llegó a Estados Unidos y ha sido un descubrimiento reciente (ha sido reeditado en 2010). En dos lugares del mundo en diferentes épocas llegaron a sacar un sonido parecido sin saber nada el uno del otro. El acid house nace gracias a la TB-303 y al grupo Phuture, quien en 1987 produce el seminal «Acid Tracks», un tema que rompía con todo lo escuchado (y bailado) hasta entonces. Profundamente lisérgico y muy rítmico, el primer tema del acid house sería el detonante de la existencia de la cultura rave en Inglaterra a finales de los años ochenta. Pero antes de viajar, otra vez, a Europa, tenemos que hacer una parada en otro punto importante de la historia y la geografía americana, Detroit, donde comenzó la música techno, el otro gran estilo de la dance music contemporánea.

Detroit: el futuro

Antes de que Saunders creara «On and On», en Detroit el joven Juan Atkins crecía con los futuristas sonidos que el DJ radiofónico Charles "The Electrifying Mojo" Johnston pinchaba en la radio local WGPR y los libros de ciencia-ficción que su amigo Richard 3070 Davis le pasaba. Fan de la nueva ola de Alvin Toffler, Atkins comienza a comprar sus primeros sintetizadores y secuenciadores, pasión que comparte con sus amigos de Belleville Derrick May y Kevin Saunderson. Junto a Davis, Atkins crea el grupo Cybotron de funk futurista, donde destacan temas como «Cosmic Cars», o como muy bien lo definió Atkins en su día, «como si James Brown y Kraftwerk se quedaran encerrados en un ascensor y se pusieran a grabar música juntos». El sonido de Cybotron era muy europeo, sí, pero también era muy funky, muy negro. El grupo se disuelve en 1986, pero Atkins y Derrick May comienzan a disfrutar el nuevo sonido house que llega de Chicago. Se enteran de que los sellos que publican este nuevo material están engañando a los artistas con los royalties y deciden autoproducirse y autopublicarse su propio material, una táctica que se convertiría en una de las sanas costumbres de la dance music: trabajar desde el *underground* produciendo tiradas limitadas que da a conocer el DJ en la pista de baile.

Atkins funda Model 500, su proyecto musical y su sello Metroplex en 1985 y comienza a publicar temas como «No UFOs» o «Night Drive», más cercanos sonoramente al sonido de Kraftwerk que al soul del chicago house. Serían los primeros temas del llamado Detroit techno, estilo al que pronto seguiría dando frutos Derrick May como Rhythim Is Rhythim y el éxito «Strings of Life» (1987) o Kevin Saunderson como Inner City y su hit «Good Life» (1988). No están solos y pronto se les une gente como Alton Miller, Eddie "Flashin" Fowlkes o Blake Baxter, creando un sonido que junto al acid house influiría en la escena rave británica de 1988 y, sobre todo, en una escena de techno alemana que comenzó a despegar antes de la caída del muro de Berlín (1989) y que fue un pilar de la cultura berlinesa para la reunificación alemana. Alemania fue techno mientras el muro caía.

En los noventa llega la segunda generación de Detroit con la gente de Underground Resistance, Jeff Mills, Robert Hood, Carl Craig, Kenny Larkin, Aux 88, Drexciya o Stacey Pullen, que junto a vecinos canadienses como Richie Hawtin y John Acquaviva, definieron el presente y el futuro de la dance music en todo el mundo.

1988: el Verano del Amor

Ya hemos apuntado que Inglaterra había sido uno de los primeros países en el que la música electrónica de baile se hizo masiva, aunque al principio permanecía ajena a lo que se estaba desarrollando en Chicago y Detroit. Pero cuando lo descubrió, cambió la vida de toda una generación de jóvenes. Por ahora, el norte ganaba la partida al sur, con la Haçienda de Manchester y sus DJs como Mike Pickering, que comenzaban a pinchar el material que venía del otro lado del Atlántico; pero Londres todavía no había caído bajo la cultura acid house. Todo cambió en el verano de 1987 cuando Paul Oakenfold, Trevor Fung, Nicky Holloway, Ian Saint Paul, Danny Rampling y Johnny Walker viajaron un par de semanas a la isla de Ibiza a disfrutar de sus playas y sus noches repletas de música (Ibiza era un paraíso musical desde finales de los setenta con discotecas como Ku o Amnesia y la música disco). Dos semanas rodeados por los nuevos sonidos que venían de América, las sesiones todoterreno de DJ Alfredo (que mezclaba Marshall Jefferson con los Rolling Stones, junto a José Padilla uno de los máximos representantes del sonido balearic) y, sobre todo, mucho MDMA y éxtasis que el grupo consumía sin descanso, provocaron que a la vuelta muchos de ellos comenzaran a montar sus propios locales en los que intentar capturar el espíritu de lo vivido ese verano mágico en Ibiza.

Danny Rampling fue el más rápido al inaugurar Shoom en Londres; se le unirían Paul Oakenfold con Future y Nicky Holloway con Trip. Estos tres clubs pronto se quedaron pequeños y la gente comenzó a montar sus propias raves en almacenes, campos fuera de la City y lugares inhóspitos a los que se podía llegar gracias al boca-oreja o llamando a un teléfono que ponían en marcha las radios piratas que se llenaron de música acid house, techno y el incipiente hardcore que comenzaba a venir de Holanda. El smiley (un emoticono sonriente) se convirtió en el símbolo de esta nueva generación y, como antes con el punk, fue el principio de muchos grupos que comenzaron a hacer temas que intentaban capturar la música rave como LFO, Orbital, The KLF o 808 State.

La escena rave no solo influyó en DJs y músicos electrónicos. La fiesta y el consumo de éxtasis comenzó a ser común entre las bandas de pop-rock británicas de la época, que comenzaron a hacer sus temas más bailables: desde Happy Mondays o The Stone Roses en Manchester hasta Primal Scream, Saint Etienne, The Soup Dragons, James, Inspiral Carperts y muchas grandes bandas británicas que triunfaron en el Top 40, antes que el brit-pop liderado por Blur, Pulp, Oasis y Suede arrasara en medio mundo. El excesivo consumo de MDMA en la época nunca fue un problema (murió más gente en tiroteos de camellos en Manchester que consumiendo), pero el gobierno británico prohibió en 1994 las raves y cualquier acto en el que hubiera «música fuerte de carácter repetitivo» (sección 63 de la Criminal Justice Act), acabando con el eterno segundo Verano del Amor que comenzó en 1988, y dando pie a la época dorada de las macrodiscotecas británicas como Ministry of Sound, Cream o Heaven.

Pero la escena rave ya había cambiado la música inglesa para siempre, creando estilos puramente británicos como el trip-hop o el breakbeat, padre del drum'n'bass, y todo el continuum hardcore británico.

En Europa también se popularizó el término eurodance, a medio camino entre el hip hop, la música rave y el pop con muchas bandas de *one hit wonders* (un solo éxito) como Snap!, Technotronic, Ace of Base, Vengaboys, 2 Unlimited o Rozalla, proyectos de productores, la mayoría, que hicieron varias canciones del verano muy presentes en el recuerdo de todos los treintañeros y cuarentones que se acerquen a este libro.

Europa hardcore: duro, muy duro

En Inglaterra, el Verano del Amor era muy *groovy* e inocente, pero esa candidez comenzó a perderse en Holanda en los primeros noventa con el hardcore techno. En Detroit, Underground Resistance comenzaba a planchar temas cada vez más rápidos, duros y futuristas, pero no sería nada comparado con la velocidad y el minimalismo que comenzaría a producirse en ciudades como Rotterdam. Influidos por la EBM de grupos tan influyentes como los belgas Front 242 o los grupos industriales como Coil, Cabaret Voltaire, Einstürzende Neubauten o Throbbing Gristle, los productores y DJs holandeses comenzaron a fabricar cortes muy minimalistas de entre 160 y 200 bmps muy oscuros al estilo del «Energy Flash» de Joey Beltram. A este estilo se le llamaría hardcore techno y mutaría en multitud de subestilos.

Los dos más llamativos fueron dos estilos muy localizados. El primero, el new beat, fue una especie de acid house más minimalista y machacón nacido en Bélgica que arrasó en toda Europa, sobre todo en España, que nos llegó con el nombre de acid house y las pegatinas del smiley de los Bollicaos. Algunos grupos como Confetti's hicieron su agosto con temas tan divertidos como «The Sound of C». El otro estilo es la única música de baile electrónica con denominación de origen española: la makina. En los primeros noventa en Valencia se comenzaron a producir temas de hardcore minimalista cercanos al pop en su parte vocal. La primera makina valenciana está bastante bien y podría ser una derivación más minimalista del happy hardcore, pero en Cataluña comenzaron a hacerla más dura (bakalao), con unos subproductos de escasa calidad. La ruta de Valencia fue nuestra escena rave patria antes de que festivales como el Sónar y la cultura de club de Barcelona de mediados de los noventa se hicieran famosos en todo el mundo.

En Alemania, el techno también comenzó a ser más duro, pero fue por el amor que Berlín tuvo por la segunda generación de Detroit, con Jeff Mills y Underground Resistance a la cabeza. El club-sello Tresor comenzó a publicar material de ese nuevo techno de Detroit más bailable y más duro. También descubrió al colectivo No Future, artistas británicos como Cristian Vogel, Neil Landstrumm, Dave Tarrida, Tobias Schmidt y Si Begg que estaban revolucionando el techno a principios de los noventa. Pero la gran revolución alemana saldría del laboratorio de Moritz Von Oswald y Mark Ernestus que, con sus proyectos Basic Channel y Maurizio, mezclarían el techno con el dub jamaicano creando una combinación explosiva que sería la máxima influencia de la etapa minimal de Richie Hawtin o el techno dub de proyectos como Pole, Monolake, Deepchord, Echospace o Andy Stott.

IDM: Inglaterra, de nuevo

Hay mucha gente crítica con las palabras IDM, acrónimo de Intelligence Dance Music, creyendo, desde una óptica bastante ingenua, que la IDM es una música inteligente y el resto no. Nada más alejada de la verdad. La IDM es un estilo británico que intentó recuperar el poder futurista e innovador del techno de Detroit, que había encontrado su lugar en la pista de baile pero que también podía ser más vanguardista y menos pistero. La IDM no es mejor ni peor que el hardcore techno, pero sí es más agradecida por el oyente medio, porque la segunda está hecha específicamente para ser disfrutada en un club o rave convenientemente alterado por el consumo de drogas, y la primera (que también puede escucharse en ese estado), también puede ser disfrutada en casa previamente empaquetada en un LP, sin excesos.

El sello Warp de Sheffield comenzó a publicar bandas como Aphex Twin, Autechre, LFO, Sabres of Paradise, The Black Dog, los proyectos más techno de Richard H. Kirk de Cabaret Voltaire o Boards of Canada. Ellos nunca lo llamaron IDM, sino bleep techno (las palabras IDM vienen de una lista de correos en que la gente se intercambiaba información y discos bajo ese epígrafe) y fueron escuela para muchos otros músicos alrededor del mundo, sobre todo por proyectos como Aphex Twin de Richard D. James y el dúo Autechre.

Las siglas IDM también englobaron a bandas que no estaban ni en la escena rave ni en el techno, gente más cercana al ambient y a la experimentación como The Orb, Seefeel, The Future Sound of London, Global Communication, Leftfield o los alemanes Mouse on Mars (tan cercanos al post-rock como a la IDM).

Continuum hardcore: la revolución continúa

El término continuum hardcore se lo inventó el periodista Simon Reynolds para explicar toda la progresión lógica que había desarrollado la dance music británica desde los primeros noventa. Según él, y parte de razón tiene, todos los estilos y subestilos que nacieron en Inglaterra después de la invasión del acid house y el hardcore holandés tienen una continuación lógica y bastante localizable en el tiempo y, sobre todo, el espacio, donde algunos estilos han crecido en apenas un barrio de Londres.

Todo comenzó con el breakbeat, o la utilización de breaks de hip hop en los temas más acelerados que hicieron populares en los primeros noventa bandas como The Prodigy. El breakbeat sería el padre del llamado big beat, lo más cerca que la dance music inglesa ha estado del éxito masivo de las grandes bandas de rock con proyectos como Chemical Brothers, Fatboy Slim, Cut La Roc, Propellerheads o The Crystal Method.

Pero la verdadera revolución británica vendría con el nacimiento del drum'n'bass que se desarrolló en paralelo en dos ciudades: Londres y Bristol. Nacido de la mezcla del hip hop y la gran influencia jamaicana que hay en la música británica (recordemos que el reggae o el dub llegaron a influir a bandas punk como The Clash y estuvo presente durante todos los ochenta gracias al ska o grupos como UB40), el drum'n'bass comenzó llamándose jungle y tenía tanto de James Brown como de Grandmaster Flash, hardcore techno y Lee "Scratch" Perry. Un auténtico sonido potente y nuevo basado en la bassline de la TR-808 que te golpeaba en los higadillos como si fuera un huracán. El drum'n'bass es una música que se siente, además de bailarse. Gente como 4 Hero, Goldie, Alex Reece, DJ Rap, Dillinja, E-Z Rollers, Grooverider, A Guy Called Gerald, Bad Company o LTJ Buken comenzaron a hacerse famosos en toda Europa y comenzaron a surgir subestilos del drum'n'bass como el darkstep, el hardtep, funkstep, neurofunk, techstep o jazzstep interactuando con la IDM y artistas como Aphex Twin o Squarepusher que publicaron grandes temas de drum'n'bass. Pero hubo dos grandes héroes del drum'n'bass. En Londres, el colectivo Metalheadz de Goldie, que se convirtió en la estrella mediática del estilo, y en Bristol, Roni Size y sus Reprazent que publicarían el mejor disco británico de 1997: *New Forms*.

El drum'n'bass no se está quieto, y a finales de los noventa surge el UK Garage, la unión del drum'n'bass con sonidos más minimalistas y percusiones 4X4. Sería el género más bailable por el gran público gracias a proyectos como MJ Cole o Artful Dodger y nuevos subgéneros como speed garage (creado por Armand Van Helden y mucho más rápido), el 2step (que se hizo mundialmente famoso con el «Re-Rewind» de Artful Doger y Craig David) o el breakstep de gente como DJ Zinc. Pero la verdadera revolución del UK Garage vendría ya a principios del siglo XXI con el grime y el dubstep. Grime es una música más dura y minimalista en la que participan MCs.

Creado por raperos del sur de Londres como Dizzee Rascal, Wiley, Kano o colectivos como Roll Deep o So Solid Crew, el grime continúa siendo una buena cantera de artistas *underground* británicos como Skepta, Giggs o Stormzy. Por otro lado estaba el dubstep, que fusionaba el techstep de Photek y el 2step con elementos del dub, como la importancia del bajo o efectos de producción cercanos al techno. El dubstep mutaba y crecía a una velocidad asombrosa durante toda la primera década del siglo XXI, desde el minimalismo del principio hasta la complejidad del ambient dubstep de Burial o Mount Kimbie. El dubstep nos dio figuras muy interesantes de la música electrónica como Kode9, Benga, Scuba, Skream, Joy Orbison o los cantantes Jamie Woon y James Blake, que cosechan un gran éxito hoy en día.

Con el dubstep como sonido masivo en Estados Unidos a principios de la década de 2010, el *underground* londinense ha quedado bastante tocado. Hubo un intento de refundación del sonido acercándolo más a la IDM al que se le llamó, irónicamente, post-dubstep. Pero tampoco llegó a cuajar (la gente quería bailar, no pensar sentada en el salón de su casa). Muchos artistas claves del dubstep como Scuba o Kode9 han vuelto al techno abandonando el bass, pero actualmente, y gracias al éxito de proyectos como The xx y su productor Jamie xx, que ha publicado uno de los discos claves de 2015, *In Colour*, comienza a despuntar un no-tan-nuevo sonido que mezcla todas las corrientes del continuum hardcore sin complejos y que es excitante y una gran puerta abierta a nuevos productores que quieran explorar este future garage.

Estados Unidos comienza a bailar

El éxito de los productores de house y techno se vivió más en Europa que en Estados Unidos, donde la música de baile no superó casi nunca su condición *underground* de ser una música mayormente destinada al público gay y las minorías étnicas. Los blancos en EE.UU. no bailan, solían decir los DJs de Nueva York, Chicago y Detroit que triunfaban en los clubs de Londres, Berlín, Ibiza o Barcelona. Pero poco a poco, la dance music comenzó a estabilizarse en Estados Unidos e incluso llegó a tener festivales-convenciones multitudinarias en lugares como Miami.

En Nueva York el house pasó a ser duro (Joey Beltram), deep (Danny Tenaglia o Deep Dish) y volvió a abrazar los ritmos más latinos como en la época gloriosa de la música disco (Masters at Work y su Nuyorican Soul de 1997). A finales del siglo XX, la vanguardia *underground* neoyorquina vuelve a la música de baile creando el electroclash, una mezcla de punk, house y techno con bandas como I-F Space Invaders, Fischerspooner, los primeros discos de Scissor Sisters o Princess Superstar. Rápidamente se apunta a esta modernización bastarda del synthpop británico de los primeros ochenta gente como Felix Da Housecat, Ladytron, Goldfrapp, Erol Alkan, Armand Van Helden, Jacques Lu Cont, Peaches, Miss Kittin & The Hacker o Legowelt. Como todo en el *underground* de la dance music, comienza a desaparecer cuando las cantantes de R&B multiplatino comienzan a vampirizar el estilo, como Gwen Stefani o Nelly Furtado.

Mientras en ciudades como Los Angeles o Washington DC comenzaba a florecer una cultura de clubs, Chicago comienza su propia evolución sonora gracias al baile footwork o juke, que consiste en movimientos imposibles de piernas sin apenas moverse del sitio y abuso del twerking entre las féminas. No se sabe qué vino antes, si el baile o la música, llamada ghetto house y que popularizó DJ Funk con sus ritmos endiablados repletos de consignas vocales que invitaban al baile en todos los sentidos (también el horizontal y más íntimo). El footwork ha ido mutando llegando a Detroit (donde, por supuesto, se llamó ghettotech, con temas más explícitamente sexuales como el famoso «Ass N titties» de DJ Assault) hasta llegar a la experimentación más extrema con gente como el fallecido DJ Rashad o DJ Spinn, que han cruzado el Atlántico y han publicado en sellos británicos como Planet Mu o Hyperdub.

La gran industria pop del R&B y artistas como Beyoncé, Rihanna, Alicia Keys, Miguel, Ariana Grande, Madonna, Lady Gaga, Katy Perry, Shakira, Miley Cyrus, Britney Spears, Taylor Swift, Justin Bieber o Christina Aguilera ha sabido mejor que nadie rentabilizar todas las modas de dance music que han ido surgiendo en Estados Unidos desde hace más de veinte años, llegando a vampirizar estilos hasta hacerlos desaparecer del undergroud (como el electroclash).

Ahora está de moda el trap y la versión dubstep norteamericana (EDM), pero también están surgiendo interesantes movimientos de fusión de estilos como el de Skrillex y Diplo y su proyecto Jack Ü que han dignificado a gente como Justin Bieber.

Trance: el house más progresivo

Sí, mucho techno y hardcore, pero el house ¿desapareció en Inglaterra? No, pero también mutó y no solo en Inglaterra, sino en toda Europa. A mediados de los noventa se puso de moda la palabra house progresivo, para definir ese house más mental de desarrollos muy psicodélicos (en Norteamérica se le prefirió llamar deep house, con los trabajos muy recomendables de Masters At Work o Deep Dish), en proyectos de gente como Leftfield, React 2 Rhythm, Spooky o Slam, y a este estilo se le comenzó también a llamar trance.

The KLF firmaron la primera canción trance de la historia y le dieron nombre con la remezcla «Pure Trance» de su hit «What Time is Love?». Pero el trance como tal, a medio camino entre el hardcore, el house y el pop comenzaría a desarrollarse en Alemania gracias a artistas como Jam & Spoon («The Age of Love») o Dance 2 Trance («We Came in Peace») en 1990. Alemania también nos traería a la primera gran figura del trance, Paul Van Dyk, pero no estaría solo, le acompañan grandes productores y DJs del género como Armin Van Buuren, Tiësto, Robert Miles o Ferry Corsten.

Durante el último lustro del siglo XX, Ibiza fue trance, antes que muchos DJs europeos descubrieran Goa, en la costa oeste de la India, y la convirtieran en la nueva Ibiza, con festivales multitudinarios y un estilo único, el goa trance, donde los DJs indios mezclaban largas secuencias mucho más cercanas al acid house que al house de Chicago.

El trance continúa siendo una de las escenas más aceptadas por el gran público en Europa con festivales por todo el continente, desdel el Dreamland de Grecia, pasando por el Transmission de Praga o el Summer Sound de Helsinki.

El retorno de la música disco: el french touch

Casi a mediados de los noventa Inglaterra tenía IDM, big beat y el drum'n'bass y en Europa dominaba el techno, el hardcore y el trance. Francia comenzaba a vivir su propia revolución dance, una revolución que impactó con mucha más fuerza en el *underground* llevando a la música electrónica de baile a cotas que nunca habría soñado de popularidad. Y todo por culpa de dos chavales llamados Guy-Manuel de Homem-Christo y Thomas Bangalter, más conocidos como Daft Punk.

Los primeros temas de Daft Punk, más cercanos al techno que a la música disco que haría famoso al french touch, se publicaron en el sello Soma de Glasgow (casa de Slam) y fueron un bombazo. Temas como «Da Funk» y el vídeo que les hizo el director Spike Jonze fue la puerta de entrada a la música electrónica de baile a bandas como Chemical Brothers, The Prodigy y muchas más.

Homework, el primer disco de Daft Punk, fue uno de los primeros éxitos de ventas de la historia de la música electrónica de baile, disco que incluía un tema que definiría la moda de la nueva música disco francesa: «Around the World».

Entre 1996 y 2001 no pararon de surgir de Francia artistas como Cassius, Motorbass, The Supermen Lovers, Mr. Oizo, Dimitri From Paris, Etienne de Crécy, Modjo, Kavinsky, Stardust o St Germain, muchos de ellos protegidos de Laurent Garnier, un clásico DJ de techno que ya había pinchado en la Haçienda en 1988 y que dio a conocer internacionalmente mucha de esta nueva música francesa que también recuperó figuras clásicas de la música gala como Cerrone o Space.

Y cuando todo el mundo creía que el house francés había desaparecido, volvió de sus cenizas con mucha fuerza a mediados de la primera década del siglo XXI gracias al ex manager de Daft Punk, Pedro Winter (Busy P), que fundó el sello Ed Banger donde publicó a gente como Feadz, Sebastian o Justice, otro superdúo francés que intentó seguir la estela de fama de Daft Punk.

La música disco que el french touch recuperó no quedó en el olvido, todo lo contrario; a lo largo del siglo XXI, gente como Metro Area, Morgan Geist, Sally Shapiro, el sello de LCD Soundsystem DFA, Lindstrøm, Todd Terje, Prins Thomas, Diskjokke, Joaquim o Discodeine han renovado mucho de los elementos que hicieron a la música disco, el italo disco y el space disco una de las músicas electrónicas de baile más vitalistas.

Minimal techno: Alemania recupera su cetro

Si la dance music fuera como el fútbol podríamos seguir esa máxima del jugador británico Gary Lineker que una vez dijo que «el fútbol es once contra once y siempre gana Alemania». Si Inglaterra ha popularizado muchas figuras de la dance music (hasta extranjeras como DJs como Todd Terry o los mismísimos Daft Punk, más franceses que el croissant), Alemania ha ganado el cetro de la música electrónica dance en el siglo XXI. Gracias a las innovaciones digitales, cada vez es más fácil producir y distribuir música, cosa que provocó que a principios del siglo XXI existieran tantos sellos como artistas y DJs. Mucho material en vinilo llenaba las estanterías de las tiendas especializadas y una gran distribuidora alemana, EFA Medien, era la reina en toda Europa, distribuyendo más de 300 sellos en todo el mundo. Pero la empresa quebró en 2004 dejando a muchos labels pequeños al borde de la bancarrota (la empresa debía mucho dinero a mucha gente). La quiebra de EFA fue un terremoto en toda Europa, sobre todo en Alemania, pero un sello de Colonia comenzó a hacerse cargo de la distribución de muchos sellos alemanes y europeos, Kompakt. La dominación de Kompakt en el mercado ha sido total y su influencia se ha dejado sentir en todo el *underground* europeo.

EFA, y luego Kompakt, han llevado la batuta del *underground* techno de comienzos del siglo XXI, en el que ha dominado sin complejos el miminal techno y el minimal house. El minimalismo en el techno no fue un invento del nuevo siglo, las producciones de Robert Hood en los primeros noventa eran esqueléticas (bombo, línea de bajo y repeticiones de algunos elementos claves), pero si alguien desarrolló ese minimalismo sin complejos y llevándolo a muchos sonidos (house, acid house, IDM, vanguardia) fue Richie Hawtin y su proyecto Plastikman. Hawtin fundó en 1998 su sello M-nus donde la máxima era «menos es más». A lo largo de la primera década del siglo XXI, a M-nus se juntaron gente tan influyente como Marco Carola, Loco Dice, Gaiser, Mathew Jonson, Troy Pierce, Magda, Marc Houle o incluso el español Paco Osuna, embajador del sonido minimal en España. Hawtin hizo buenas migas con el dueño de Cocoon, Sven Väth (un prestigioso DJ alemán que había pinchado trance, techno y, finalmente, minimal) y junto al chileno-alemán Ricardo Villalobos se convirtieron en los embajadores del miminal techno en toda Europa, triunfando en las residencias Cocoon de Ibiza.

No todo era minimal techno, también existía la variación microhouse o minimal house, que el sello Kompakt comenzó a potenciar mediada la primera década del siglo XXI, recogiendo los sonidos creados por gente como

Vladislav Delay (y su proyecto Luomo), Isolée, Matthew Herbert, Kit Clayton, John Tejada o Akufen. Artistas como Matthew Dear, Gui Boratto, The Field, Gabriel Ananda, Dominik Eulbberg, DJ Koze, Superpitcher o Bruno Pronsato comenzarían a introducir más groovy en una escena de clubs que estaba plagada de ritmos marciales del mininal techno.

La aparición de otros músicos europeos más experimentales y pisteros como Apparat, Anders Ilars, Modeselektor o Funkstorung ha provocado que el minimal esté cada vez más arrinconado, aunque muchos DJs prefieren pinchar de todo en una sesión y no abandonarse a un solo estilo monolítico durante horas. El punto de inflexión para muchos críticos y fans de la música de baile fue el tema «Minimal» del chileno Matias Aguayo en 2008 y su frase «yo quiero bailar, con un ritmo más nocturno, más sensual, basta ya de minimal». Este DJ y productor está revolucionando la música de baile con su minimalismo groovy latino y su sello Cómeme, donde militan artistas sudamericanos como Alejandro Paz, Daniel Maloso o Mauricio Rebolledo y que están produciendo el material más potente, innovador y bailable del último lustro.

1995-2015, mutaciones *express*

Aunque la rave music inglesa diera interesantes mutaciones como la IDM o el continuum hardcore con el drum’n’bass y el dubstep a la cabeza, en los últimos veinte años se han producido una serie de mutaciones y encuentros estilísticos bastante interesante que deberían tener su pequeña mención en este libro.

La glitch music, completamente digital más cercana a la música electrónica más vanguardista que a la pista propiamente dicha, nos ha dado sellos como Raster-Noton con Byetone y Alva Noto a la cabeza, los experimentos de Oval o gente como Kid606, Vladislav Delay, Sutech y que estaría temporalmente unida al microhouse a principios del siglo XXI. En la misma época, el pop más indie y la electrónica se juntaron en un matrimonio llamado folktrónica o indietrónica, donde influencias como el pop británico ochentero, el krautrock y la electrónica digital creaban canciones pluscuamperfectas de pop para escuchar en casa o en la pista, con bandas como Lali Puna, The Postal Service, Momus, Caribou, Four Tet o Tunng. La folktrónica nunca murió realmente, sino que su influencia se puede localizar en dos corrientes.

Una llamada alternative dance con bandas como MGMT, Hot Chip, Two Door Cinema Club, Crystal Castles, Grimes, Foster the People o LCD Soundsysten, bandas que han sido aplaudidas por la prensa internacional digital con Pitfhfork a la cabeza. El pop cada vez es más retro y ochentero y a finales de la primera década del siglo XXI comienza a hablarse de chillwave o, simplemente, synthpop (otra vez) con bandas con bastante público indie hoy en día como Chvrches, Chromatics, Washed Out, Neon Indian, Panda Bear o Toro y Moi.

De esta nueva corriente vintage de pop también hay un grupo de músicos influidos por los sintetizadores analógicos y las bandas sonoras de los años ochenta, en un estilo que se llegó a llamar Synthwave, con proyectos muy divertidos como Com Truise, Electric Youth, Kavinsky o FutureCop. Esta pasión por los sonidos más ochenteros, el funk sintético y el chiptune (música de baile hecha con 8 bits) ha creado una de las escuelas de dance music más raras de todo el siglo XXI, el divertidísimo skweee, que solo edita 7" (discos de singles) y está muy localizado en Escandinavia (Suecia y Finlandia, en los sellos Flogsta Danshall y Harmönia), pero que también ha llegado a influir a artistas de dubstep como Rusko, Zomby o Joker y ha llegado a tener escuela en España, Estados Unido o Canadá.

Aunque el estilo más mutante de todos y que recibe amplias influencias de todo el gran espectro comercial de la música pop y la dance music será ese gran cajón de sastre llamado electrohouse o electropop, con grandes nombres comerciales a la cabeza como Lily Allen, Kaskade, LMFAO, Owl City, Afrojack, Deadmau5, Calvin Harris, David Guetta, Steve Aoki y muchos más que han dominado parte del siglo XXI con sus temas de pop electrónico de alto octonaje para las pistas.

La mutación más importante del presente siglo en materia de música dance no se encuentra en las grandes ciudades norteamericanas o europeas, sino en el sur de Estados Unidos y el subestilo del gran y robusto árbol del hip hop llamado trap. Más agresivo que el hip hop de Nueva York o Los Angeles, el trap tiene relación con el dubstep británico al componerse de pesadas bases rítmicas de 808 y capas analógicas de bajos amenazantes. El trap ha mutado en varias líneas estilísticas de diversos nombres como el crunk, el moombahton o el big room house (otra forma de llamar al electro house) y se considera el sonido más influyente del segundo decenio del siglo XXI haciéndose fuerte, sobre todo, en Estados Unidos. Diplo fue uno de los primeros arquitectos del trap más alejado del hip hop uniéndolo con el reggae (en su proyecto Major Lazer), músicas electrónicas del mundo (y su matrimonio musical con M.I.A.) o simplemente juntándolo con el house más extremo, mezclándolo con el dub y el trap, siendo uno de los padrinos del estilo llamado moombahton. Imposible de clasificar, y gracias a la influencia capital de figuras como Skrillex (que añadieron a la mezcla el wooble bass del dubstep británico), en Estados Unidos comenzó a llamársele Electronic Dance Music (EDM), estilo que ha creado escuela en casi todo el mundo y que en las universidades norteamericanas ha llegado a sustituir al punk alternativo que se escucha en todas las comedias universitarias de los noventa y primeros años del siglo XXI.

Ha sido la gran explosión dance en un país donde la música de baile electrónica era algo residual. Robando un poco del sentido del espectáculo de bandas como Daft Punk, The Chemical Brothers y Orbital, proyectos como Skrillex, Steve Aoki, Noisia, The Bloody Beetroots, Deadmau5, Swedish House Mafia y muchos más son ahora la nueva aristocracia de la dance music, los niños mimados de todos los artistas de música pop contemporánea que buscan su toque mágico para ser bailables en las pistas de medio mundo.

Dance music mundial

Aunque gran parte de las técnicas e inspiraciones de la dance music hayan nacido en Jamaica, la música electrónica de baile se ha desarrollado sobre todo en Norteamérica y Europa. Pero que nuestra cerril mentalidad del primer mundo no nos deje ver el vasto horizonte. En otros continentes ha habido muy buena e influyente música electrónica de baile, el problema es que muchas veces sus circuitos de distribución eran limitados, hasta la llegada de la era digital e internet donde a un golpe de click disponemos de un montón de sonidos nuevos y exóticos altamente recomendables.

África, el vasto territorio virgen

La escena de la música electrónica africana es tan grande como la música electrónica europea y funciona por países y estilos de baile (como la música de baile latina, heredera de muchas clases de baile africanos, exportados a las diversos países latinoamericanos por los esclavos negros). Son estilos que han ido incorporando la tecnología a sus diversos ritmos sin que nadie se quejara, sino todo lo contrario, como el kuduru en Angola, que han popularizado en occidente los Buraka Som Sistema. En Angola también se practica el afrohouse, donde se baila semba y kizomba, pero el kuduru y su potencial para hacer bailar a los mismos muertos ha eclipsado al resto de sonidos angoleños con proyectos como Batida, Cabo Snoop o Titica.

De Angola a Mali y su fresca escena soundsystem Balani Show que mezcla kuduro, hiplife de Ghana y todo lo que le echen encima. Pero recordemos que Mali es la capital del afropop de Salif Keita, porque el afrobeat lo tenemos que buscar en Ghana con Fela y Femi Kuti y el discobeat de William Onyeabor, recuperado actualmente para los nuevos oyentes. En la actualidad, el afrobeat se ha mezclado con el dancehall o el hip hop, explotando en lugares como Nigeria con African Boy a la cabeza y otros proyectos como R2Bees, Sakordie o Wizkid.

Aunque gran parte del gran mercado de la dance music africano actual se encuentra en Sudáfrica, donde proyectos como Spoek Mathambo, DJ Mujava o Die Antwoord han tenido gran éxito en todo el mundo, también podemos rastrear divertidos soundsystems como los de Shangaan Elektro o la escuela del kwaito con Rudeboy Paul a la cabeza, pero también otros francotiradores de la música de baile como DJ Clock, DJ CNDO, el glitch hop de The Constructus Corporation (escuela de Die Antwoord) o RudeBoys.

Latinoamérica: el baile

Si existe un sonido de música electrónica que ha mandado los últimos 15 años en toda Sudamérica y Centroamérica ese es, sin lugar a dudas, el reguetón. Nacido del encuentro del dancehall jamaicano con el hip hop, el reguetón comenzó a multiplicarse de gueto en gueto desde Puerto Rico y Panamá hasta llegar a todo el mundo latino, incluido los guetos latinos de Estados Unidos y las grandes ciudades de España. El reguetón no tiene para nada fecha de caducidad y ha sabido explotar muy bien a sus artistas, verdaderos héroes nacionales en su país como Pitbull, Daddy Yanquee, Don Omar, Héctor & Tito, Ivy Queen, Eddie Ávila, Gente de Zona o Wisin. El reguetón ha encontrado en el moderno R&B una nueva vía de expresión, pero no tiene miedo a fusionarse con otros estilos como la cumbia.

La cumbia es uno de los grandes estilos latinoamericanos que está teniendo un nuevo renacer electrónico para un público más joven con gente como Gonzalo Martínez o Travesía en Chile o la electrocumbia de Frikstailers, King

Coya, Villa Diamante y todos los cumbiarevolucionarios del sello ZZK Records en Argentina. La moderna Argentina fue uno de los primeros países en abrazar la música electrónica en los años ochenta con el tecno pop de gente como El Signo, al que seguirían bandas como Ámbar, Entre Ríos, Futuro Primitivo o Poncho. Pero la gran escuela de proyectos electrónicos y pop se formó alrededor de las bandas Soda Stereo y Babasónicos con gente como Daniel Melero o el fallecido Gustavo Cerati, que han tocado la electrónica en reinvenciones posteriores (Cerati participó en el proyecto chileno de electro pop Plan V). En materia de techno, Argentina es conocida por el productor Gustavo Lamas, la corriente electrotango de finales de los noventa capitaneada por Gotan Project, Bajofondo y Tanghetto o los recopilatorios de chill out Buddha Sound, un superproyecto ambient de productores argentinos.

En Colombia también han tenido sus bandas de electropop todoterreno que mezclan cumbia, techno o vallenato como Bomba Estéreo o Pernett, pero también tienen a un dúo de electro house que canta en inglés llamado F4st que cosecha muchos éxitos en las redes sociales.

Chile fue uno de los países que abrazó el rock y el punk con sintetizadores con proyectos como Pinochet Boys, Electrodomésticos o Aparato Raro a mediados de los ochenta. Como en el caso de Argentina también han tenido grandes bandas de rock alternativo como Los Prisioneros, de donde han surgido proyectos electrónicos de synthpop como Jardín Secreto o Los Updates. En Chile también podemos destacar proyectos de diversos francotiradores de la música electrónica como Marciano, Magma Mix o F600.

El electropop es famoso en México con proyectos como Belanova, Moenia o Plastilina Mosh, pero México ha sabido vender muy bien internacionalmente sus proyectos de música techno como Instituto Mexicano del Sonido, Kinky o el Colectivo Nortech de Tijuana, que mezcló los narcocorridos con el house o la electrónica con proyectos muy interesantes como Fussible, Bostich o Terrestre (proyecto del internacional músico electrónico Murcof). De Tijuana también viene el sonido llamado acid cabaret con Sussie 4 a la cabeza.

Brasil ha sido siempre una gran productora de sonidos propios como el tropicalismo, la samba, la bossanova o la brega, así que es normal que estos estilos rítmicos rápidos tengan su representación en formato electrónico, como el drum'n'bass de Amon Tobin o todos los sonidos del favela funk que Diplo descubrió al gran público en 2004 con la mixtape *Favela on Blast* en 2004, pero los asiduos al festival Sónar ya conocíamos a gente como DJ Malboro o Tetine, a los que habría que añadir artistas como Black Alien & Speed o Gaiola

Das Popozudas. En el norte existe una generación de tecnobrega anfetamínica con proyectos muy recomendables como Gand Do Eletro.

Asia, de este a oeste

La música disco y los sintentizadores tuvieron su importancia en la moderna Turquía de finales de los años setenta. Irónicamente, la mayoría de canciones no trataban sobre amor y bailar hasta altas horas de la madrugada sino que tenían un fuerte componente político y un sonido más psicodélico, como las canciones de la cantante folk Selda Bagcan, el space electrónico de Baris Manco o el funk oriental de Mogollar. Aunque últimamente han despuntado bandas cercanas el hip hop como Mercan Dede. La importancia de los sintetizadores retocados al pentagrama oriental y árabe ha sido la piedra angular de casi todo el pop árabe que existe a lo largo de toda la gran península Arábica. En Egipto haríamos bien en rescatar la figura de Omar Khorshid y sus versiones electrónicas de canciones para la danza del vientre (como una psicodélica versión del famoso «Pop Corn»). También los sintetizadores son imprescindible en la música tradicional de Siria, de donde ha salido el polifacético Omar Souleyman que tiene publicados alrededor de 500 discos en vivo y que ha llegado a trabajar con Björk y Four Tet.

Una de las cosas más fascinantes de la India es que el acid house, o la manera de manipular la TB-303 para obtener su partícular sonido ácido *ñigo-ñigo*, nació allí en 1982 gracias a los experimentos de crear música bhangra con sintetizadores y los instrumentos Roland de Charanjit Singh y el disco *Synthesizing: Ten Ragas to a Disco Beat*. Viajando a la India y su reconocidísimo sonido bhangra nos encontramos con la ironía que los mejores ejemplos de fusión musical tradicional india y dance music se han dado en Inglaterra por emigrantes paquistaníes, indios y de Bangladés. Proyectos tan interesantes como Asian Dub Foundation, Transglobal Underground y su cantante Natacha Atlas, State o Bengal o experimentos occidentales como Banco de Gaia han surgido la mayoría en la ciudad de Londres. Pero en la India se produjo la canción más famosa del bhangra house, el «Mundian To Bach Ke» de Panjabi MC, un *one hit wonder* mundial de 2002 que ha tenido millones de revisiones y contiene un sampler de la BSO de *El coche fantástico*. Aunque nació en Estados Unidos, todos los miembros del experimento de tabla music (instrumento musical típico de la India) Tabla Beat Science, son de la India, entre los que destacan Talvin Singh. Tabla Beat Science mezclaba folk indio con abstracts beats. Actualmente existe una cantera de DJs y productores de techno y house sin complejos en India como Jalebee Cartel, Teddy Boy Kill, Mental Martinas o Tempo Tantrick.

De India a Japón, hogar de uno de los fundadores de la música electrónica tal y como la conocemos ahora: la Yellow Magic Orquestra de Ryuichi Sakamoto, Yukihiro Takahashi y Haroumi Hosono, que durante 1977 y 1984 grabaron algunos de los mejores discos de la música electrónica mundial. Japón es la tierra de los sintetizadores y la electrónica. Es normal que el pop autóctono del país fuera cada vez más electrónico, pasando de los sonidos yeye de los sesenta al rock gótico de los ochenta y la edad de oro de los noventa y su synthpop accelerado y divertido. Al pop japonés se le conoce como J-Pop aunque en la última década está más de moda el pop coreano (sí, K-Pop) y son girls y boys band de imagen hipercuidada que venden más discos que algunas de las grandes estrellas del R&B americano. A mediados de los noventa comenzaron a llegar a Europa DJs de techno y house japonés como Ken Ishii, Takkyu Ishino o Satoshi Tomiie, una escuela que no ha parado de crecer en el siglo XXI con la incorporación de gente como Yasutaka Nakata. Pero si en algo ha destacado Japón a nivel mundial es en su excelente nivel de hip hop instrumental abstracto, con artistas como DJ Krush, considerado un maestro por gente como Coldcut, DJ Shadow o Cut Chemist.

Electrónica España

España ha sido una escuela de música electrónica en Latinoamérica (muchos artistas americanos recuerdan haber escuchado a Alaska y Dinarama antes que los Pet Shop Boys, por ejemplo), pero internacionalmente no nos hemos sabido vender ni valorar hasta hace relativamente poco tiempo, aunque uno de los grupos más influyentes de la música industrial fuera español: Esplendor Geométrico.

Durante toda la década de los setenta hubo una explosión de rock progresivo en sitios como Cataluña o Andalucía. Músicos influidos por el krautrock, como nuestros Tangerine Dream patrios, Neuronium, quienes en 1976 daban clase de música cósmica al estilo Vangelis. Pero el punk y su versión española, la movida madrileña, nos traería bandas esenciales para comprender la historia de la música de baile electrónica de la península, como Aviador Dro, Alaska y los Pegamoides (Alaska y Dinarama y, finalmente, Fangoria), Azul y Negro, Tino Casal o nuestro supergrupo de synthpop, Mecano.

En los noventa, antes que festivales como el Sónar en Barcelona se convirtiera en una de las grandes canteras de la música nacional electrónica, el eje del *underground* electrónico se movió de Madrid a Valencia, donde tuvimos nuestra propia escena rave patria: la makina o bakalao, un hardcore techno más minimalista y pop con productores escondidos que producían hits que se bailaron entre 1990 y 1998. Nombres como Megabeat, Dunne, OH2, The Free, DJ Richard, DJ Frank o Gerard Requena no te dirán mucho pero seguro que alguno de sus hits te suena. Los nombres más famosos de aquella música son Paco Pil y Chimo Bayo, por supuesto.

Como ya hemos dicho, gracias al Sónar la escena de clubs de Barcelona, con el Nitsa como buque insignia, y la popularización de la dance music gracias a gente como Orbital, Aphex Twin, The Prodigy o Daft Punk, comienzan a aparecer interesantes proyectos como Madelman, An Der Beat, Teen Marcianas, DJ Sideral, Vanguard, Angel Molina, Digi Onze, Silvania o Alex Martin Ensemble. El techno más duro cuaja en Madrid con gente como The Frogmen, Cristian Varela, HD Substance, D'Wachman u Óscar Mulero, que comparten cabinas con más de media industria llevándose el respeto de todos.

La escena indie pop-rock nacional y el poco interés de la prensa dejan a España sin grandes productores de dance music, convirtiéndose nuestro país en un gran exportador de DJs y arrinconándose la electrónica a la esquina más experimental. Pero poco a poco, a finales de siglo, una nueva generación de productores y DJs sin complejos comienzan a hacerse fuertes en festivales, clubs y medios: artistas como John Talabot, Affkt, Afrobeat, Delorean, Be-Gun, Cora Novoa, BFlecha, AZ Rotator, Alizz, Headbirds, bRUNA, Wooky, Nev.Era, El Guincho, Cauto, Fibla, Bradien... Además, hemos sabido exportar y rentabilizar muy bien sonidos extranjeros como el electro rock con The Zombie Kids a la cabeza o el éxito internacional del reguetón español de gente como Juan Magán.

Dance music, el futuro

Siempre se me ha dado muy mal adivinar qué movimientos triunfarán en un futuro cercano, nunca me las he dado de pitoniso. El trabajo de un periodista cultural musical es analizar el presente con las piezas que te da el pasado y no elucubrar mutaciones futuras, pero podemos encontrar pistas en lo que ha sido este último año que ha acabado, el 2015. Como ya hemos comentado en estas líneas anteriormente, el future garage está asegurado en manos de gente como Jamie XX, mientras esperamos ese prometido disco de James Blake que tendría que haberse publicado en 2015. Pero el continuum hardcore no nos ha abandonado. El drum'n'bass parece que volverá en un futuro no muy lejano gracias a las interesantes propuestas de gente como Module Eight y 2016 espera ser el gran año del grime, que espera con ansia los nuevos trabajos de Skepta, Novelist o Mr. Mitch.

El R&B y el pop más mutante continúan siendo algunos de los sonidos más demandados por el *underground* gracias al triunfo de la diva soul británica FKA Twigs en 2014, un camino abierto que han recorrido en 2015 cantantes como Dawn Richard o Kelela (publicado por Warp). Pero el éxito de este año ha sido que el gran público comienza a acercarse con interés a propuestas como las de Grimes o Julia Holter, pop electrónico futurista de altos vuelos. Para 2016 ya ha anunciado disco otra chica pop mutante: Sky Ferreira. Esperamos mucho más del matrimonio musical entre Morgan Geist (Metro Area) y Jessy Lanza llamado The Galleria, más disco-electro que nunca. Veta ochentera que también explota con mucho acierto el holandés Fatima Yamaha, dueño de un disco de esos que hacen que te cuelgues de la bola de espejos en medio de la pista de baile.

El trap más mutante continúa bien posicionado mundialmente gracias a los trabajos de gente como el venezolano Arca o el turco Sami Baha. Aunque el footwork haya perdido este año al fallecido DJ Rashad, hemos descubierto vía Planet Mu otra gran promesa de este techno acelerado y bastardo: Jlin. Los dos estilos más multitudinarios de la dance music no paran de mutar y avanzar, en este 2015 gracias a las pistas groovies de Galcher Lustwerk, Jack J o Fort Romeau, mientras el techno está en buena manos con gente como DJ Richard, Hunee, Omar-S o Levon Vincent. Pero el WTF! del año en materia de mezclas imposibles se lo lleva, como no, el siempre vanguardista Ricardo Villalobos, que nos ha hecho bailar aplicando minimalismo a la música folk turca con sus remezclas para la superbanda Insanlar. ¿Minimal turkey? Por qué no, yo lo apruebo.

☺

2. Los artistas

No se puede entender el blues hasta que no te ha roto el corazón una mujer
y no se puede entender mi música hasta
que hayas tenido sexo en grupo hasta arriba de éxtasis.

DJ Harvey

☺

4 Hero

Pioneros del break

Mark «Marc Mac» Clair y Dennis «Dego» McFarlane son dos de los pioneros del jungle/drum'n'bass en Londres. Nadie sabe exactamente cómo comenzó el drum'n'bass, pero a finales de los ochenta, en dos ciudades (Londres y Bristol) británicas comenzaba a mezclarse el happy hardcore y el material techno-house oscuro de gente como Joey Beltram o CJ Bolland con los breakbeats del hip hop. Dos de esos DJs eran Marc Mac y Dego, que coincidieron en la radio pirata Strong Island FM a finales de los ochenta. En 1989 ya habían fundado su sello Reinforced en el que sacarían material como Cold Mission, Hillside Connection, Internal Affairs o 4 Hero. Sus primeros temas eran breakbeat hardcore o más bleep-bass escuela Warp, al estilo de cómo practicaba gente como The Prodigy, Shut Up And Dance, A

Guy Called Gerald o Meat Beat Manifesto en la época. solo hace falta escuchar su disco de debut, *In Rough Territory* (Reinforced, 1991).

Pero las cosas en Albión van muy rápidas y 4 Hero, junto a Goldie y su crew Metalheadz comienzan a desarrollar ese sonido percutivo y en 1993 publican temas como «Hands to heaven» (como Internal Affairs), «Golden Age» o «Better Place» que son puro drum'n'bass soulero y contemplativo. Con *Parallel Universe* (Reinforced, 1994), 4 Hero sitúan el drum'n'bass en las pistas europeas, pero con *Two Pages* (Talkin' Loud, 1998) crean un disco de jazz'n'bass precioso, colorista y muy, muy bailable (trabajo que fue nominado al Mercury Prize de ese año). El disco tuvo dos secuelas (*Remixed* y *Reinterpretations*, con remezclas de gente como Photek, Jazzanova, Ron Trent o Masters at Work. Ese camino hacia el jazz como fuente creativa del nuevo drum'n'bass continúa con *Creating Patterns* (Talking Loud, 2001) pero la creatividad (y el interés de público y crítica) dentro del continuum hardcore se encuentra en el UK garage y el Two-step. En 2006 publican el extenso *Play With The Changes*, mucho más house, con temas como «Look Inside». Sus últimos trabajos como 4 Hero son de 2009 con el recopilatorio de future jazz *Extensions* donde presentaban a gente como Sonar Kollektiv Orchester.

808 State / A Guy Called Gerald

Rave Time

Influidos por la música que pinchaban los DJs del Haçienda de Manchester, Graham Massey, Gerald Simpson y Martin Price comienzan en 1987 a hacer música de baile bajo el nombre de 808 State, en homenaje a la caja de ritmos Rolan TR-808. Su tres primeros discos son un homenaje al house y esos sonidos balearics que escuchaban en la pista de baile: LPs como *Newbuild* (1988), *Ninety* (1989) y *Quadrastate* (1989) son un buen resumen de cómo sonaban las raves a finales de los años ochenta, aunque el trío triunfo con un tema que era bastante *chilly*, «Pacific State». Las diferencias musicales entre Massey y Simpson provocaron que este último abandonase el trío con el primer disco, siendo sustituido por Andrew Baker. Price se quedó para grabar el disco más famoso de 808 State, *ex:el* (1991) y luego abandonó la banda. El cuarto trabajo de 808 State era más pop con cantantes invitados como Bernard Sumner de New Order o la Björk pre-*Debut*. Entre 1992

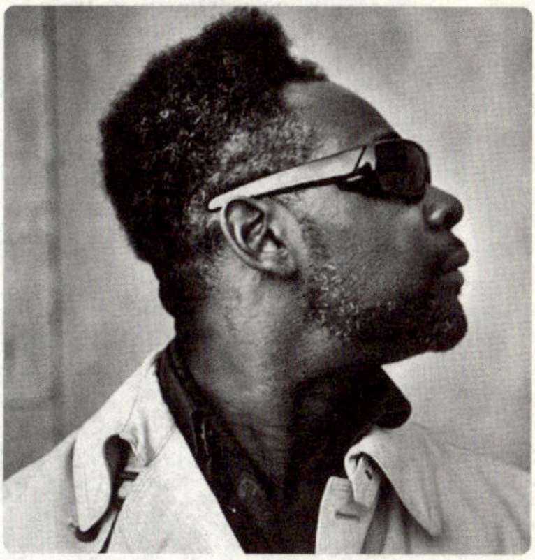

y 2002, Massay y Baker publicarían 3 LPs más, aunque el interés por la banda se fue perdiendo por la masificación de música electrónica en Inglaterra. Simpson, más influido por la cultura y los sonidos dub y jamaicanos montó A Guy Called Gerald y publicó en 1988 el hit «Voodo Ray», uno de los primeros temas de acid house ingleses.

Tras varios trabajos de techno y house, Gerald se sumerge en el drum'n'bass y publica *Black Secret Technology* (1995), uno de los mejores LPs de la historia de la escena. Volvería con fuerza en 2000 con el más *jazzy Essence*.

En 2012 A Guy Called Gerald y Graham Massey hicieron una gira donde los dos improvisaban sobres sus temas en una larga jam-sesion.

A

☺

Afrika Bambaataa

El Rey de los Discos

Kevin Donovan (Nueva York, 1957) es el creador del sonido electro y uno de los padrinos del hip hop gracias a su proyecto Afrika Bambaataa & The Soulsonic Force. A mediados de los años setenta, el barrio neoyorquino del Bronx era una zona de guerra entre pandillas rivales, Donovan era un señor de la guerra de los Black Spades, pero un viaje a África le cambió la vida y volvió al barrio concienciado en buscar la paz con un poderoso mensaje positivista africano. Abandona su gang, se cambia el nombre a Afrika Bambaataa Aasim (en homenaje al jefe zulú Bhambatha) y crea la Bronx River Organization, una asociación pacífica de ayuda mutua. Inspirado por el mítico DJ Kool Herc, Bambaataa comienza a organizar fiestas para alejar a los chicos de las calles y concentrar su rabia en el baile, la música y el graffiti, en la recién nacida cultura hip hop, al que Bambaataa da nombre creando la Universal Zulu Nation.

A partir de 1981, Bambaataa comienza a pinchar en fiestas en la Gran Manzana y el hip hop vuelve loco al público blanco intelectual de Nueva York. Tras dos temas («Throw Down» como Zulu Nation y «Jazzy Sensation», con The Jazzy 5), Donovan hace historia en 1982 con el tema «Planet Rock», grabado con varios rappers llamados Soulsonic Force y producido por Arthur Baker. Un tema completamente marciano que mezclaba la caja de ritmos TR-808, Kraftwerk, el hip hop y el funk de Funkadelic. Ha sido uno de los temas más inspiradores de la historia de la música de baile, escuela del hip hop que se haría a partir de esa época, el Miami Bass, electro, house de Chicago y el Techno de Detroit.

«Planet Rock» convirtió a Bambaataa en el hombre de los ochenta, haciendo conciertos con sus Soulsonic Force, compartiendo disco con el mismísimo James Brown (*Unity*, 1984) o produciendo a su banda de funk Shango (en la que colaboraba el bajista Bill Laswell). El mejor material que Bambaataa creó en sus primeros años se puede rastrear en el imprescindible recopilatorio *Looking For The Perfect Beat 1980-1985* (Tommy Boy, 2001).

Aphex Twin / AFX

Techno Prodigio

Richard David James (Limerick, Irlanda, 1971) es lo más cercano a un niño prodigio que haya tenido la música de baile, un Mozart de los beats. Comenzó a hacer música con radiocassetes a los 12 años de edad; pinchaba a los 15 junto a Tom Middleton (Jedi Knights, Global Communication) en varios locales de Cornwall; y se sacó un diploma de ingeniería con 18 años. En 1991, viviendo en Londres, publica su primer EP, *Analogue Bubblebath*, repleto de techno, acid house y sonidos de drones ambient de fondo únicos para la época, y funda junto a su amigo Grant Wilson-Claridge el sello Rephlex. El primer EP lo grabó como Aphex Twin, pero lo reeditaría bajo el título de AFX. En Londres comienza a publicar EPs en Warp como AFX,

Aphex Twin o Polygon Window, aunque su primer LP sería el recopilatorio *Selected Ambient Works 85-92* (Apollo, 1992), seguido del ambient *Surfing On Sine Waves* (Warp, 1993) grabado como Polygon Window.

Warp publica su *Selected Ambient Works II (1994)*, un trabajo mucho más experimental que su predecesor. A partir de entonces, sello y artista estarían ligados para siempre. James utiliza el pseudónimo AFX para hacer acid loco en Rephlex, donde publica diferentes EPs como *Analogue Bubblebath* o la serie *Analord*. Como Aphex Twin comienza a generarse un nombre internacional gracias a su «matrimonio» con el director de videoclips Chris Cunningham, que graba con él «Come To Daddy» y «Windowlicker», dos piezas únicas. Mientras, va publicando discos como *...I Care Because You Do* (1995), *Richard D James Album* (1996), *Drukqs* (2001) o el último *Syro* (2014). Cada vez que da una de sus escasas live-sesions o publica un nuevo disco se convierte en una gran noticia para el mundo de la música, en general.

Armando

Acid State

Armando Gallop (Chicago, 1970) podría haber sido un adolescente más jugando al béisbol en algún equipo universitario, pero una meningitis puso punto final a sus aspiraciones deportivas. Comenzó muy joven a pinchar y a trabajar con vinilos, en cuanto dejó el instituto. Farley Jackmaster Funk lo conocía cuando Armando trabajaba en la tienda de Chicago JR Records, donde se encontraba todo el material nuevo de Trax Records o DJ International. En aquella época, con solo 15 años, Armando ya montaba sus propias fiestas y comenzaba a ganar dinero para comprarse sus propio equipo para hacer música, como su primera Roland TR-707, su primera caja de ritmos que se compró junto al DJ Paul Johnson. También pinchaba en el local de

Farley, The Playground, donde según el propio Jackmaster, pasó de niño a DJ profesional.

Cuando Phuture publicaron «Acid Tracks» (el primer tema acid house) a principios de 1987, todos los aficionados de Chicago corrieron a comprar una TB-303, el emulador de bajo del que salía ese marciano sonido. Uno de los primeros temas en competir con el hit de Phuture fue «Land of Confusion», el tema de un jovencísimo Armando (17 años) que tenía dos bases de bajo. Todo el mundo quería imitar esa nueva base, pero lo que poca gente sabía es que Armando lo había hecho con dos 303, algo impensable para un chaval de barrio (recordemos que Roland solo fabricó diez mil). El siguiente hit de Armando es el ravero «100% of Disin' You» que arrasó en UK. En esa misma época comenzó a producir a amigos como Robert Armani, DJ Rush o Ron Trent. Mientras publica sus adictivos recopilatorios *The New World Order* (cuatro, entre 1993 y 1994) se convierte en el DJ residente de la famosa sala Warehouse de Chicago. En 1995 y 1996 da el salto a Europa, que le aplaude como uno de los grandes del acid house, trabaja como A&R del Radikal Fear de Felix Da Housecat y publica su primer disco internacional, *One World One Future* (PIAS, 1996), pero fallece de leucemia pocas semanas después de publicar el LP. Se trunca una de las carreras más interesantes de la música electrónica de baile a la edad de 26 años.

☺

Juan Atkins

TechnoHead

Juan Atkins (Detroit, 1952) es el creador del techno de Detroit, seguramente la música de baile electrónica más influyente junto al house de Chicago. Junto a Derrick May y Kevin Saunderson son llamados los 3 de Belleville, compañeros de colegio y los creadores de casi toda la paleta de color de un estilo musical. Estaba influido por la música que pinchaba el DJ Charles The Electrifying Mojo, mucha psicodelia, funk, soul, krautrock y los primeros electrónicos europeos como Kraftwerk. Pero fue el tema «Flash Light» de Parliament el que le cambió la vida. Eso y la ciencia-ficción. Fan de Alvin Toffler y la Tercera Ola, el joven Atkins y su amigo mayor, veterano del Vietnam, Rick Davis se juntaron para formar Cybotron, un grupo de funk-psicodélico-electrónico en el que mezclaban la frialdad de Kraftwerk, el mood de Moroder y el funk de Parliament. En 1983 publican el revolucionario *Enter*, donde se encuentra «Alleys of Your Mind», el primer tema techno de la historia. Atkins abandona pronto a Davis por culpa de sus problemas mentales y viaja a Chicago para vivir el sonido llamado house. Allí se entera de que los sellos no están pagando royalties a amigos suyos músicos y decide crear su propio sello Metroplex (algo que sería normal en todos los músicos de techno de Detroit, controlar tu producto desde tus propias manos) y el nombre Model 500 (en honor a la Ford y Detroit, la ciudad del motor); en 1985 publica su primer maxi *No UFO's*, cuyo tema principal, junto a «Future» o «Play it Cool» (1986) definen el sonido techno.

Todos estos primeros temas los podemos encontrar en el recopilatorio *Classics* (R&S, 1993), pero Atkins acabó los ochenta publicando uno de sus temas más recordados, «The Chase». Editó bajo muchos pseudónimos más (Model 600, Frequency, Output, Channel One), pero el más destacable después de Model 500 es Infiniti, mucho más hardcore, con el que publicó el disco *Skynet* en 1998, pero antes, en 1995 publicó en R&S el muy cósmico *Deep Space* (R&S). En 2015 volvió junto a Mark Taylor, DJ Skurge y Mike Banks con *Digital Solutions* (Metroplex), que parece grabado en 1985, treinta años antes.

☺

Autechre

Hip Metal Hop

Rob Brown y Sean Booth (Rochdale, UK, 1971 y 1973), más conocidos como Autechre son, junto a Richard D. James, las figuras más influyentes de la música electrónica británica. Con un sampler Casio SK-1 y un sintetizador TR-606, crearon Autechre en 1987 como una banda de hip hop instrumental, sonido que fueron sintetizando hasta convertirlo en un techno frío, cortante, metálico como si fueran unos Kraftwerk del gueto, más robóticos que humanos. Al principio eran más melódicos, con trabajos como *Incunabula* (Warp, 1993) o el melancólico *Amber* (Warp, 1994) que tanto influyó en el sonido IDM o bleep. Pero pronto comenzaron a endurecer su propuesta con sonidos metálicos afilados en las tres obras maestras que son *Tri Repetae* (Warp, 1995), el EP *Anvil Vapre* (Warp, 1995), que incluía la ruidosa «Second Bad Vibel» con fantástico vídeo robótico de Chris Cunningham, y *Chiastic Slide* (Warp, 1997).

El fantástico *LP5* (Warp, 1998) y *EP7* (Warp, 1999) son los últimos discos de la que podríamos considerar su primera etapa como músicos. Mientras, con su sello Skam Records, comienzan a publicar discos de Boards of Canada, Bola o su propio proyecto Gescom, cuya pieza más recordada es *Minidisc* (OR, 1998), publicada en ese desaparecido formato y recuperada en 2006 en

CD. En el siglo XXI, Autechre se han vuelto más polirritmicos y sintéticos abandonando, en parte, aquellas texturas ambient de sus principios, creando discos poco adecuados para la pista de baile como *Draft 7.30* (Warp, 2003), *Quaristice* (Warp, 2008) o el último y muy experimental *Exai* (Warp, 2013) con el que Autechre obliga a las salas donde actúan a estar totalmente a oscuras para que el público se concentre solo en la música.

B

☺

Daniele Baldelli

El emperador cósmico

El término cosmic disco está muy vinculado al afro disco. Son estilos de música disco donde predominan, sobre todo, el uso de los sintentizadores más sci-fi y el ritmo de influencia africana. Aunque es un sonido surgido de Nueva York o Los Angeles, la verdad es que la cosmic disco es muy mediterránea y nació en algunas discotecas del norte de Italia como Baia degli Angeli en Gabicce Mare, Kinky Club en Manerbio o Cosmic Club en Lazise (Verona). Estos fueron los primigenios, los que comenzaron a mediados de los setenta, y el DJ del Baia degli Angeli entre el 77 y el 78 y en Cosmic Club durante 1979 y 1984 fue Daniele Baldelli, considerado uno de los mayores innovadores del italo disco.

Baldelli comenzó a pinchar en fiestas en, agárrense, 1969, cuando la palabra DJ ni existía. Al principio ponía discos sin mezclador bajando el sonido de dos tocadiscos de 45 rpm e intentando cuadrar los tempos. En los años setenta no había preescucha de los discos y Baldelli estaba atento al ruido de la aguja. Pasó de pinchar 7 pulgadas de soul y funk a comenzar a poner la primera música disco que venía de América. Baldelli sorprendió a los dos DJs americanos de la famosa discoteca Baia degli Angeli, Tom Sison y Bob Day, con su técnica y convencieron al promotor para sustituirlos. Baldelli acabó los setenta y comenzó los ochenta con los sonidos disco y Hi-NRG siendo el emperador del Cosmic Club, donde pinchaba discos de 45 a 33 y viceversa, añadiendo capas de percusiones y frecuencias muy psicodélicas.

Dj de nacimiento, Baldelli no se atrevió a publicar sus propios temas cósmicos hasta mediados de los noventa, y siempre con otra gente. Entrado el siglo XXI, debutó en formato largo con *My Funky Side* (2005) y el enorme *Cosmic Sound* (2006), que tuvo segunda parte en 2009. Recientemente ha publicado *Cosmic Drag* (2015), demostrando estar todavía muy en forma.

Arthur Baker

El hombre de la 808

En la pecera de «Planet Rock» se encontraba Arthur Baker (Boston, 1955), uno de los productores más reputados de la historia de la música y el que introdujo la TR-808 en el mundo de la música electrónica de baile. Baker comenzó a trabajar como DJ en clubs de Boston pinchando philly soul, pero siempre ha admitido que tiene poca paciencia para pinchar (aunque todavía lo haga en grandes eventos como el Sónar con más de sesenta años). Lo suyo era la pecera y la producción, un trabajo que le gustaba más y que comenzó a ejercer en 1977 produciendo su propio tema de soul de Boston «Losing You» como The Hearts of Stone. En 1979 dirigía el «Rap-O Clap-O» del gran Joe Bataan para Salsoul Records. En 1981 emigra a Nueva York para ganarse la vida como DJ y productor. Acaba de llegar cuando su amigo Tom Silveman le llama para producir el segundo single de Afrika Bambaataa, «Jazzy Sensation». La conexión es inmediata. Bambaataa le dice a Baker qué disco y melodías usar y este produce el resultado final. El tema es como una sesión del Bronx empaquetada en un track. El siguiente tema en el que colaboran se llamaría «Planet Rock» y sería un éxito tremendo. Todos los samplers que no acabaron en «Planet Rock» terminaron saliendo en «Play at Your Owm Risk» (Tommy Boy, 1982) de Planet Patrol, la banda de electro-funk que montó con amigos de Boston. El sonido de «Planet Rock» enamora a unos chicos de Manchester llamados New Order, que llaman a Baker para que les produzca «Confusion» en 1983 (no sería la única vez que trabajarían juntos). Al año siguiente realiza una remezcla (Blaster Mix) del «Dancing in the Dark» de Bruce Springsteen y una versión extendida del «Dancing with the Big Boys» de David Bowie. A finales de los ochenta trabaja con Al Green y funda su propia banda de pop dance, Arthur Baker and The Backbeat Disciples, que publica el interesante *Merge* en 1989. A principio de los años noventa emigra a Londres y se mete en el negocio de la restauración teniendo bastante éxito, aunque nunca ha dejado de pinchar ni producir música.

Basic Channel / Maurizio

Alemania meets Jamaica

Uno de los avances más importante que Alemania aportó a la música techno (más allá de convertir toda una ciudad como Berlín en una gran fiesta de baile y derechos civiles, que esto también es importante), fue juntarla con el dub jamaicano y crear el dub techno. Y todo nació en los laboratorios berlineses de Moritz von Oswald (Hamburgo, 1962, y tataranieto del mismísimo Otto von Bismarck por parte de abuela) y Mark Ernestus (1963). Juntos, bajo diversos pseudónimos y con muchos colaboradores, innovaron dotando al techno de Detroit de técnicas similares a las de los chamanes *dubbies* jamaicanos. Patrones rítmicos diferentes al 4X4, melodías repletas de silencios, bajos que iban y volvían, convirtiendo el techno en una experiencia casi lisérgica.

Moritz von Oswald había estudiado música y percusión y formó parte durante los primeros ochenta de la banda dadá Palais Schaumburg (junto a Thomas Fehlmann, con el que formaría su primera experiencia electrónica como 2MB y 3MB). Ernestus era estudiante de arte y amante de la música electrónica desde mediados de los ochenta, cuando fundó la tienda de discos Hard Wax, donde coincidió con von Oswald.

Desde principios de los años noventa, fueron desarrollando la técnica con los siete EPs firmados como *Maurizio* (1992-1997), los siete (más uno) publicados como *Basic Channel* (1993-1994) y más recientemente, y mucho más jamaicano, con todos los trabajos que grabaron con cantantes invitados (Tikiman, Paul St. Hilaire y muchos más) bajo el título de *Rhythm & Sound* (1996-2006). Pero no solo de dub viven Moritz von Oswald y Mark Ernestus: bajo pseudónimos como Quadrant, Cyrus o los primeros Round (One y Two), el dúo facturó temas de techno y house.

☺

Joey Beltram

Energy Dance

Joey Beltram (Nueva York, 1971) es seguramente uno de los productores más influyente del hardcore techno y de la mayoría de los sonidos del techno europeo. Desde el sello Tresor pasando por gente como Daft Punk, los temas de Beltram han hecho bailar a varias generaciones de raveros por todo el mundo. Siendo de Queens, comenzó a pinchar hip hop y electro en fiestas de su barrio con tan solo 12 años, pero en 1985 descubrió la primera ola del chicago house que llegaba a Nueva York y quedó prendado del 4X4 funk del estilo.

En 1990 comenzó a grabar sus primeros temas y acertó de pleno con los dos primeros: «Mentasm» como Second Phase (a medias con Mundo Muzique) y «Energy Flash». El primero creó toda una escuela del hoover sound característicio del gabber y el hard house (hasta le dio nombre durante una época). El segundo fue un tema modernísimo para la época. Hoy todavía suena como

nuevo, nunca envejece, se puede pinchar en cualquier sitio y sigue siendo un hit instantáneo. En definitiva, revolucionó la música de baile con tan solo 21 años y dos temas. La discográfica belga R&S lo fichó inmediatamente y comenzó a publicar su material en Europa, donde revolucionó la escena rave. En 1993 publica el destrozapiernas *Dance Generator* (Trax) con temas como «Mucho Acid» o «Time Warp» y en 1994 saca un disco completamente revolucionario de acid house oscuro y opresivo llamado *Aonox*. A mitad de los noventa ya se le puede considerar clásico y R&S publica el recopilatorio *Classics* (1996) donde recoge sus primeros temazos. Sin dejar de producir o pinchar, Beltram vuelve en 2004 a Tresor con el más techno *The Rising Sun*, un pelotazo de ritmo extremo.

Björk

El house pop que vino del norte

El padrastro de Björk Guðmundsdóttir (Reikiavik, Islandia,1965), el músico Svævar Árnason, le apoyó desde muy niña para que desarrollara su vertiente artística. A la edad de 11 años estaba grabando un disco infantil con canciones propias y versiones de los Beatles o Stevie Wonder titulado *Björk* (1977) y con 13 estaba tocando la batería en grupos de punk-rock de Reikiavik. En 1986, cuando nacía su primer hijo, crea The Sugarcubes, la banda que la haría famosa en Inglaterra gracias al éxito del tema «Birthday» (1987). Su voz interesa a 808 State, que la ficha para cantar dos temas en *ex:cel* (1991). Tras cuatro discos con The Sugarcubes, Björk contacta con Nelle Hooper (Soul II Soul y Massive Attack) para grabar su *Debut* (One Little Indian, 1994) que sería platino en Estados Unidos, disco del año en New Musical Express y ganaría el Brit Awards a la mejor cantante femenina.

Debut y *Post* (1995) dan a conocer a la artista mundialmente, pero con *Homogenic* (1997) Björk dio un paso de gigante en su música gracias a la ayuda

de Mark Bell (LFO) que no se separaría nunca de su lado hasta su muerte en 2014. Juntos crearían un sonido que uniría pop, música clásica y electrónica con unas texturas únicas hasta la fecha y mil veces imitadas después. Tras *Selmasongs* (2000), la BSO de *Bailando en la Oscuridad*, película interpretada por la misma Björk, la islandesa (con la ayuda de Matmos) entrega otra obra maestra, *Vespertine* (2001), mucho más intimista que sus discos anteriores. Tras el poco apreciado *Medulla* (2004), Björk vuelve a convencer a sus fans con *Volta* (2007). Después del experimento multimedia de *Biophilia* (2011), que incluía una versión audiovisual para tablets, en 2015 la islandesa pretende recuperar el esplendor de *Homogenic* y *Vespertine* con *Vulnicura* (trabajando con productores modernos como Arca, Spaces y The Haxan Cloak), y la verdad es que casi lo consigue.

Black Dog / Plaid

La esencia del bleep

Si existen tres personas que hayan influido en la IDM y la música bleep más que nadie esos seguramente no serían ni Autechre ni Aphex Twin, sino Ken Downie, Ed Handley y Andy Turner, más conocidos como Blag Dog Productions. No salieron en ninguno de los dos recopilatorios de Artificial Intelligence publicados por Warp entre 1993 y 1994 pero su primer trabajo, *Bytes*, se publicó en el 93 como tercer disco del subsello de Warp del mismo nombre. En 1994 publican *Spanners* (Warp), repleto de ritmos rotos, burbujeos siderales y sonidos bleeps. Turnes y Handley también grababan como Plaid sonidos más influidos por el jazz de naturaleza más cinemática y en 1995 rompen con Ken Downie después de cinco años de colaboración.

Como Plaid, Turnes y Handley han alcanzado varios éxitos con sus diversos proyectos. Desde el muy recomendable *Not For Threes* (Warp, 1997) pasando a éxitos como «Eyen» (presente en *Double Figure*, 2001, y quinta mejor canción de los primeros 20 años de historia de Warp para el público) o el que muchos consideran su mejor trabajo, la banda sonora de la película de animación *Tekkonkinkreet* (Aniplex, 2006). Su último trabajo publicado es *Reachy Prints* (2014), para Warp, por supuesto.

Tras un trabajo en solitario –*Music For Adverts (And Short Films)* (Warp, 1996)–, Downie se juntó en 2001 con los hermanos Martin y Richard Dust

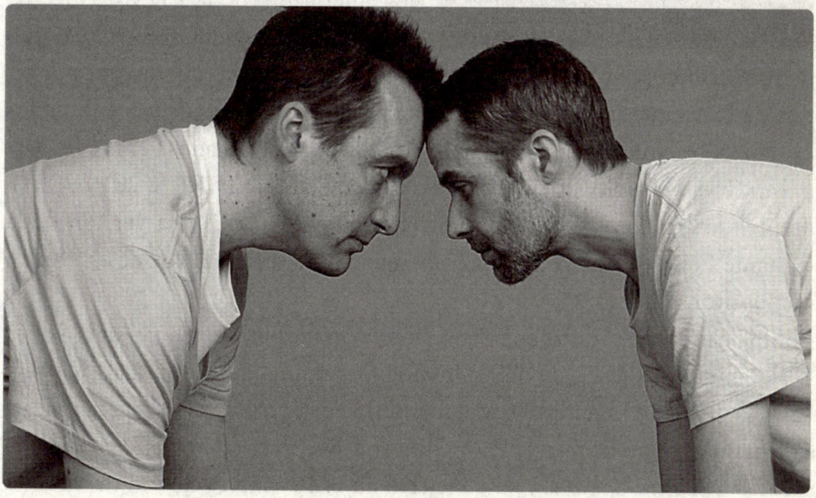

(dueños del sello Dust Science) y se volvieron mucho más techno y bailables, como muy bien podemos oír en sus discos para Soma: *Radio Scarecrow* (2008) y *Further Vexations* (2009). Su último disco como The Black Dog es ese contundente y oscuro *Neither/Neither* (Dust Science, 2015) y los muy recomendables y bailables 4 EPs de *Sound Of Sheffield* (2014).

James Blake

La voz del dubstep

El cara de niño James Blake Litherland (Londres, 1988) publicó su primer EP, *Air & Lack Thereof*, en el sello Hemlock Recordings en 2009 mientras acababa sus estudios de música de la universidad. Pronto se le relacionó a otros nombres jóvenes del post-dubstep británico como Untold, Pangaea, Joy Orbison, Pearson Sound, Blawan, Peverelist o Pariah... artistas alejados de la parte más efectista del dubstep (el wobble que tanto gusta a los americanos de la EDM) e investigaban más el sonido (escuela más dub de producción), pero James Blake demostró estar hecho de otra pasta. Más que nada porque tiene una voz preciosa y ha destacado por ser uno de los cantantes británicos más prodigiosos de los últimos 10 años. Tras *The Bells Sketch* (Hessle Audio, 2010) y el muy exitoso *CMYK EP* (R&S, 2010), Blake sorprende a todo el mundo en noviembre de 2010 con una versión de la cantante Feist, «Limit to Your Love», que nos descubre la voz de este joven compositor.

Sin abandonar el dubstep ni la vertiente más experimental del dub, James Blake publica su disco de debut homónimo en una multinacional (Universal) y la mitad de Inglaterra (y del mundo) se enamora de él. No para quieto: el mismo año publica un EP a medias con Bon Iver (*Enough Thunder*) y el EP *The Wilhelm Scream*, y su concierto en el Primavera Sound de 2011 es uno de los eventos del año. Tampoco abandona su parte más estrictamente dubstep publicando *Order/Pan* para Hemlock. En 2013 vuelve con más fuerza con el single «Retrograde» y el disco *Overgrown*, en el que colaboran Brian Eno y Rza. Mientras esperamos su tercer trabajo, Blake ha recuperado la parte más dance de su sonido publicando dos 12" (2013 y 2014) en su propio sello 1-800 Dinosaur.

☺

Boards of Canada

Analógicamente perfectos

Aunque los hermanos Michael Sandison (Edinburgo, 1970) y Marcus Eoin (Edinburgo, 1971) siempre hayan sido considerados como unos Autechre más melódicos y menos ariscos, lo cierto es que Boards of Canada comenzó a respirar en la escena electrónica británica un año antes que los dos amigos de Rochdale, en 1986. En sus primeros años como jóvenes amantes de la música, se dedicaron a samplear y jugar con radiocassetes hasta que comenzaron a enamorarse de los sintentizadores vetustos y el sonido analógico. Eligen ese nombre por los documentales que veían de niños de la National Film Board of Canada. Sus primeros trabajos serían autopublicados por ellos mismos entre 1994 y 1996 con títulos que ya comienzan a marcar el so-

nido particular del dúo, con bases hip hop, grabaciones de campo, secuencia melódicas muy analógicas y un cierto aire melancólico para llorar en medio de la pista. *Play by Numbers* (1994), *Twoism* (1995) o *Boc Maxima* (1996) son algunos de sus trabajos más recordados de la época.

Autechre los conoce y les piden algo para su sello Skam. Los hermanos Sandison les entregan el precioso *Hi Scores* (1996), mucho más analógico que sus trabajos anteriores y con un sonido único que parece envuelto en una niebla matutina. Warp no se hace esperar y ficha al dúo, convirtiéndose en el gran valedor del sonido del sello post-bleep. Con el label de Sheffield (en coproducción con Skam) se estrenan con el insuperable *Music Has the Right To Children* (1998), un ejercicio superlativo de electrónica cinemática que triunfa entre los amantes de la música independiente pop y rock gracias al programa de radio de John Peel. Convertidos en estrellas, BoC repiten la jugada con el intenso *Geodaddi* (2002), donde comienzan a jugar con los significados ocultos y las matemáticas (el disco dura 66 minutos y 6 segundos). La formula comienza a sentirse un poco gastada con *The Campfire Headphase* (Warp, 2005), y tras el EP *Trans Canada Highway* (2006) el dúo hace un parón de seis años en los que las especulaciones se disparan. El día de las tiendas de discos (tercer sábado de abril) de 2013, aparece un single en blanco que podría ser de BoC. Warp confirma que sí, que el vinilo es de ellos, y comienzan a aparecer una serie de mensajes en webs fantasmas y clips de radio hasta que la banda publica el excelente *Tomorrow's Harvest* (2013), su último trabajo hasta la fecha.

Boney M

El baile alemán

Mientras en Norteamérica triunfaban Bee Gees, la música disco y el baile de Tony Manero (John Travolta) en *Fiebre de Sábado Noche* (1977), en Europa, con el éxito internacional de ABBA, ganadores de Eurovisión en 1974 con «Waterloo», se pedía más música disco para bailar en las discotecas. Uno de esos proyectos dance que irrumpió con fuerza desde su primer trabajo, *Take the Heat Off Me* (de 1976, disco que comenzaba con el macrohit «Daddy Cool»), era la banda del productor alemán Frank Farian (de verdadero nombre Frank Reuther), Boney M, formada por tres

mujeres y un hombre: las jamaicanas Liz Mitchell y Marcia Barrett, la oriunda de Montserrat (Pequeñas Antillas) Maizie Williams y el arubiense de bailes imposibles Bobby Farrell. Farian juntó el sonido disco de violines interminables y la cadencia dub y afroamericana de sus componentes para crear un sonido nuevo al que se llamó eurodisco.

En apenas tres años, antes de que comenzaran los ochenta, la factoría disco de Farian produjo tres LPs más que excelentes: *Love for Sale* (1977), *Nightflight to Venus* (1978) y *Oceans of Fantasy* (1979) con temazos como «Sunny», «Rasputin», «Belfast», «Painter Man», «Gotta Go Home», «Rivers of Babylon» y muchos más. El éxito del grupo en casi todos las países de Europa (incluido la siempre difícil Inglaterra) provoca la ceguera de Fabian, que quiere convertirlos en una franquicia de dinero fácil con giras eternas, discos de Navidad, canciones cantadas en español (para el mercado latinoamericano) y recopilaciones cada seis meses. Lo peor fue la sustitución del carismático Bobby Farrell, por poco fiable en las giras, por Reggie Tsiboe. Con ese cambio comenzó el largo declive ochentero de un proyecto que ha vuelto en varias ocasiones de gira con componentes nuevos y con solo la veterana Maizie Williams al timón.

Broadcast

El sonido del pasado

Si Stereolab revolucionaron el pop indie británico gracias a los sintetizadores y elementos del krautrock, la banda formada por Trish Keenan (voz), Roj Stevens (teclado), Tin Felton (guitarra), James Cargill (bajo) y Steve Perkins (batería) llevaron ese sonido experimental pop mucho más allá mezclando sonidos pop de los sesenta, psicodelia y unas ganas de experimentar en el sonido digna de los laboratorios sonoros de la BBC Radiophonic Workshop (donde trabajaron algunos de los mejores técnicos de sonido de la industria británica como Delia Derbyshire o Desmond Briscoe). Formados en Birmigham en 1995, la banda ya llevaba publicados varios EPs cuando fueron fichados por Warp en la búsqueda de nuevos sonidos para un sello que se estaba estancando a finales de los noventa. En el 2000 la banda publica su disco más comercial, el debut *The Noise Made by People*, un trabajo que no tuvo mucho éxito de ventas pero que enamoró a toda la crítica inglesa y americana.

Dos años después, la parte más psicodélica del quinteto se impone en un alucinante *Haha Sound* (Warp, 2003) de reminiscencias dadaístas y dalinianas. Sin Steve Perkins a la batería, graban el menos electrónico *Tender Buttons* (Warp, 2005) que recuerda mucho al sonido post-punk de Joy Division o Young Marble Giants. Este último disco lo componen entero Trish Keenan y James Cargill, convirtiéndose en el germen del sonido Broadcast. La parte experimental de Broadcast continúa saliendo a la luz con EPs como *Pendulum* (Warp 2003) o las serie *Microtonics* (dos volúmenes en 2003 y 2005), y en 2009 se junta con The Focus Group de Julian House para grabar el LP *Broadcast and The Focus Group Investigate Witch Cults of the Radio Age* y el EP *Familiar Shapes and Noises* (2010). Un año después, Broadcast sufre una desgracia tremenda al fallecer su cantante Trish Keenan de neumonía en 2011. Cuando parece que la banda está desaparecida, Cargill vuelve con la BSO muy experimental y alucinante de *Berberian Sound Studio* (Warp, 2013).

Buraka Som Sistema

Mueve tu kuduru

África es un todo un continente (nunca mejor dicho) de música de baile electrónica. Miles y miles de sonidos y artistas conviven en diversos estilos (afrobeat, kwaito, ozonto, congotronics, shangaan electro, etc.) con denominación de origen de varios países y muchos productores y DJs ocultos para el gran público mundial y una red de distribución única, a base de soundsytems y copias de CD baratas. Es normal que algunos de los artistas más conocidos de música electrónica de baile hayan venido de países más anglosajones como Sudáfrica o de conexiones con países europeos como Buraka Som Sistema. Los Buraka fueron fundados en 2002 en Portugal por João Barbosa (Branko), Rui Pité (DJ Riot), Andro Carvalho y Kalaf Ângelo. Barbosa y Pité eran productores de colectivos de hip hop de Angola (antigua colonia portuguesa) cuando comenzaron a escuchar kuduro, un baile autóctono de Angola que comenzaba a triunfar en los locales angoleños de Lisboa. Buraka comienza a fusionar electrónica, kuduro y zouk, creando algo único y excitante hasta la fecha.

En 2006 publican el EP *From Buraka to the World* que comienza con la impresionante «Buraka Entra!» a medio camino entre Africa y el dubstep de Londres. En apenas dos años ya tienen listos *Black Diamond*, un disco que triunfa en todo el mundo, publicado en Inglaterra por el sello del prestigioso club Fabric y por Sony internacionalmente. En España acaban sonando en todos los móviles el tema «Kalemba (Wegue Wegue)» que se anuncia hasta en *Sálvame*, mientras Belén Esteban baila. El disco es diferente, excitante y muy bailable gracias a las colaboraciones de M.I.A. o Kano. Con *Komba* (2011), Buraka están dispuesto a comerse el mercado latino (al fin de cuentas, el kuduro no deja de ser primo-hermano de la semba boliviana) y norteamericano con colaboraciones con Bomba Estereo, Blaya o Kaysha. En 2014 publican su último *Buraka*, su disco con menos colaboraciones, más oscuro, duro y el más ambicioso musicalmente.

☺

Burial

El fantasma en la máquina

El mundo de la música electrónica y el techno siempre han jugado con el misterio. Una música cuyo fin último es bailar en un club se aleja mucho del concepto de fama de la cultura pop y rock. Muchos artistas han escondido sus rostros o no han querido dar su nombre en grabaciones: desde Daft Punk, Redshape pasando por Underground Resistance o Rex the Dog. El caso de Burial es uno de ellos. Cuando publicó su primer EP para Hyperdub, el sello de Kode9, su nombre estaba en el anonimato. Era tanto el misterio alrededor de Burial que mucha gente creía que era un pseudónimo de Kode9, pero no, se descubrió que tenía nombre, William Emmanuel Bevan, era del sur de Londres y era conocido por mucha gente que había crecido en la escena de UK garage y el dubstep londinense.

En 2006 el sello de Kode9 era moda por dos lanzamientos, el disco de Kode9 y The Spaceape y el disco homónimo de Burial, que fue el disco del año para muchas publicaciones de música electrónica como Mixmag, The Wire o Go Mag. La manera de entender el dubstep por Burial era casi sobrenatural, radiografiando la música del sur de Londres, de pulsación muy urbana, renovando el sonido como Massive Attack a principio de los noventa.

Al año siguiente, Bevan entrega un disco aún mejor, *Untrue* (2007), con temas más percutivos y bailables (acercándose al pop en algunos temas, como «Archangel»). El disco es nominado a los Mercury Prize de 2008 junto al debut de Adele o el *In Rainbows* de Radiohead. Según el diario The Independent, Bevan estudió en la Elliott School, donde también estudió Kieran Hebden (Four Tet), con el que ha colaborado en tres EPs, uno de ellos con Thom Yorke (cantante de Radiohead) poniendo la voz. También ha colaborado con dos temas con Massive Attack (2011). Desde 2007 no publica más material largo, pero ha publicado EPs que son analizados por fans y prensa segundo a segundo: como *Street Halo* (2011), *Truant* (2012), *Kindred* (2012), el controvertido *Rival Dealer* (2013) donde quiso innovar con su sonido (y francamente, lo consiguió) o el rescate de temas pretéritos como el fallido *Temple Sleeper* (2015).

C

Cabaret Voltaire

El experimento

Si uno se expone completamente virginal y sin prejuicios al triple disco recopilatorio *Methodology* (Mute, 2003) que recopila todos las cintas que el trío Cabaret Voltaire grabó entre 1974 y 1978, llegamos a la conclusión de que a Richard H. Kirk, Stephen Mallinder y Chris Watson nunca les interesaron demasiado el formato canción. Al trío de Sheffield les encantaba retorcer y experimentar con sus instrumentos y les costaba acabar un solo tema. No es para menos que eligieran el nombre Cabaret Voltaire, el club de Zúrich epicentro del movimiento dadaísta. Su música nunca pudo ser fácilmente etiquetada y son uno de los grupos más importantes (y prolíficos, su producción es incontable entre reediciones y material registrado recopilado) de la música electrónica. Banda que al final de su carrera (primeros noventa) fueron absorbidos por el bleep de su ciudad natal y el sonido del sello Warp, con trabajos en solitario del propio Richard H. Kirk, bajo el nombre de Sandoz o siendo el leitmotiv su última obra, el muy recomendable *The Conversation* (Apollo, 1994).

Comparar *The Conversation* con *Mix Up* (Rough Trade, 1979) es como comparar dos bandas completamente diferentes, pero tampoco hace falta que viajemos 15 años. *Red Mecca* (Rough Trade 1981), su trabajo más aplaudido de los primeros ochenta, también es muy diferente a *Mix Up*, su primer largo para el sello indie de Londres Rough Trade (del que fueron uno de los primeros fichajes junto a Television Personalities). De su primera época rock-electrónica destacan sobre todo el ya comentado *Red Mecca* y *2X45* (Rough Trade, 1982), pero el verdadero salto de la banda al techno pop sería con *Micro-Phonies* en 1984 con temazos tan bailables como «Do right», «James Brown» o «Sensoria». Cabaret Voltaire volvieron en julio de 2014 en el festival Berlin Atonal con Kirk como único miembro.

☺

Caribou

Psicodelia de dormitorio

Dan Snaith (Dundas, Canada, 1978) es uno de esos muchos músicos de todo el mundo conocidos como *beedrom producers* (productores de dormitorio), que a finales de los noventa gracias a la tecnología digital y los ordenadores podían hacer música electrónica con pocos medios en su propio dormitorio. Snaith comenzó tocando la batería en varias bandas de indie-rock de su On-

tario natal pero pronto comenzó a sentir atraído por la IDM, la glitch music europea y el pop-rock psicodélico clásico. En el 2000 publica su primer EP para Leaf Label, un pequeño sello de Leeds de música electrónica y post-rock fundado por un ex trabajador de 4AD, Tony Morley. Entonces Snaith firmaba como Manitoba y en 2001 publica el bello *Start Breaking my Heart*, un disco que suena como si el escritor Raymond Carver hiciera IDM. Dos años después, más influenciado por bandas psicodélicas y The Flaming Lips (pero sin abandonar la electrónica), Manitoba publica el lisérgico *Up in Flames* (2003).

En 2004 el músico Richard Manitoba demanda a Snaith por usar su apellido (Manitoba también es una región de Canadá) y el siguiente trabajo de Dan se edita bajo el título de Caribou (y reedita los dos primeros, también). *The Milk of Human Kindness* (2005) es su trabajo más pop, muy Brian Wilson a ratos. *Andorra* (Merge, 2007) incluye voces y más tratamiento Beach Boys, pero tiene el tema más techno de toda la carrera de Dan Snaith: «Niobe». Con el funky-hit «Odessa» (el primer tema de *Swin*, 2010), Snaith rompe la banca y Caribou se convierte en el hombre de moda en los festivales indies. Lejos de acomodarse, continúa con ese estilo funk-IDM-pop-psicodélico en su último disco, el interesante *Our Love* (Merge, 2015). Dan Snaith publica material más electrónico como Daphni y de vez en cuando se monta fiestas donde pincha con sus amigos Four Tet y Floating Points.

Cerrone

Chic francés

Si tenemos que señalar con el dedo índice las dos grandes canciones electrónicas de la música disco esas serían, por supuesto, «I Feel Love» de Donna

Summer y Giorgio Moroder, y la excitante «Supernature» de Cerrone. *Supernature* (de 1977, el disco, también conocido como *Cerrone III*) vendió más de ocho millones de copias en todo el mundo y era una historia de ciencia-ficción donde se cuenta la rebelión de unas criaturas mutantes (creadas por cientifícios para poner fin al hambre en el mundo) contra el ser humano. El disco, además, contaba con un tema de salsa funky electrónico como «Give me Love».

Marc Cerrone (Vitry-sur Siene) era un batería francés considerado como el productor más influyente de la música disco de los setenta y ochenta. A Cerrone le gustaba crear grandes espectáculos en directo y fue uno de los primeros en fusionar grandes orquestas con el 4X4 rígido de la música disco. Tras *Supernature*, Cerrone publica el influyente *Cerrone IV The Golden Touch* (1978) que marca un periodo de inflexión en su carrera, pero en vez de seguir investigando esa línea electrónica, Cerrone quiso brillar en Estados Unidos haciendo temas más funkies disco y rockeros (como el hit «Rock me» que a ratos parece una imitación del clásico de Donna Summer «Hot Stuff»).

Con el éxito de Daft Punk y el french touch a mediados de los noventa, la figura de Cerrone fue revindicada con varios recopilatorios y remezclas de fans como Dimitri From Paris o Bob Sinclar.

☺

The Chemical Brothers

¡Hey Chico, Hey Chica!

Existen pocas bandas de música de baile nacidas en la década de los noventa con un tirón comercial tan grande como el de The Chemical Brothers. Nacidos (musicalmente) con el comienzo de la escena rave, los Hermanos Químicos revolucionaron la música de baile junto a bandas como The Prodigy, Fatboy Slim o Underworld llevando el techno a los conciertos de estadio y crearon el sonido big beat. Ed Simons (Londres, 1970) y Tom Rowlands (Kingston-Upon-Thames, 1971) eran compañeros de escuela pública. Simons era fan del hip hop y Rowlands flipaba con Kraftwerk, Cabaret Voltaire y New Order. Juntos fueron a estudiar a la universidad de Manchester, donde comienza a pinchar en un club llamado Naked Under Leather y juntan sus dos pasiones (hip hop y techno). En homenaje a los productores americanos The Dust Brothers se hacen llamar así y graban con pocos me-

dios «Song To The Siren» en 1993 y Andrew Weatherall los ficha para Junior Boy's Own.

Entre 1993 y 1995, The Dust Brothers graban dos EPs más y son los remezcladores favoritos del brit-pop. Comienzan a ser muy famosos y tienen que cambiarse el nombre. Como The Chemical Brothers publican en 1995 el muy influyente (pero poco actual) *Exit Planet Dust* y se convierten en el grupo ideal para cerrar todos los festivales de indie-rock británicos. Su segundo trabajo es el mejor, *Dig Your Own Hole* (1997), a medio camino entre el breakbeat y la psicodelia, donde colaboran con Noel Gallagher o Jonathan Donahue de The Flaming Lips. En 1999, en medio de conciertos multitudinarios, publican el festivo *Surrender* (1999) con temazos como «Out of Control» o «Hey Boy Hey Girl». Aunque siguen atrayendo al público, cada disco es más mediocre que el anterior, hasta que recuperan parte de su ideario techno-pop con su último *Born in the Echoes* (2015) y un espectacular retorno a la primera división de directos con un concierto audiovisual único.

Chic

El ritmo de la noche

No es que Chic, la banda disco-funk de Nueva York formada por Nile Rodgers (guitarra), Bernard Edwards (bajo), Tony Thompson (batería) y Tom Coppola (teclados), fuera estrictamente una banda de música electrónica, aunque algún efecto de sintetizador tenían (más tarde, en directo, incorporaban dos sintetizadores con Richard Hilton y Russell Graham), pero pocas bandas de la música disco se pueden considerar tan influyentes en la historia de la música de baile como los autores de temas tan famosos como «Le Freak» o «Good Times».

Tras formar parte de varias bandas de rock, Nile Rodgers y Bernard Edwards se juntaron con el DJ/productor Robert Drake y el metrónomo humano Tony Thompson para grabar sus primeras temas como Chic. El primero fue el hit «Everydance Body». Con un contrato con Atlantic en el bolsillo, Chic publicó su debut homónimo en 1977 con temas que fueran superpinchados en todas las discotecas americanas como «Dance Dance Dance». En la víspera de año nuevo, en el apartamento de Edwards, una larga jam session se convirtió en su tema más famoso, «Le Freak». *C'est Chic* (1978), su segundo disco, tenía este tema y también el medio tiempo «I Want Your Love». Pero si tenemos que hablar del tema más influyente de la historia de Chic, ese sería sin lugar a dudas «Good Times» (presente en *Risqué*, 1979), sampleado por la Sugarhill Gang en el primer tema de la historia del hip hop «Rapper's Delight».

Durante los ochenta, como casi todos los grandes grupos de la música disco, Chic fue perdiendo fuelle y aunque publicaron algún que otro buen tema («Hangin'») nunca volvieron a brillar con la fuerza de los setenta. En 1992 volvieron con un disco más house (*Chic-ism*) en el que se autosampleaban («Chic Mystique» parece una revisión de «Le Freak»). Nile Rodgers lleva el timón actualmente de la banda tocando por todo el mundo gracias al éxito internacional de su canción a medias con Daft Punk y Pharrell, «Get Lucky» (2013).

Coldcut

Corta y pega

Los londinenses Matt Black y Jonatthan More se pueden considerar los pioneros del break y la sampledelia en el Reino Unido. Se crearon en 1987 y comenzaron a producir remixes de artistas de pop y hip hop como Lisa Stansfield, Eric B & Rakim (el influyente y muy recordado remix de «Paid in full»), Eurythmics, Blondie, Nina Simone, INXS o The Fall, entre muchos otros. Gracias al dinero ganado con su enorme fama como remezcladores y el programa de radio pirata Network 21, los Coldcut crean su sello Ninja Tune en 1990 para publicar su propio material bajo mil pseudónimos de la época: DJ Food, Bogus Order, Apple, Euphoreal, aunque ya llevaban desde 1987 editando material como Coldcut o Acid Ant, como el divertidísimo y funky «Say Kids What Time is It?» (1987).

En paralelo a su carrera como DJs y productores, Black y More se juntan con Mile Visman y Rob Pepperell en 1988 y forman el grupo multimedia Hex trabajando en vídeos para gente como Spiritualized, Queen Latifah o Kevin Saunderson. Este colectivo será importante para la historia musical de Coldcut cuando en 1997 publican su mejor LP hasta la fecha, el audiovisual *Let us Play!* que mezcla samplers visuales con samplers sonoros en temas tan recordados como «Atomic Moog» o «Timber». Había una edición con cd-rom interactivo en los que se iban desarrollando ocho vídeos del LP. El disco fue un éxito tremendo y una experiencia única en los lugares que fueron representado en directo, como en la edición de Sónar 1998. Tras este disco, Coldcut se encierran varios años dedicándose a su trabajo en Ninja

Tune (uno de los sellos más importantes de música electrónica del mundo con trabajos publicados de Amon Tobin, The Cinematic Orchestra, Roots Manuwa, The Bug, Actress, Kid Koala, The Herbaliser, DJ Vadim, Kate Tempest y muchos más). Coldcut volvieron en 2006 con un disco coral lleno de colaboraciones (Manuwa, Saul Williams, Jon Spencer, etc), el irregular *Sound Mirror*.

Carl Cox

Tres platos y mucha clase

Pocos DJs británicos que comenzaron a pinchar a mediados de los años ochenta siguen siendo considerados unas grandes figuras hoy en día, capaces de seguir haciendo bailar a los jóvenes criados en el siglo XXI. Uno de los pocos es el orondo Carl Cox. Nacido en Barbados en 1962, su familia emigró a Manchester para tener una vida mejor. El joven Cox fue uno de los primeros DJs en pedir tres platos para realizar mezclas explosivas y antes de que comenzara los noventa ya era una de los DJs más reputados gracias a sus sesiones en The Haçienda, Dreamscape, Heaven o The Eclipse. Con su maleta llena de discos viajaba de punta a punta de Inglaterra (y a Ibiza y a Europa) aplicando su receta de hardcore techno con una pizca de melodía groovy y house (una formula que podemos oír en uno de sus primeros singles: «I Want You (Forever)», grabado en 1991).

Los noventa fueron su época, pinchando en Ibiza y en todo el mundo. También fue la década en la que se dedicó a publicar sus primeros discos, como el virginal *At The End Of The Cliché* (1995) o *Phuture 2000* (1999). LPs con temas solo para la pista, sin florituras ni demasiada experimentación. También funda sus propios sellos (Worldwide Ultimatum o Intec) en los que publica sus EPs y el material de amigos como Josh Abrahams, DJ

Dan, Deetron, Marco Bailey, Oxia, Valentino Kanzyani, Ben Sims, el español Cristian Varela y muchos más DJs del hardcore techno internacional. En 2007 se va a vivir a Melbourne (Australia) pero es un invitado fijo cada año en los tres meses de las fiestas de los clubs de Ibiza y tiene su propio escenario en festivales como Ultra Music o el Global Gathering.

Carl Craig

Funk Machine

Aunque también sea un DJ excelente (junto a Jeff Mills o Stacey Pullen) pocos productores se pueden comparar con el trabajo de Carl Craig (Detroit, 1969), uno de los nombres más importantes de la segunda generación del Detroit techno junto a Jeff Mills. Craig entró en la música electrónica fascinado por el programa radiofónico de Derrick May a finales de los años ochenta. De hecho, fue el mismo May quien le dio la alternativa a un joven Craig en 1990 publicándole en su sello Transmat el EP *Crack Down* (firmado con el pseudónimo de Psyche). Su segundo trabajo fue un EP compartido con otros protagonistas claves de la segunda generación de Detroit: Octave One, el proyecto de los hermanos Burden.

Incansable productor, Craig destaca por un centenar de EPs y temas producidos con su nombre (el material más techno), Paperclip People (el más tech-house y funkie) o la banda de jazz experimental Innerzone Orchestra (junto a Craig Taborn, Francisco Mora Catlett y muchos músicos de jazz de estudio). En 1995 publicó su primer disco *Landcruising* (Blanco y Negro) que incluía hits como «Science Fiction»; al año siguiente el recopilatorio como Paperclip People *The Secret Tapes of Dr. Eich* (Planet E, 1996); y acaba el año publicando el muy recomendable LP de Innerzone Orchestra *Programmed* (Talkin' Loud, 1996). Pero si en algo destaca Craig es en dos DJ mixes: como el *DJ-Kicks* (Stud!o K7, 1996) o ese gigante *Sessions* (Stud!o K7, 2008) en el que pincha temas y remezclas suyas, como esa revisión cósmica del «Relevee» de Delia Gonzalez & Gavin Russom. En la segunda década del siglo XXI, Craig ha colaborado con discos de gente tan dispar como Moritz von Oswald de Basic Channel o el pianista clásico Francisco Tristano.

D

Daddy Yankee

El Rey del Reguetón

Es innegable que el reguetón (o reggaetón) es uno de los géneros de la música de baile más grandes que ha surgido en los últimos veinte años de América Latina. El reguetón nació del reggae en español aparecido en Panamá con gente como El General o Nando Boom, canciones más dancehall, pero la verdadera revolución vino al mezclarlo con la cultura hip hop y el rap a mediados de los años noventa. Sonido que se hizo muy popular en Puerto Rico y la República Dominicana. Ramón Luis Ayala Rodríguez (Puerto Rico, 1977) comenzó a cantar en su barrio con once años canciones de dancehall y hip hop junto a su amigo DJ Piro con un pequeño estudio casero en el que comienza a publicar sus primeras mixtapes (cintas autoproducidas). En 1995 publica su primer disco en la discográfica White Lion, *No Mercy* bajo el nombre de Daddy Man, el disco se convierte en todo un hit en el ca-

ribe y todos los productores de reguetón quieren trabajar y contar con él. Daddy crea su primera discográfica, Los Cangris Inc junto a Nicky Jam, pero tras enemistarse crea en solitario El Cartel Records con el que publica *El Cartel: Los Intocables* en el que presenta a otros grandes reguetoneros como Eddie Dee, Tito el Bambino o Hector el Father.

En 2002 vuelve con su segundo disco en solitario *El Cangri.Com*, con temazos como «Latigazo», megahit en el Caribe aquel año, pero pocos podían imaginar lo que pasaría el verano de 2004 cuando se publico *Barrio Fino*, disco que vendió más de un millón y medio de copias en Estados Unidos ese año y lleva más de ocho millones de copias en todo el mundo popuralizando el reguetón a nivel mundial con su hit «Gasolina», cosa que permitió que otros grandes del estilo como Don Omar llegaran a los charts de todo el mundo. El nivel de producción de las nuevas grabacciones de Daddy Yankee no ha parado de crecer, pero cada vez se ha ido acercando más al pop como en su último *Prestige* (Capitol, 2012) olvidándose de sus sexuales y frescos primeros temas.

☺

D.A.F.

El punk alemán

Deutsch Amerikanische Freundschaft (D.A.F.) fue creado en 1978 por el vocalista Gabi Delgado-López, hijo de un refugiado español que huía del franquismo desde su Córdoba natal y se estableció en Düsserldorf en 1966 con toda su familia, y el batería y programador Robert Görl. Ellos dos eran el núcleo de estos D.A.F. junto a Kurt Dahleke (sustituido muy pronto por Chrislo Haas) y Wolfgang Spelmans.

El secreto de D.A.F. consistía en hacer punk-rock con sintetizadores. Incluso Görl comentaba que él nunca había querido afinar su sinte, que sonaba bruto, futuro y humano. El primer disco del cuarteto se grabó muy

rápido, *Produkt Der Deutsch-Amerikanischen Freundschaft* (Warning Records, 1979), con 22 piezas instrumentales sin título a medio camino entre el punk, el ruido y el cabaret. Gabi fue listo y se fue con Görl a Londres, porque a finales de los años setenta y primeros ochenta era el sitio donde estar. Allí los ficha Daniel Miller para su sello Mute donde graban casi en directo su *Die Kleinen Und Die Bösen* (Mute, 1980) que enamora a la crítica inglesa y provoca su fichaje por Virgin (ojo avizor a las figuras crecientes del post-punk de la época). En la casa de Richard Branson publican su mejor y más electrónico disco: *Alles ist gut* (Virgin, 1981), que contenía el tema que avivó siempre la polémica "fascista" alrededor del dúo, «Der Musssolini», aunque Delgado y Görl no eran neonazis ni nada parecido.

Inspiradores de muchos sonidos duros de la Electronic Body Music (EBM) de principios de los ochenta, D.A.F publicarían dos discos más en Virgin, *Gold Und Liebe* (1981) y *Für Immer* (1982) con desigual fortuna, ya que su sonido inicial daba síntomas de estar agotado y la propia banda se separó durante la grabación de *Für Immer*. D.A.F. regresaron en 2003 con nuevo disco y volvieron a separarse. A mediados de 2015 comenzaron una nueva gira de despedida.

Daft Punk

El techno que se volvió masivo

Aunque la música techno y la cultura rave fueran masivas en casi toda Europa a finales de los ochenta y primeros noventa (en Estado Unidos era algo más *underground* y no salía de los clubs y las radios especializadas) y en Inglaterra ya existieran bandas como The KLF, 808 State u Orbital, lo cierto es que todo era muy *underground* todavía. Daft Punk lo convirtieron en masivo, abriendo el camino para mucha gente después. Thomas Bangalter (París, 1975) y Guy Manuel de Homem-Christo (París, 1974) se conocieron

en el instituto y formaron junto al guitarra Laurent Brancowitz el grupo de noise-pop Darlin'. Llegaron a tocar en Londres, pero una crítica del Melody Maker destrozó su primer EP llamándolo «daft punky trash» (basura punk informal) y ese fue el fin de Darlin'. Bangalter y Homem-Christo hacía tiempo que ya iban a raves alrededor de París y se enamoraron del sonido del techno y el acid house. Con pocos medios grabaron su primer tema «The New Wave» (1994) bajo el nombre de Daft Punk, un track contundente de hardcore techno que publicaron Slam en su sello Soma. Pero la sorpresa vino con el segundo maxi en Soma, «Da Funk», un tema que mezclaba la contundencia del techno y el groovy de la música disco. Único en su época, el single fue un multiventas y Virgin ficha al dúo con un contrato de libertad creativa absoluta inédito en aquella época.

En enero de 1997 publican *Homework* y comienza la daftpunkmania. Los vídeos hechos por gente como Michel Gondry, Roman Coppola o Spike Jonze les hacen mundialmente famosos y temas como «Around The World» o «Revolution 909» se bailan en toda Europa. Poco tiempo antes, celosos de su vida personal, el dúo prohíbe que se hagan fotos de ellos. Antes de publicar su segundo trabajo, *Discovery* (2001), Daft Punk se ponen sus famosos cascos de robots, cascos que ya no se quitarían nunca y es la marca personal del dúo. Mucho más disco y synthpop, *Discovery* incluía el single «One More Time», que llega a las lista americanas. En 2004 el dúo se encierra dos meses y acaban *Human After All* (2005), un disco más rock y espontáneo que no recibió demasiadas buenas críticas en la época. Llevaban todo el siglo XXI sin subirse a un escenario, pero una oferta millonaria del festival de Coachella en 2006 les devuelve a los directos con un espectáculo de luz impresionante y un escenario en forma de pirámide de leds. Esa gira influyó a mucha gente de la EDM norteamericana. Siempre cerrados en sí mismos y sin colaborar con mucha gente, se embarcan en la titánica BSO de *Tron:Legacy* (2010) y consiguen buenas críticas. Tras eso, se encierran en varios estudios alrededor del mundo con colaboradores como Giorgio Moroder, Pharrell, Nile Rodgers de Chic o Julian Casablanca para grabar su disco menos electrónico: *Random Access Memories* (2013) que junto al éxito del single «Get Lucky» gana tres Grammy, incluido el de mejor álbum del año. Nunca una banda de música de baile electrónica había ganado ese premio.

Deep Dish

Profundo, muy profundo

Antes que DJ Tiesto o David Guetta comenzaran a triunfar en todo el mundo con su receta de house progressive y pop, esa mágica combinación de ritmo, melodía y sensibilidad popular había sido desarrollada (y mucho mejor) por un dúo de Washington DC llamado Deep Dish, formado por Dubfire y Sharam. De origen iraní (pero nacionalizados americanos), Ali "Dubfire" Shirazinia (Mashad, Irán, 1971) y Sharam Tayebi (Teherán, Irán, 1970) habían comenzado pinchando a finales de los ochenta en locales de la capital

de Estados Unidos, con poca tradición de música de baile. Dubfire, para más señas, había estado involucrado en la escena hardcore de la ciudad (con Fugazi a la cabeza) antes de enamorarse del techno y el house. Bajo el nombre de Deep Dish comienzan a tener mucha fama en varias ciudades del este de América y el centro. Uno de sus primeros trabajos como productores es el remix del «The Moment of Truth» de su amigo Brian Transeau (1993), autor con el que comparten uno de sus primeros vinilos, *The Dream* (1994).

Famosos en el circuito del house progressive, deep house y el tech-house, Deep Dish pinchan en Londres, Ibiza, Berlín y Tokio, pero 1996 es su año al remezclar a Everything But The Girl, Pet Shop Boys, Tina Turner y Michael Jackson. En 1998 publican su primer disco, un fantástico *Junk Science* (Deconstruction) con temas con su amigo Brian Transeau y la voz de Tracey Thorn. Para completar el éxito del disco, en 1999 publican la sesión imprescindible *Yoshiesque* (React), considerada una de los mejores cd-mix de la década de los noventa. Durante toda primera década del siglo XXI, Deep Dish han disfrutado su fama de DJs y remezcladores superestrella, pero solo han publicado un disco más, el fallido *George is On* (EMI, 2005) en el que rehacían el «Dreams» de Fleetwood Mac.

Depeche Mode

Músculo techno-pop

El cuarteto (ahora trío) de Basildon (Inglaterra) es seguramente la banda de música electrónica más famosa de la historia y una de las más influyentes de la historia de la música pop-rock. En marzo 1980, Vince Clarke, Andrew Fletcher y Martin Gore formaron la banda Composition of Sound. Rápidamente Fletcher y Clarke se pasaron a los sintentizadores, emulando a bandas como Ultravox, pero hasta que no ficharon al cantante Dave Gahan no se completó el cuarteto. Gahan fue quien propuso el nombre de Depeche

Mode, como una revista de moda francesa. Grabaron su primera canción, «Photographic» en 1981 y se acercaron a Daniel Miller, director de Mute que vio en el cuarteto la oportunidad de ampliar su catálogo con más pop.

El primer disco de Depeche Mode, *Speak & Spell (*1981), triunfó gracias a su single «Just can't get enough» que lanzó al cuarteto por una larga gira, la última vez que Clarke estuvo con ellos, ya que abandonaría la banda por desacuerdos artísticos ese mismo año. Alan Wilde lo sustituyó gracias a un anuncio en el Melody Maker, solo como músico de apoyo al principio pero auténtico Depeche Mode en 1982. La banda siguió creciendo de público y endureciendo sus bases hasta un devenir más industrial pero no se harían mundialmente famosos hasta la edición de la fantástica trilogía de obras maestras: *Some great reward* (1984), *Black Celebration* (1986) y *Music for The Masses* (1987).

En 1990 volverían más rockeros con *Violator* (1990) y el sencillo «Enjoy the silence» y se convertirían en la banda de pop-rock más exitosa de los noventa junto a U2 y R.E.M. Con *Songs of Faith and Devotion* (1993), su último gran trabajo, Depeche Mode fueron más rockeros que nunca y desde entonces no han recuperado sus mejores momentos compositivos, pero siguen siendo una de las bandas con los mejores directos posible y siempre es un placer asistir a uno de sus maratonianos conciertos.

Deadmau5

Cabeza de ratón, alma de house

Joel Thomas Zimmerman (Niagara Falls, Canadá, 1981), cuando se pone su cabeza de ratón (mau5head), es considerado actualmente (en 2015) por la revista británica *DJ Magazine* uno de los 25 mejores DJs del mundo. Deadmau5 (su nombre de guerra) es considerado uno de los grandes valedores del sonido house en la EDM norteamericana junto a Kaskade, Calvin Harris o Armin Van Buuren. El joven Zimmerman recibió un sintentizador de regalo de Navidad cuando tenía 14 años y la música electrónica se apoderó de él. A mediados de los noventa ya estaba produciendo en su habitación y gracias al ordenador temas de drum'n'bass rave como «Can't Remember the Name» (que nunca salieron de su habitación hasta que fue famoso, claro). Su pasión por las computadores no tiene límites a finales de los noventa, y su sobrenombre («ratón muerto») viene porque un día su equipo murió y se encontraron un ratoncillo electrocutado en su interior.

Su fama como DJ viene dada por su cabezón de ratón y, por supuesto, la fama de sus discos. Fan de la escuela británica de Warp, Zimmerman se autopublicó un LP entero antes que un EP, *Get Scraped* (2005), con un estilo hard-house muy Armand Van Helden, como en el superhit de su segundo disco «Dr. Funkustein» (en *Vexillology*, 2006). Pero Estados Unidos e Inglaterra se rinden ante su progressive house con el superlativo *Random Album Title* (Ultra Records, 2008), su mejor disco hasta la fecha. Entre 2008 y 2010 no para de pinchar, hacer directos y producir música (como la serie de remezclas *At Play* o los discos *For Lack Of A Better Name*, 2009, y *4X4=12*, 2010) hasta que se colapsó antes de un directo en Washington DC y tuvo que cancelar el resto de la gira. Se lo toma con más calma y por culpa de su logo es denunciado por la mismísima Disney por estar inspirado en Mickey Mouse. Las disputas se han resuelto en 2015 de manera amigable, según un comunicado del mismo artista.

Devo

La broma del rock'n'roll

Como la Yellow Magic Orchestra en su época, existió un grupo de proto-punk e influyente en la historia del synthpop cuyo sentido del humor les hacía únicos. Ellos eran Devo, formados en Ohio, y aunque al principio se formaron por culpa de una cosa muy seria (un tiroteo en la Universidad de Kent en 1970, de ahí viene el nombre de la banda, Devo, de D-evolution, el ser humano iba hacia atrás en vez de adelante), el cuarteto liderado por Gerald Casale (vocalista y bajista) junto a Bob Lewis y los hermanos Bob y Mark Mothersbaugh proclamaron en su primer disco que ellos no eran humanos sino Devolucionados. Su primer disco fue *Q: Are we not men? We Are Devo* (1978), producido por el mismísimo Brian Eno y apoyado por David Bowie e Iggy Pop, fans de Devo, que incluía la descacharrante revisión del

«(I Can't get me no) Satisfaction» de los Rolling Stones o el vibrante tema punk «Mongoloid».

Junto a Gary Numan y The B-52s, Devo fueron la cabeza visible de ese new wave que fue germen del tecno pop europeo. Mucho más pop-rock que electrónicos, Devo encontró su camino con *Freedom of Choice* y su éxito en la década de los ochenta, el tema «Whip it», un verdadero rompepistas de la época. Este disco tuvo la ayuda en la producción de Robert Margouleff, el experto en sintetizadores del mismísimo Stevie Wonder. Sus dos siguientes discos, *New Traditionalists* (1981) y *Oh, No! It's Devo* (1982) continuarían investigando en ese synth pop punk saltarín, pero no volverían a ser tan famosos hasta años después, en la década de los noventa, como una de las figuras más influyentes de toda una nueva generación de pop-rock independiente.

Die Antwoord

El gueto sudafricano

Si el hip hop y la música rave son dos de los estilos más combativos y subersivos de la música de baile, Die Antwoord han sabido sintetizar ese sonido uniéndolo a una imaginativa revisión de los mitos de la White Trash sudafricana (basura blanca), tan cercanos a otras culturas y visiones de otros guetos de todo el mundo. Eso sí, sin perder el sentido del humor, no venerándolo como si fueran sagrados. La primera vez que Die Antwoord salieron de Sudáfrica parecían un invento muy calculado de marketing e imagen, pero Watkin Tudor Jones (Johannesburgo, 1974) y Anri du Toit (Port Alfred, 1987) son unos experimentados MCs que habían militado en grupos de hip hop artísticos como MaxNormal.TV o The Constructus Corporation desde principios del siglo XXI. En 2008, ya juntos como Ninja y Yolandi Vi$$er (junto a la siempre misteriosa figura de DJ Hi-Tek, que suele ser siempre una figura rotatoria entre diversos productores del proyecto) publican en Sudáfrica su álbum *O*, pero el éxito internacional de su vídeo «Zef Side» y el tema «Enter the Ninja» les catapulta al panorama internacional. En Europa convencen con una actuación mítica en el festival Sónar, donde son llamados varias veces a tocar en diferentes ocasiones.

Después de «mandar a tomar por culo» (literalmente, en una carta pública) al sello Interscope, Die Antwoord se autopublican su mejor trabajo, *Ten$ion* (2012), que contiene los singles más bailados del dúo: «Baby's On Fire», «Fok Julle Naaiers», «Fatty Boom Boom» y el megahit «I Fink U Freeky», un tema de hip hop que recupera toda la efervescencia del hardcore rave de los noventa. Die Antwoord se han prodigado también en otras facetas artísticas, como hacer un cortometraje junto a Harmony Korine o ser los protagonistas de la película *Chappie* (2014) de su amigo Neill Blomkamp. Ese mismo año publican el flojo *Donker Mag*, aunque tiene buenos singles como «Ugly Boy» o «Cookie Trumper».

☺

Diplo

La vuelta al mundo

Thomas Wensley Pentz (Tupelo, 1978) es una de las figuras que más ha hecho por la popularización de la música de baile en Estados Unidos últimamente. Criado en el Sur, en Mississippi, el sonido del hip hop del sur (el southern rap, casa de estilos como el crunk, el bounce o el más conocido de todos, el trap), el joven Pentz comenzó a pinchar en fiestas de la universidad de Florida teniendo predilección por el miami bass y el dancehall. Pero fue en Filadelfia, donde viajó para seguir sus estudios en la universidad, donde comenzó a hacer vinilos autoeditados de *smash ups* bajo el nombre de Hoolertronix. Estas mixtapes se hacen mundialmente famosas y todo el mundo habla de un tal Diplo de Filadelfia. En

2002 publica su mixtape *Sound And Fury*, en el que construye un sonido más abstracto (escuela DJ Shadow), alejado de sus fiestas todoterreno. Sonido que continuaría en *Florida* (Bid Dada, 2004), un trabajo excelente de ritmo hip hop, sampladelia y grabaciones de campo. Ese mismo año, pinchando en la sala Fabric de Londres conoce a M.I.A. y graban juntos la mixtape *Piracy Funds Terrorism*, germen de *Arular* (el debut de Maya, entonces pareja de Diplo), el disco que lanza internacionalmente a los dos.

Diplo crea Mad Decent, su sello, y construye The Masuleum, su estudio en Filadelfia. El primer grupo que contrata para Mad Decent es Bonde Do Rolè, obsesionado con los sonidos Favela Funk que vienen de las favelas de Rio donde estuvo viviendo un par de meses documentándose sobre el sonido. Por esa época (2005) se convierte en un remezclador de éxito gracias a su remezcla del hit «Young Folks» de Peter, Bjorn And John. Con el nacimiento de la escena EDM en EE.UU. que tiene un gran componente de dubster y trap, el sello de Diplo, Mad Decent, se convierte en uno de los epicentros de la escena con Rusko, el «Halem Shaker» de Baauer o Flosstadamus. Escena en la que también participa con su proyecto junto a Switch de dancehall bastardo y el muy divertido Major Lazer, con el que ha publicado tres discos en que destaca el primero, *Guns Don't Kill People... Lazers Do* (2009), con «Pon de Floor», tema que la mismísima Beyoncè haría suyo con «Run The World (Girls)». En 2015 Diplo y Skrillex se juntan para crear Jack Ü, haciendo temazos para Justin Bieber o Missy Elliot. Sin lugar a dudas, son los actuales reyes de la música de baile en Estado Unidos.

☺

Dizzee Rascal

Grime internacional

Cuando las palabras grime o dubstep ni existían todavía en nuestro diccionario, el bajo sintético y la verborrea atómica del «I luv U» de Dylan Mills (Londres, 1984) nos dejaba literalmente sordos y taquicárdicos queriendo más. Dizzee Rascal hizo famoso internacionalmente el grime en todo el mundo con su primer EP para XL Recordings (siempre atentos a descubrir nuevas promesas electrónicas bailables en Inglaterra) y ponía en el mapa una escena que tan solo tenía dos años y que estaba revolucionando el UK Garage del sur del Londres mezclándolo con hip hop y producciones dancehall

minimalistas. Niño problemático, Mills fue de colegio en colegio hasta que un profesor descubrió sus actitudes musicales y le enseñó a hacer música con una computadora y su madre le regaló sus primeros platos para pinchar. A principio del siglo XXI conoce a Wiley, su mentor, y le acompaña en la primera formación de la Roll Deep Entourage, la primera supercrew de grime. En 2003, tras el éxito de «I Luv U», Mills publica *Boy and The Corner* (XL) que junto al *Treddin' On The Ice* de Wiley (XL, 2004) dan a conocer internacionalmente este crudo sonido callejero. El debut de Rascal fue nominado para el Mercury Prize, y solo tenía 19 años.

Mills no espera mucho y en 2004 ya tiene en las calles *Showtime* (XL), un trabajo puramente continuista con temas como «Stand Up Tall», que supera en ventas a su debut. Para el tercero esperó un poco más, y mejoró su sonido que aunque no deja de ser minimalista es bastante más complejo y oscuro. Tanta oscuridad debía ser demasiado, pensaría Rascal y en su cuatro trabajo se desata la fiesta. Llama a Armand Van Helden y a Calvin Harris y les factura dos temazos que no paran de sonar entre 2009 y 2010, «Bonkers» y «Dance Wiv Me», ambas en *Tongue N' Cheek* (2009). El grime deja de ser omnipresente y el house y el pop-disco se adueña de un trabajo muy divertido y bailable. Lastima que la fama le hiciera publicar el muy flojo *The Fifth* (Universal, 2013), un disco demasiado pop y EDM (con colaboraciones de Tinnie Tempah, Robbie Williams, Jessie J o wil.i.am) para las rimas todoterreno de Mills.

Drexciya

Techno submarino

Si Juan Atkins como Model 500 centraba su mirada en otros mundos interplanetarios para desarrollar su ideario futurista, James Stinson y Gerald Carroll Donald centraron su atención en el fondo del mar, creando una cosmología única dentro de la historia de la música electrónica de baile. Arropado siempre por mucho misterio, Stinson y Donald comenzaron a trabajar juntos en 1989, pero no publicaron su primer EP hasta 1992, mientras creaban un mundo futurista y submarino único en el que vive una raza de criaturas humanas negras que pueden respirar bajo el agua con una tecnología impresionante. Esa raza son los descendientes de las mujeres embarazadas africanas que los esclavistas tiraban por la borda en sus viajes de África a Ámerica. Toda una mitología afrofuturista que suena a un electro techno muy bailable.

Drexciya se dio a conocer con *Deep Sea Dweller* (Shockwave, 92) y muy pronto todas las discográficas de Detroit y europeas querían tener el disco de Drexciya en su catálogo, como Underground Resistance, Submerge, Rephlex, Warp, Tresor. Pero nadie sabía quiénes eran estos misteriosos hombres submarinos. Su primer recopilatorio de singles fue el imprescindible *The Quest* (Submerge, 1997) al que seguiría el original *Neptune's Lair* (Tresor, 1999). Antes, el dúo había publicado un disco como *Elektroworld* (Warp, 1995) bajo el pseudónimo de Elecktroids y tanto Stinson como Donald tenían cien proyectos diferentes (Donald creó Dopplereffekt en 1995). En 2002 Drexciya vuelven por partida doble con *Harnessed the Storm* (Tresor) y *Grava 4* (Clone) pero Stinson fallece de neumonía en septiembre del mismo año. Pocas veces ha reconocido Donald que estuviera en Drexciya. El sello Clone comienza a recopilar todo el material del dúo submarino bajo el título de *Journey of the Deep Sea Dweller* del que publica cuatro recopilatorios entre 2011 y 2013.

E

Ed Rush & Optical

La oscuridad del bass

Junto a Roni Zise, 4 Hero, LTJ Bukem o Goldie, Ed Rush y Optical han estado, juntos o por separado, creando historia del drum'n'bass durante la época de los noventa. Pero juntos han salvado a un estilo en la primera década del siglo XXI que parecía desaparecido por la progresión lógica del grime, el UK garage o el dubstep, estilos surgidos del árbol genealógico de la familia breakbeat-rave. Ed Rush (de verdadero nombre Ben Settle, Roehampton, 1973) era un enamorado del dancehall y el hip hop que cayó en las redes del bassline del primer jungle-rave. En 1992 comienza a publicar su primer material muy influido por el dub como «I Wanna Stay in The Jungle», pero su verdadera evolución sería en el sello No U-Turn, al timón del denominado techstep (drum'n'bass más oscuro, industrial y techno). Por su parte, Matt Quinn (Hammersmith, 1974) había grabado temas como Arteq, Morpheus u Optical y había trabajado con Goldie en su *Saturnz Return*.

Aunque se habían encontrado a lo largo de todos los noventa (la escena drum'n'bass londinense era muy compacta y colaborativa en aquella época) no comienzan a trabajar juntos hasta 1997 con la remezcla del «Watching Windows» para Roni Size y sus Reprazent y el single *Funktion / Naked Lunch* (V Recordings). En 1998 crean su sello Virus Recordings, donde han publicado a gente como Matrix (hermano de Quinn) o Audio, y sacan su primer disco, el oscuro y muy bailable *Wormhole*. Comienzan el siglo XXI con un disco compartido con Ryme Time y Matrix, *The Creeps* (*Invisible and Deadly!*), pero su gran éxito de la época es el tema «Why?» junto a MC Darrison, tema que abría su *The Original Doctor Shade* (Virus, 2003). En 2009 no pueden huir del efecto wooble bass (creado en el dubstep) y publican *Travel the Galaxy* (a medio camino entre el techstep, dubstep y la EDM). Ese mismo año hacen una remezcla anfetamínica del «French Kiss» de Lil' Louis. En 2015 continúan más en forma que nunca con doble lanzamiento, el inquietante y peligroso *No Cure* (Virus) y ese DJ mix *Fabriclive 82* con temas propios o artistas como State of Mind, Noisia o Black Sun Empire.

Alec Empire

Hijos del punk digital

Alexander Wilke nació en la frontera con el muro de Berlín en la zona oriental (comunista) en 1972. Hijo de un socialista muerto en la Segunda Guerra Mundial, Wilke es lo más parecido a artistas prolíficos electrónicos de la época como Moby o Aphex Twin pero comprometido políticamente. Tras la caída del muro de Berlín, Wilke compuso y remezcló infinidad de temas para las raves prohibidas que comenzaban a florecer por la ciudad, pero pronto se cansó y llegó a declarar que la escena rave era decadente y egoísta. Su asalto al palacio de invierno lo dio con su banda Atari Teenage Riot, un novedoso experimento de mezclar punk-rock acelerado con breaks electrónicos arrítmicos y hipervitaminados. Muy divertidos, políticos (de izquierda radical) y combativos, los Atari grabaron cinco discos entre 1995 y 2015 siendo imprescindible el primero, *Delete Yourself!*, un trabajo superlativo de punk, consignas libertarias y combativas, breaks de rock y baterías jungle aceleradas. Llegaron a ser teloneros de Nine Inch Nails en su mejor época.

Como Alec Empire ha grabado discos de techno, de ambient, de punk electrónico y experimentales. Bajo ese título (que ya usaba como DJ y en ATR) son muy recomendables trabajos como *Generation Star Wars* (Mille Plateaux, 1994) o el doble *Intelligence & Sacrifice* (DHR, 2011). Wilke ha entendido como nadie las interconexiones que unen el punk con la escena rave convirtiéndose en uno de los grandes nombres de la electrónica alemana.

Erasure / Yazoo

El hombre del pop

Vince Clarke (South Woodford, 1960, de verdadero nombre Vincent John Martin) es uno de los músicos británicos más influyentes de la música electrónica desde 1981. No solo estuvo al principio de la formación de Depeche Mode (y fue el compositor de la mayoría de temas de su primer disco, *Speak & Spell*) sino que fue compositor en dos bandas importantes de la primera hornada synthpop británica: Yazoo y Erasure.

Tras abandonar Depeche Mode tras el 1981 Tour, Clarke respondió el anuncio de la cantante Alison Moyet (una cantante veterana de Basildon que había estado en varias bandas de punk y rock) que buscaba músicos para un nuevo proyecto musical. Más influidos por Kraftwerk y ese romántico retrofuturismo, Yazoo publicó dos LPs entre 1982 y 1983 llegando a ser grandes éxitos gracias a temas como «Only you», «Don't go», «Situation» o «Nobody's diary». El gran éxito en Reino Unido afectó a la pareja, que decidió continuar sus carreras por separado.

Tras un efímero proyecto con Eric Radcliffe llamado The Assembly, Clarke conoció al cantante Andy Bell y siguiendo la misma fórmula como con Moyet, fundan en 1985 un nuevo dúo llamado Erasure que actualmente lleva treinta años de carrera discográfica y más de 25 millones de discos vendidos. Aunque su primer disco, el fantástico *Wonderland*, fuera un fracaso económico, el dúo encontraría su camino a la fama gracias a temas como «Sometimes» y llegaron a empalmar cuatro discos seguidos en el primer puesto de las listas de ventas británicas entre 1988 y 1994, años en los que Mute fue el sello británico por excelencia gracias a sus discos de Depeche Mode y Erasure.

Esplendor Geométrico

El metal y la mugre

Juan-Carlos Sastre y Gabriel Riaza se apuntaron al anuncio de dos músicos llamados Arturo Lanz y Servando Carballar en el que buscaban gente fan del krautrock para montar una banda. Esto sucedía en 1978, se llamarían El Avia-

dor Dro y sus Obreros Especializados y tuvieron bastante éxito en el Madrid de la Movida con temas como «Nuclear Sí» o «La Chica de plexiglás», pero antes de grabar estos singles, Lanz, Sastre y Riaza deciden irse descontentos con el sonido más pop del proyecto y formar su propia banda. Se llamarían Esplendor Geométrico (homenaje al escritor italiano Filippo Tommaso Marinetti). Su primer single lo publicaron en el sello Tic-Tac (donde estaban Los Nikis) y se llamaría *Necrosis en la Poya* junto al casete *EG-1*, pero lo realmente innovador sería el disco *El Acero del Partido*, publicado en 1982, dos sinfonías metálicas e industriales de estética fría comunista, muy alejado del punk rabioso y sucio de sus dos primeros trabajos. Incomprendidos en España, graban su segundo disco autoproducido en su propio sello, *Comisario de la Luz* (1985) y comienzan a labrarse una fama internacional.

Con *Kosmos Kino* (1987) y *Mekano Turbo* (1988) mejoran su sonido industrial haciéndolo más rítmico. Saverio Evangelista se une al trío en los primeros noventa y se suaviza más el sonido del proyecto con discos como *Sheikh Aljama* (1991), *Veritatis Splendor* (1994) o *Balearic Rhytms* (1996). El cuarteto se convierte en dúo con la marcha de Riaza y Sastre, y Esplendor Geométrico regresa a la electrónica industrial más abrasiva y experimental con *Polyglophone* (1997). Su entrada en el nuevo siglo no puede ser más triunfal, con el demoledor *Compuesto de hierro* (2002) al que sigue la imprescindible recopilación *Anthology 1981-2003* (Geometrik, 2005). Actualmente siguen publicando trabajos tan especiales y reveladores como *Ultraphoon* (Geometrik, 2010).

F

Fatboy Slim

El poder del sampler

Norman Cook (Bromley, UK, 1963) comenzó a pinchar funk, soul y rare grooves con 18 años bajo el nombre DJ Quentox en Brighton, cuando en 1985 le llamó Paul Heaton para formar parte de su banda de Hull llamada The Housemartins porque se habían quedado sin bajista. Cook toca el

bajo en esta formación de pop efervescente cosechando bastantes éxitos hasta que la banda se separa en 1988. Influido por la escena hip hop, Norman Cook graba junto a MC Wildski el tema «Blame it on the Bassline» en 1989. Gracias al éxito de este tema, Cook forma la banda Beats International con la que publicó *Let Them Eat Bingo* (1990) y *Excursion on the Version* (1991). En 1994 funda Freak Power con el que grabó dos discos y triunfó gracias al éxito internacional del tema «Turn On, Tune In, Cop Out».

Cook llevaba juntando samplers con beats desde 1989, y con la escena electrónica en su máximo apogeo a mediados de los noventa decidió bautizarse como Fatboy Slim y darle un empaque más rave y menos funk y hip hop a su propuesta. El debut de Fatboy Slim es su obra maestra incontestable: *Better Living Through Chemistry* (Skint, 1996) junto a The Chemical Brothers hicieron que los indies comenzaran a bailar después de los conciertos. Cook se especializó en crear rabiosos tracks para la pista partiendo de temas desconocidos de la cultura popular. Y aunque sus discos son bastante mediocres en general, ahí están los temas como «Right Here, Right Now», «The Rockafeller Skank», «Gangster Tripping», «Sunset (Bird of Prey)», «Ya Mama», «Parise you», «Don't Let the Man» o «Weapon of Choice» que le han hecho mundialmente famoso en todo el mundo mezclando soul, funk, hip hop y techno de manera fresca y divertida.

Felix Da Housecat

House todoterreno

Felix Stallings Jr (Chicago, 1971) es uno de los DJs-productores estrella de la segunda generación del chicago house que ha publicado bajo muchos nombres como Thee Maddkatt Courtship, Mezcalateer, Aphrohead o Sharkimaxx, pero sobre todo es conocido por su nombre de guerra Felix Da

Housecat. Con tan solo 15 años fue acogido por DJ Pierre de Phuture que le enseñó a producir sus primeros tracks, pero el joven Felix tuvo que esperar hasta después de su graduación para convertirse en una de las figuras más importantes de Chicago. En 1993 estaba produciendo material a destajo bajo el título de Felix Da Housecat, Thee Maddkatt Courtship y Aprohead. Era un material fresco, sin complejos, alejado de todo el house de la época, influido por los nuevos sonidos duros que venían de Berlín y Detroit. Maxis como *Thee Dawn*, *Freakadelica*, *In Thee Garden* o *Thee Maddkatt Courtship EP* se publican el mismo año, 1993, y nos presenta a un Stallings que domina la pista a su antojo.

En 1995 hace doblete en formato largo, con *Metropolis Present Day? Thee Album!* (como Felix Da Housecat) y *Alone in the Dark* (como Maddkatt), dos discos muy diferentes. El primero es muy electro y el segundo es más dark house. Con su sello Radikal Fear publica a amigos como Armando o DJ Sneak, pero lejos de encasillarse en un estilo, entre 2001 y 2009 publica cuatro discos como Felix Da Housecat en el que no se encierra en ningún estilo: electro-clash, techno, house, big beat, synthpop, electro-funk conviven y se dejan bailar con gusto en trabajos como *Kittenz and Thee Glitz* (2001), *Devin Dazzle & The Neon Fever* (2004), *Virgo, Blaktro & The Movie Disco* (2007) y *He was King* (2009), que tiene el tema de TB-808 más salvaje de la historia, «Kickdrum».

Four Tet

Post minimalismo rock

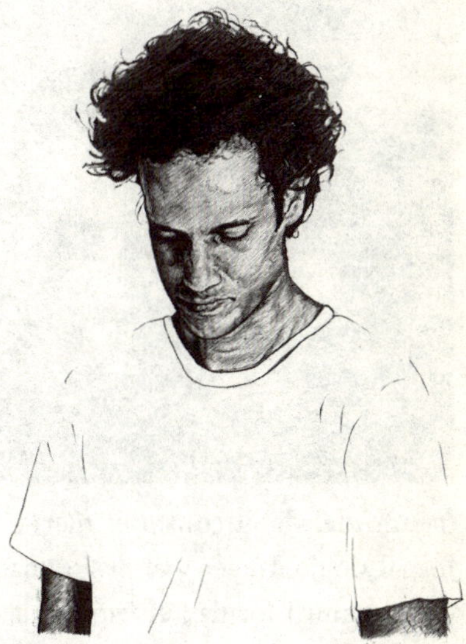

El londinense Kieran Hebden (1978) es actualmente una de las figuras más respetadas del *underground* dance británico gracias a su mente abierta y a sus colaboraciones con gente del pop, del dubsteb o del jazz como sus trabajos al lado del mítico y desaparecido percusionista Steve Reid. Hebden comenzó en 1996 haciendo post-rock con sus amigos Adem Ilhan y Sam Jeffers en la banda Fridge, grupo que como sus compatriotas Hood, abandonarían pronto las guitarras para abrazar la electrónica en discos como *Semaphore* (Output, 1998) o *Happiness* (Domino, 2001). En 1999, Hebden trabaja en el décimo aniversario de Warp haciendo una remezcla de Aphex Twin, y como Four Tet, Hebden comienza a investigar en patrones sonoros y drones ambientales con sus dos primeros discos en solitario: *Dialogue* (1999) y *Pause* (Domino 2001).

Pero se nota que Hebden no ha encontrado lo que quería, y no sería hasta *Rounds* (Domino 2003) que los ritmos más bailables y su bella composición de melodías y samplers no tomaría forma embelesando a la crítica. Four Tet es ya una figura a tener muy en cuenta y antes de cambiar el dígito a la década ha publicado los muy recomendables *Everything Ecstatic* (2005) y *Ringer* (2008). Trabaja con Burial, Steve Reid, Thom Yorke y realiza remezclas para casi todos sus amigos de Domino y Warp (Super Furry Animals, Bloc Party, Badly Drawn Boy, Battles, Radiohead, etc). Influido por el minimalismo de Reid entrega su obra maestra en 2010, el sensacional *There is Love in You* (Domino), un disco que tiene de todo: baile, pop, ambient, techno. Un disco que hace palidecer a su *Beautiful Rewind* (2013) posterior. Pero ha vuelto a sorprender con su último *Morning / Evening*, dos temas de veinte minutos muy techno y bailables.

Front 242

Sudor

Muchas bandas de los primeros noventa trabajaron rock, ruido y ritmos 4X4 bailables, pero solo una de ellas inventó todo un estilo (la EBM) y fue el germen de casi toda la música de baile más dura y marcial. Formada en Bruselas en 1981 por los programadores Patrick Codenys y Dirk Bergen, Front 242 tomaba su nombre de la resolución de la ONU 242 que pedía que Israel debía retirarse de los territorios ocupados de Palestina. El triunfo del débil contra el fuerte. Al año siguiente se les une el vocalista Jean-Luc de Meyer y el programador Daniel Bressanutti. Meyer, Codenys y Bressanutti forman el trió fundador hasta el presente (al que se le une el batería Richard 23, ya que Bergen dejaría el cuarteto en 1984).

Su primer trabajo, *Geography* (New Dance, 1982) ya es un avance de todas las virtudes del grupo: muchos ritmos marciales y melodías épicas y muy sencillas. En *Official Version* (Red Rhino, 1987) suenan muy sintéticos, casi digitales, y comienza a tomar protagonismo la voz de Jean-Luc facturando unos hits rabiosamente pop como «Rerun time» junto a trallazos muy industriales como «Quite unusual». Pero al año siguiente, 1988, el año del acid house y el Verano del Amor, Front 242 facturan el tremendo *Front by Front* con joyas como todas las versiones de «Headhunter» o «Never Stop». Seguramente uno de los discos más pinchados en las raves hardcore de finales de los ochenta y muy influyente para el continuum hardcore.

Otros trabajos esenciales de Front 242 son *Tyranny >for you<* (1991) y el doble y conceptual *06:21:03:11 Up Evil* y *05:22:09:12 Off* (ambos de 1993) con los que hicieron giras mundiales multitudinarias pero sin el beneplácito ya de la crítica. En 1999 desaparecieron del mapa, solo dando pequeños conciertos en diversos puntos y fechas. Pero en 2003 volvieron el cuarteto original con *Pulse* al que siguió *Moments 1* (2008).

Fuck Buttons

Ruido espacial

Cuando una banda está formada por un fan de Aphex Twin y otro maravillado por el noise post-rock de Mogwai sabes automáticamente que algo mágico surgirá de sus manos. Andrew Hung y Benjamin John Power crecieron juntos en Worcester pero no comenzarían a trabajar juntos hasta que coincidieron en la escuela de arte de Bristol. En un principio se juntaron para poner la banda sonora a un cortometraje hecho por Hung, pero pronto comenzaron a poner en común ideas sonoras que interesaban mucho al dúo. Sobre todo mezclar el noise post-rock con el lenguaje de la música techno.

Armados con un arsenal de instrumentos de serie B (desde el clásico casiotone de mierda que puedes encontrar en cualquier casa hasta un micrófono infantil de Fisher-Price), Funk Buttons comenzaron a dejar sordos a todo el mundo que se acercó a verlos en directo entre 2005 y 2007. Su directo atrajo a la gente del prestigioso festival All Tomorrow's Parties, que firmó con ellos para publicar un disco. Su primer sencillo no podía dejar indiferente a nadie y así fue. «Bring Tomorrow» es un trallazo de hard techno con una melodía sencilla y bastante melancólica adornado con una explosión de ruido infernal. El dúo no deja hierba viva allá por donde pasa y *Street Horrrsing* (2008) se convierte en todo un éxito. Pero no sería nada comparado con la edición de *Tarot Sport* (2009) y los dos sencillos «Surf Solar» y «Olympians», más influidos por Jarre y Vangelis, (temas que llegaron a sonar en la ceremonia de apertura de los JJOO de Londres 2012) y que situó al dúo entre lo mejor del año 2009. A su lado, *Slow focus* (2013), el último disco de Fuck Buttons, empequeñece, pero porque es más profundo y cósmico.

☺

Dj Funk

Sube el ritmo

Actualmente es más conocido por el nombre de chicago juke o footwork (que siempre se llamó al estilo de baile que intenta seguir los pies al ritmo de las bases rapidísimas, mientras las chicas hacen twerking siguiendo el ritmo), pero a principios de los noventa se conocía como ghetto house, booty house, g-house o ghettotech durante los primeros noventa. Un ritmo house acelerado con una base potente y letras hipnóticas repetitivas y muy sexuales. Aunque Cajmere lo inventara con temas como «Percolator», el DJ que perfeccionó el estilo fue DJ Funk. Charles E. Chambers III comenzó su carrera en 1989 pinchando en locales de su Chicago natal. Rápidamente comenzó a facturar sus propios temas de house acelerados como «House the Groove» (1993) o una serie de EPs llamados *Street Traxx* para el sello Dance Mania. También comienza a autoproducirse en su propio sello Funk Records.

Sus dos primeros hits son «Work it» donde roba el bajo del «Billie Jean» de Michael Jackson y el salvaje «Pump it». En 1995 publica sus primer disco *Pumpin the Trax* (Dance Mania, 1995), una gran sesión en el que Funk pincha variaciones de sus temas más famosos cortándolos muy rápido con otros ritmos. Funk no tiene reparos en coger prestado temas de otros artistas para hacer bailar con sus anfetamínicas sesiones, como podemos escuchar en las colecciones de mixtapes como los *Ghetto House Anthems* o los *Booty House Anthems*. A finales de los años noventa no está solo y otros artistas como DJ Assault o DJ Godfather inspirados en el ghetto house de Funk crean el ghettotech, su versión de Detroit, mucho más sexualmente explícito, al que se apuntan rápido DJ Funk o su amigo de Chicago DJ Deeon, contemporáneo de Chambers en los primeros noventa de Dance Mania. Dj Funk también es el autor uno de los temas más radicales del techno, «Run», en 1999, a la altura del mejor Jeff Mills.

☺

Funkadelic / Parliament

Los Reyes del Funk

Si James Brown es el Dios del funk, George Clinton (Kannapolis, Estados Unidos, 1941) es su Rey. Sus dos bandas de los años setenta, Funkadelic y Parliament no hacían música electrónica (como Chic) pero su uso casi marciano del sintetizador, su manera de mezclar cualquier influencia musical y su imaginario cósmico los han convertido en una de las figuras más influyentes para estilos de música electrónica de baile como el electro, el hip hop, el house de Chicago o el techno de Detroit. De hecho, un tema como «Flash Light» (de Parliament en 1977) está compuesto en casi toda su totalidad con un par de sintetizadores (cortesía de Bernie Worrell), y es una de las máximas influencias de Juan Atkins. Clinton venía de tocar en una banda de doo-wop llamada The Parliament (formada a mediados de los cincuenta), pero fue rebautizada en 1967 como Parliament. Por problemas de contrato y uso de nombre, Clinton monta con músicos de Parliament y más amigos Funkadelic. Las dos bandas comparten cantantes y músicos y salen juntos de gira, aunque ahora son dos bandas de rock psicodélico, soul y funk (influidos por Jimi Hendrix o la Family de Sly Stone).

Por Parliament y Funkadelic pasaron músicos como Bootsy Collins, Bernie Worrell, Sly Stone, Pee Wee Ellis, Fred Wesley, Eddie Hazel, Maceo Parker o "Blackbyrd" McKnight, convirtiéndose en la gran institución del funk de los setenta y ochenta con discos como *Maggot Brain* (Westbound, 1970), *Cosmic Slop* (Westbound, 1973), *Mothership Connection* (Casablanca, 1975) o *Funkentelechy Vs The Placebo Syndrome* (Casablanca, 1977). Sus conciertos son una orgía de ritmos, parafernalia cósmica y drogas, muchas drogas: al principio de sus mejores actuaciones en los setenta hacían descender una nave espacial de donde salía Clinton como el Dr. Funkenstein. Muchos de sus temas han sido sampleados y utilizados en cientos de canciones de música de baile, desde el hip hop pasando por el french touch, como «One Nation Under a Groove», «Mothership Connection (Star Child)», «(Not Just) Knee Deep», «You'll Like it Too», «Give Up The Funk» o «Theme from the Black Hole».

G

Laurent Garnier

El DJ que vino de Francia

Un jovencísimo Laurent Garnier (Boulogne-Billancourt, 1966) se enamoró a finales de la década de los setenta de la música disco y del ambiente de los clubs nocturnos de París (a los que iba con su hermano mayor). A los 16 años ya mezclaba sus discos de funk, punk y reggae. En 1984 decide buscarse la vida en el gran Londres, donde estuvo trabajando como camarero en la embajada francesa. Pero no comienza a involucrarse en la música de baile que comenzaba a descubrirse en UK hasta que se fue a vivir a Manchester en

1986. En 1987 ya estaba pinchando en la mítica The Haçienda junto al residente Mike Pickering bajo el nombre de DJ Pedro, pero se perdió el Verano del Amor porque la armada francesa lo reclamó para hacer la mili en 1988.

Cuando acabó la mili, en vez de volver al Reino Unido, Garnier viajó a la fuente, a Estados Unidos, donde conoció al mítico Frankie Knuckles. En su retorno a París, Garnier monta las fiestas Wake Up en el Rex Club, el sitio donde tenías que ir a bailar techno y house a principios de los noventa. Comienza a trabajar con su amigo Eric Morand en la FNAC Mucic Dance Division licenciando temas de LFO, Speedy J, Scan X, St Germain e incluso el propio Garnier, que graba sus primeros trabajos con este sello, como *A Bout de Souffle EP* (1993). Cuando el sello cierra, Morand y Garnier montan F Communications en 1994, uno de los labels más importantes de Francia, con el que Garnier publica su primer disco, *Shot in the Dark* (1994), donde destaca «Astral Dreams».

En 1996, con el éxito de Daft Punk, el techno francés está de moda y Garnier es su embajador, aunque él facture un sonido más oscuro que sus compatriotas, más funkies. En 1997 destroza las pistas de baile con dos hits poderosos y anfetamínicos: «Crispy Bacon» y «Flashback» (los dos se pueden encontrar en *30*, publicado ese año en F Comm). Garnier se aleja del techno más contundente y se acerca al jazz electrónico de amigos como St Germain. Pero el mejor Garnier es el DJ, como lo demuestran las cinco excelentes sesiones del excelso *Excess Luggage* (2003). En 2015 vuelve a su sonido más contundente con *La Home Box*.

Goldie

Jungle Star

El crítico músical británico ha buscado una estrella en cada estilo de música de baile británico. Recordemos que Inglaterra es el país creador de la prensa musical con semanarios históricos como Melody Maker o New Musical Express. La nueva escena rave británica también tuvo sus héroes y a los primeros compases del jungle o drum'n'bass la prensa sintió predilección por la imagen peligrosa y callejera del joven Clifford Price (Wallsall, 1965) más conocido como Goldie. Sus primeros trabajos no los firmaría como Goldie sino como Rufige Cru en el sello Reinforced con dos temas escuela del sonido drum'n'bass de la época, «Darkrider» y «Terminator» (1992). Criado en Wolverhampton en pleno época del hip hop, Goldie era DJ, bailarín de breakdance, grafitero (donde comienza a firmar como Goldie), arte al que dedica gran parte de su juventud pintando en Estados Unidos.

En 1991 se enamora de los nuevos sonidos breakbeat gracias a su novia DJ Kemistry y se hace amigo de Dego y Marc Mac de 4 Hero a quienes le echa una mano en su sello Reinforced. Tras sus primeros éxitos como Rufige Cru, Price crea su sello Metalheadz en 1994 y comienza a publicar sus primeros EPs como Goldie, aunque su primer gran éxito «Inner City Life», se lo publicarían en FFRR. Atrás quedan los tiempos del break hardcore y ahora tenemos a un experimentado productor que utiliza jazz o colchones de ambient para inducirnos al baile. En 1995 publica *Timeless*, que se convierte rápidamente en el gran disco de drum'n'bass de los noventa. Por esa época se casa con la artista Björk, mientras va madurando una obra más ambiciosa que *Timeless*, *Saturnz Return* (FFRR, 1998) que comienza con una sinfonía de más de setenta minutos y colabora con gente como David Bowie, Noel Gallaguer, KRS-One o Trevor Horn. Su imagen de pandillero (gracias a sus dientes de oro) lo convierte en malo de James Bond en la olvidable *El mundo nunca es suficiente* (1999) o de gangster en la clásica serie *EastEnders*. Goldie regresa como Refige Kru con el correcto *Malice in Wonderland* (2007) y en 2008 con el disco *Sine Tempus. The Soundtrack*, en el que intenta reproducir la intensidad de sus primeros discos sin conseguirlo. En 2013 se publica el imprescindible disco triple *The Alchemist: Best of 1992-2012*, ideal para comprender parte de la historia del drum'n'bass.

Grandmaster Flash

El pionero de la tabla de mezclas

Aunque Joseph Saddler (Bridgetown, Barbados, 1958) haya centrado casi toda su carrera en el hip hop (estilo que forma parte de la música electrónica de baile pero que merece varios libros aparte) es también el creador de varias técnicas a la hora de pinchar que se utilizan en todos los estilos de música de baile. Su familia emigró a Nueva York cuando Saddler era muy joven así que se crió en el South Bronx como un americano más. Su padre era un gran aficionado a la música negra americana y caribeña y esa pasión por la música la tuvo un joven Saddler que fue uno de los pioneros DJs de las fiestas hip hop del Bronx. Aprendió del gran Kool Herc y se puso su nombre en homenaje a Grandmaster Flowers. Como Grandmaster Flash y siendo un adolescente comenzó a desarrollar técnicas nunca vistas como el backspin (repetir el mismo break en dos discos con el mezclador), el punch phasing (insertar brevemente un trozo melódico o vocal de otro vinilo) y perfeccionó el arte del scratching que inventó Grand Wizard Theodore.

Pero no solo innovó en la forma de pinchar. Junto a Cowboy (Keith Wiggins), Melle Mel (Melvin Glover, la primera persona que se llamo a sí misma MC), Kid Creole (Nathaniel Glover), Rahiem (Guy Todd Williams) y Scorpio (Eddie Morris) funda en 1976 la banda Grandmaster Flash And

The Furious Five, pioneros del rap y las batallas freestyle. Su primer single, «Superappin'» (1979) es un clásico del hip hop, pero su tema de 1982 «The Message» fue el bombazo de ese año, llegando a ser disco de platino. Ese mismo año publican *The Message* (Sugar Hill), el disco, pero las tensiones en el grupo hace que se separen en dos en 1983 (Saddler, Rahiem y Creole como Grandmaster Flash y el resto como Grandmaster Melle Mel & The Furious Five). No volverían a grabar juntos hasta 1987 y 1988.

☺

Green Velvet / Cajmere

Too black, too strong

Curtis Alan Jones (Chicago, 1967) iba para ingeniero químico cuando quedó atrapado por el nuevo hobby de su padre, el DJing. En la escuela demostró ser un músico muy intuitivo, así que comenzó a pinchar en diferentes locales de Chicago a finales de los ochenta. En 1991 publica su primer maxi como Cajmere, en su propio sello (Cajual). El estilo de Curtis podría ser llamado minimalista house: de bases contundentes, ritmo funkie y alguna frase repetitiva e hipnótica. Como se puede escuchar en su primer hit como Cajmere, «Percolator» (1992), sintética y efectiva. Poco a poco, el público pide más temas tan efectivos y bailables como este track, pero Cajmere publica junto a Derrick Carter el oscuro *Dreaming EP* y el luminoso y muy soul «Brighter Days» junto a la vocalista Karen Gordon (Dajae) que se convierte en un éxito internacional.

Ahora Cajmere está relacionado con el soul de Dajae, así que Curtis crea Green Velvet para publicar temas más oscuros y contundentes como «Percolator». Su primer EP, Velvet Tracks (Relief, 1993) ya incluye «The Preacher Man», donde el acalorado discurso de un predicador es acompañado por una base acid impresionante. Mientras produce el primer disco de Dajae (*Higher Power*, 1994), como Green Velvet no para de publicar hits duros que vuelven loco a medio mundo en la pista: «Flash» (1995), «I Want To Leave my Body» (1995), «The Stalker» (1996) o «Answering Machine» (1997), recopilados todos en *The Nineties* (Music Man, 1999), su mejor trabajo, por encima de sus cuatro disco originales como Green Velvet. Curtis continúa publicando temas en la actualidad como Cajmere (ha sacado varios EPs junto a su amigo Gene Farris) y Green Velvet, como el último *Bigger Than Prince* (Circus, 2013).

H

Calvin Harris

SuperPOP

Adam Richard Wiles (Dumfries, Escocia, 1984) es uno de los artistas y DJs de música electrónica que más discos vende actualmente, convirtiéndose en un auténtico fenómeno pop y colaborando con otros artistas haciendo producciones y remezclas; es una gran figura en lo que se refiere a la popuralización de la música de baile en Estados Unidos bajo el nombre de EDM y su apodo de guerra Calvin Harris. El joven Wiles trabajó duró en supermercados y en la fábrica de envasar pescado de su pueblo para comprarse sus primeros platos y sintetizadores.

En 1999 ya estaba grabando sus primeras demos, pero su lugar estaba en la gran capital, Londres, donde explotaría todo su potencial. Allí graba el single de disco-house «Let Me Know», pero la falta de oportunidades provoca que Wiles tenga que volver a su pueblo mientras va colgando canciones en MySpace que se van haciendo muy populares. Sus temas convencen a

Mark Gillespie, el promotor del festival Global Gathering, que ficha a Harris para su promotora de artistas Three Six Zero Group.

El primer disco de Calvin Harris, *I Created Disco* (Columbia, 2007) arrasa en UK gracias a los hits «The Girls» y «Acceptable in The 80s» con un estilo a medio camino entre la música disco-house, el synthpop y el electroclash. Harris comienza a remezclar a gente como CSS, Cut Copy, Primal Scream, Katy Perry, Mika o David Guetta. Su segundo trabajo arrasa en las estanterías de todas las tiendas de discos con temas como «Ready for the Weekend» o «Flashback» además de descubrirlo como un buen cantante. *Ready for the Weekend* (Columbia, 2009) contaba además con «Dance Wiv Me», su hit a medias con Dizzee Rascal, que llega a vender 300.000 copias en UK. En 2011 es el telonero de Rihanna en Europa y al año siguiente publica su disco más coral, *18 Months*, con colaboraciones de Rihanna, Kelis, Florence o Tinie Tempah con singles como «We Found Love» o «Bounce», llegando a vender casi un millón de copias en todo el mundo. Su sonido va abandonando el house del principio y se convierte en una máquina de hits de pop-EDM como en su último *Motion* (2014) en el que colabora con gente como Hurts, Gwen Stefani, Haïm o John Newman.

Richie Hawtin

El hombre de plástico

Existen actualmente pocas figuras tan influyentes en tantas áreas de la música electrónica de baile como Richie Hawtin (Oxfordshire, Inglaterra, 1970), este DJ y artista canadiense formó parte activa de la segunda generación del Detroit techno, revolucionó el acid house con su proyecto Plastikman, influyó y fue el padrino del minimal techno, trabajó con Ableton desarrollando los primeros programas, siendo uno de los primeros DJs en pinchar con ordenador y lleva diez años siendo una de las figuras más emblemáticas de los veranos de Ibiza. Aunque naciera en la vieja Inglaterra, la familia de Hawtin se traslada a Ontario, Canadá, cuando Hawtin solo tiene 9 años de edad. Su padre, ingeniero, es muy fan de Kraftwerk y Tangerine Dream y el joven Hawtin se cría con esa música. En cuanto tiene 18 años cruza cada fin de semana la frontera junto a su amigo John Acquaviva para viajar a Detroit y vivir las fiestas techno de los últimos ochenta. En

1989 crea el sello Plus 8 junto a Acquaviva y comienza a grabar su propio material más techno e IDM bajo el nombre de F.U.S.E. y Circuit Breaker. Mientras saca el primer disco como F.U.S.E., *Dimension Intrusion* (Plus 8, 1993), Hawtin crea Plastikman y publica *Sheet One* (Plus 8, 1993). Ese mismo año publica en NovaMute el single «Spastik» y se convierte en uno de los temas de baile de la década. Si el material de *Sheet One* es acid house ambient, «Spastik» es puro minimalismo techno, con una multitud de efectos de 808 en un tamborileo constante.

El público pide más «Spastik», pero Hawtin entrega *Musik* (NovaMute, 1994), una vuelta más ambient al sonido de *Sheet One*. En 1996, viviendo en Nueva York y triunfando como DJ en todo el mundo, publica los experimentales EPs de Concept 1 y crea su sello M_nus. A finales de los años noventa comienza a despegar el minimal techno con Hawtin como máxima figura. Plastikman publica los futuristas *Consumed* y *Artifakts (BC)* (1998), adelantados a su época. Tras cinco años sin publicar nada, dedicado exclusivamente a pinchar y gestionar su sello M_nus, Hawtin vuelve con el mejor disco de Plastikman que mezcla el acid house del pasado y el minimal del presente, baile y cabeza, *Closer*, un trabajo que no coincide demasiado con su imagen de DJ muy fiestero junto a sus amigos Sven Väth y Ricardo Villalobos. En 2013 vuelve a primera línea de la experimentación audiovisual con su proyecto Ex (una instalación visual) que presenta en el Museo Guggenheim de Nueva York. En 2014 lo lleva al festival Sónar y se publica la banda sonora de esta instalación, *Ex*, bajo el nombre de Plastikman.

Larry Heard

La melodía del house

Larry Heard (Chicago, 1960) es seguramente el músico de house clásico más prolífico de los años ochenta y noventa, cosechando éxito tras éxito con su nombre Mr. Fingers o con la banda Fingers Inc. Músico antes que DJ, el joven Heard nació en el South Side de Chicago y creció escuchando discos de jazz y la Motown. En 1983 ya tocaba el piano en diferentes bandas de jazz fusión como Infinity, en la que coincidiría con Adonis, otro compositor clásico del house de Chicago gracias a hits como «We're Rocking Down the House» o «No Way Back». A mediado de los ochenta abandona los instrumentos clásicos por el sonido de los sintetizadores y compra su primera caja de ritmos. En 1985, bajo el nombre de Mr. Fingers, comienza a publicar hits uno detrás de otro: «Mistery of Love», «Washing Machine», el famoso «Can You Feel It», «Slam Dance», el cósmico «Stars», temas muy elaborados como de jazz futurista que rompe con el minimalismo del house primigenio.

En 1986, Larry Heard se junta con Robert Owens y Ron Wilson y crean Fingers Inc. con temas tan sorprendentes como «A Path» o «Mistery of Love», mucho más europeos. En 1988 Fingers Inc. publica el álbum *Another Side*, un pequeño éxito de la época que complementa el trabajo en solitario de Mr. Fingers, *Ammnesia*, que recopilaba varios de sus hits. Tras abandonar Fingers Inc,. se concentra en su carrera como Mr. Fingers y trabajos firmados con su propio nombre. Discos notables e imprescindibles para entender Chicago en los noventa como *Introduction* (MCA, 1992), *Alien* (Black Market, 1996), *Dance 2000* (Distance, 1997) o *Genesis* (Mecca, 1999) donde Heard toca house, jazz electrónico, techno y deep house. Su última grabación es «Black Oceans» publicada en 2012, en la que continúa teniendo el toque melódico de siempre.

Dj Hell

ElectroClase

Poco se sabe de los inicios musicales de Helmut Josed Geier (Altenmarkt an der Alz, Alemania, 1962), solo que estuvo tocando en grupos de punk cuando comenzó a trabajar como DJ a finales de los setenta. En 1985 comienza a pinchar en el Parc Café en Munich, pinchando synthpop y hip hop cuando explota el Verano del Amor con el house y el techno que en Alemania en ciudades como Berlín o Munich arrasaría en todos los clubs. A principio de los años noventa, DJ Hell estaba en la orbita del sello Disko B de Peter Wacha, uno de los sellos más importantes de Munich que publicaba a gente como Silicon Soul, Patrick Pulsinger o Acid Scout, pero su primer tema, el famoso «My Definition of House Music» (1992) lo publica en R&S. Al año siguiente factura para Disko B su EP «Red Bull From Hell EP» (1993) mucho más acid que su primer tema. Sus primeros trabajos son recopilados en el disco *Geteert & Gefedert* (Disko B, 1994) y Hell se convierte en uno de los DJs alemanes más internacionales.

Pero a mediados de los noventa, con el éxito del french touch y el renacimiento de la música disco, Hell da un giro a su música y entrega el festivo *Munich Machine* (Disko B, 1998), cambio que también comienza a darse en su sello, International Deejay Gigolo Records, que pasa de publicar techno de Jeff Mills al hit de Christopher Just, «I'm a Disco Dancer». Comienza la época del electroclash, sonido a medio camino entre la efervescencia disco, techno y el post-punk, estilo que domina las pistas de baile alemanas (junto al minimal techno) con Miss Kittin & The Hacker, Zombie Nation o Fischerspooner en las filas del influyente sello de DJ Hell. Como músico, se rodea de cantantes como Erlend Øye, Alan Vega o Billy Ray Martin y publica el divertido *NY Muscle* (Gigolo, 2003). En 2009 repite la jugada de hacer otro gran disco de techno y cuenta con gente como Bryan Ferry o P.

Diddy. *Teufelswerk* es un éxito y Hell publica dos ediciones de remezclas en 2011 y 2012 con temas de Solomun, Abe Duque o un Carl Craig que mejora (y mucho) su «U Can Dance».

☺

Hot Chip

El techno-pop que nunca desapareció

El techno-pop o el synthpop clásico había casi desaparecido a finales de los noventa, aunque la mezcla de pop y electrónica seguía funcionando con el indie electrónico de bandas como The Postal Service o la indietrónica de sellos como Morr Music. Pero aquel sonido a medio camino entre la new wave y la electrónica parecía casi extinto hasta la aparición de Hot Chip a principios del siglo XXI. Formados por el cantante Alexis Taylor y el programador Joe Goddard en la ciudad de Londres, pronto se le juntaron los miembros Owen Clarke, Felix Martin y Al Doley. Comenzaron a autoeditarse su propio materia, pero pronto son fichados por el sello de pop Moshi Moshi. En 2004 publican su primer disco *Coming on Strong*, que graban en The Bunker (Fullham). El sonido sintético de Hot Chip y las voces de Taylor y Goddard atrae al público, pero el debut no tenía ningún hit en

potencia, aunque la banda despierta el interés de LCD Soundsystem, que se los lleva de gira europea varias veces. Deberían esperar al segundo disco (que publica una multinacional), el muy compacto *The Warning* (2006), para llegar a conectar con el público británico gracias al single «Over and Over» y sus remezclas más bailables. El tema fue el sencillo del año para la revista NME.

Hot Chip deciden aprovechar su fama y convertirse en los reyes de los remixes de la primera década del siglo XXI, remezclando hits de todas las bandas pop británicas e, incluso, rehaciendo brillantemente dos temas de Kraftwerk, «Aerodynamik» y «La Forme» (2007). En 2008 siguen cosechando hits de house pop como «Ready for the Floor» o «One Pure Thought» en el considerado su mejor disco, *Made in the Dark*. Goddard monta el sello Greco-Roman y, paralelamente, la banda The 2 Bears, y cada vez le gusta más el techno-house, sonido que se va colando en muchas de las canciones modernas de Hot Chip, mucho más bailables e hipnóticas, como en «We have love» (en *One Life Stand*, 2010) o «Flutes (en *In Out Heads*, 2012). Fieles a su cita bianual, Hot Chip volvió en 2015 con *Why Make Sense?*, que se inaugura con el sencillo supertrack house clásico de «Need you Know».

☺

The Human League

El pop en nombre de su majestad

Antes de la explosión comercial de Depeche Mode y Erasure, el synthpop comenzó a madurar en Inglaterra gracias a bandas como The Human League, Ultravox, Japan o Tubeway Army (donde cantaba Gary Numan), pero la única banda que abrazó el sonido enteramente electrónico fue The Human League con su excitante y revelador disco de debut, *Reproduction* (1979).

La banda se formó en 1977 en la ciudad de Sheffield (que años más tarde viviría el comienzo del sello Warp y la bleep music) por dos operadores de computadoras, Martyn Ware y Ian Craig Marsh, enamorados de la nueva tecnología y los sintetizadores. Junto al cantante Philip Oakey (quien le dio el nombre a la banda) graban su primer disco y se separan al año siguiente, y mientras Ware y Marsh fundan Heaven 17, Oakey se queda con la marca The Human League. Oakey ficha al bajista Ian Burden y, sobre todo, las vocalistas

Susan Ann Sulley y Joanne Catherall. Tras el moderado éxito de *Travelogue* (1980) llega *Dare* (1981) y The Human League consiguen hacerse famosos en el siempre difícil mercado americano, poco permeable a la música electrónica. Mucho más minimalistas y ultrapop, The Human League encontró en Martin Rushent (ex productor de los Stranglers) el elemento que definiría su sonido.

El abandono de Rushent mermó el sonido de la banda, que nunca volvió a repetir el éxito de *Dare* y el EP *Fascination!*, pero Oakey graba con su admirado Giorgio Moroder el hit «Together in Electric Dreams». The Human League nunca se separaron, y aunque sus discos no fueron demasiado atractivos, sí lo fueron sus giras, compuestas por todos los hits de los primeros años, una delicia para cualquier amante del synthpop primigenio.

J

Jean Michel Jarre

El gran espectáculo de la electrónica

Aunque Jean Michel Jarre no sea un artista de música dance propiamente dicho (sus discos son más ambient e, incluso, new age) este francés nacido en Lyon en 1947 es uno de los artistas primigenios de la electrónica cuyo estilo ha influido a miles de otros artistas de todas las ramas de la música electrónica, de baile o de salón.

Perteneciente al Grupo de Buscadores Musicales de Goldeun, liderado por Pierre Schaeffer (inventor de la *musique concrète*), Jarre (quien no se llevaba muy bien con su padre, el famoso compositor de BSO, Maurice Jarre) ya había compuesto tres discos (entre ellos la banda sonora de *Les Granges Brûlées*) antes de encerrarse en una pequeña habitación con 27 años y grabar con instrumentos electrónicos y un vetusto ocho pistas los seis cortes de *Oxygène*, uno de los mejores discos de la historia de la música. Su tema «Oxygène Pt. 4» lo llevaría a la fama y comenzaría una carrera imparable de éxitos y conciertos mayestáticos de luz y lugares increíbles como las pirámides de Egipto, China, la ciudad de Houston y muchos más. Su primera etapa como compositor es impecable: *Oxygène* (1976), *Equinoxe* (1978) y *Magnetic Fields* (1981), pero su disco más vendido es *Zoolook* (1984), en el que utiliza samplers vocales. Con *Rendez-Vous* (1987) comienza su lento devenir compositivo, eclipsado por el surgimiento de la música de baile. Jarre ya no es un tipo extraño que compone con instrumentos electrónicos.

Conseguiría algún éxito más con «Calypso» de *Waiting for Cousteau* (1990), pero actualmente ha editado un nuevo LP lleno de colaboraciones (de desigual fortuna) con gente como Tangerine Dream, M83, Massive Attack, Moby o Fuck Buttons de título *Electronica 1: The Time Machine* (2015).

Marshall Jefferson

El Arquitecto

Marshall Julius Jefferson (Chicago, 1959) es seguramente la segunda persona más importante de la historia del chicago house junto a Frankie Knukles. Este era el DJ de Warehouse y quien comenzó a crear ese sonido único mitad música disco, mitad electro europeo, todo funky. Pero el sonido necesitaba un arquitecto musical, alguien especializado en sonido que lo convirtiera en algo único. Ese hombre era Marshall Jefferson, el «padrino del house». Jefferson trabajaba como productor de discos en los Estudios Universal de Chicago cuando conoció a Larry Sharman, propietario del recién estrenado sello Trax Records, que había publicado hits de Le' Noiz como «Wanna Dance?», pero eran temas demasiado cercanos al hip hop y no al sonido que salía de la cabina del Warehouse. No tenían la magia del «On And On» de Jesse Saunders, por ejemplo.

Jefferson comenzó a producir temas para Trax al tiempo que creaba los suyos propios junto al cantante Curtis McClain y el teclista Rudyard Forbes. Juntos son On The House y en 1986 publican el seminal «Move Your Body», cuyo solo de piano y la voz soul de McClain conformaría una de las piedras sobre la que se fundaría el estilo house. Ese mismo año produce el hit «Someday» de CeCe Rogers y el «Acid Tracks» de Phuture, influyendo en dos subestilos, el más deep house (más cercano al soul) de Rogers y el acid house de Phuture. Ese mismo año también publica otros temas influyentes, el «Free Yourself» bajo el nombre de Virgo y ese «Ride The Rhythm» de melodía de piano minimalista. Actualmente, después de varias decenas de maxis y miles de sesiones, Jefferson sigue siendo reconocido como el auténtico «padrino de la house music».

☺

Justice

Cuero negro

La mano derecha de Daft Punk entre 1996 y 2008 fue su manager Pedro Winter (que firmaba sus trabajos como Busy P) que en 2003 creó el sello En Banger Records, el laboratorio donde se gestó la segunda revolución del french touch y cuya cara más visible fueron el dúo Justice (acompañados de Feadz, Uffie, Sebastian y muchos más). Gaspard Augé (Besançon, 1979) y Xavier de Rosnay (Ozoir-La-Ferrière, 1982) aparecieron como Justice por primera vez en el recopilatorio del sello Musclorvision *Hits Up To You* (sello del que Gaspard era diseñador gráfico) con el tema superpop «Sure you Will». Era 2003 y ese mismo año Justice remezcla el tema de la banda inglesa Simian «Never be Alone». El single lo edita el sello Ed Banger junto al tema «Steamulation». Más tarde, en 2006, el tema volvería a volverse a

pinchar con el título de «We Are Your Friends». Tras publicar dos EPs, *Waters of Nazareth* (2005) y *Phantom* (2006), en el que mezclan el sonido más sucio de Daft Punk con cierta actitud más rockera, el dúo publican *† (Cross)* (2007) llegando a vender más de cien mil copias solo en Inglaterra. El disco iba a ser una ópera disco como en la película *El fantasma del Paraíso* de Brian de Palma (1974).

Como Daft Punk en su día, Justice publican en 2008 un disco en directo, el muy flojo *A Cross The Universe* (comparado con los dos *alive* de Daft Punk, claro) y en 2009 ganan el Grammy al mejor remix, por su versión de «Electric Feel» de MGMT. En 2010, Gaspar Augé graba junto a Mr. Ozio la banda sonora de la película de serie Z *Rubber* (dirigida por el mismo Quentin Dupieux). En 2011, quieren repetir la jugada de *† (Cross)* con el nuevo *Audio, Video, Disco* pero el disco es espeso y oscuro, sin temas tan bailables como «D.A.N.C.E.», «DVNO» o «Tthhee Ppaarrttyy» y se hunde en las listas y en las críticas.

K

François Kevorkian

El ritmo que vino de Francia

Kerkovian (Rodez, Francia, 1954) es un DJ y productor de origen armenio que comenzó en su Francia natal como batería. Pronto, en 1975, emigró a Nueva York para ganarse la vida como músico, pero la competencia en la Gran Manzana era atroz. Empezó a interesarse por el ritmo que los DJs imponían en la cabina de los locales nocturnos a los que iba y en 1976 ya estaba haciendo sus primeros pinitos como DJ, empleo en el que destaca enseguida y termina dedicando a tiempo completo. Además, comienza a editar sus propias remezclas en cinta, haciendo pre-mixes de temas de la época que todavía se pinchan hoy en día, como su re-work de «Happy Song» de Planet Earth de 1977. Con un oído finísimo para saber qué quiere bailar el público, el sello Prelude lo ficha como A&R y crea su primer estudio para hacer remixes, como el «In the Bush» o el celebérrimo «Keep On Jumpin'» de

Musique, «High on Love» de Claire o el modernísimo (para la época) «Disco Circus» de Martin Circus. Entre 1977 y 1978 pincha además como DJ invitado del Paradise Garage, The Loft o Studio 54. En los ochenta comienza a destacar como productor y es llamado para trabajar con Eurythmics, Jah Wobble, Mick Jagger, Terence Trent D'Arby, Yello, Diana Ross, Midnight Oil, The The o PiL. También comienza a escribir música para gente como Planet Patrol y hace remezclas para gente tan dispar como The Smiths. En su faceta de DJ, Kevorkian nunca ha perdido las ganas de descubrir música nueva y de experimentar con las mezclas. Lleva más tiempo que nadie en esa profesión, pero parece más moderno que el resto de sus compañero más jóvenes. Muy recomendables dos sesiones suyas: *Essential Mix* (London, 2000) y *Live At Sónar* (2003).

King Tubby

El rey de las remezclas

King Tubby (Osbourne Ruddock, 1941-1989) comenzó su carrera musical arreglando televisiones y radios en su Kingston natal (Jamaica). Era muy buen técnico y debido al calor y a los continuos viajes de los soundsystems (discotecas móviles) por toda Jamaica, los equipos se estropeaban con facilidad. Tubby los arreglaba y también se construía sus propios altavoces. Hasta formó su propio soundsystem: Tubby's Home Town Hi-Fi.

En 1968, el productor jamaicano Duke Reid le pide a Tubby que le ayude a hacer versiones sin voces de los temas más famosos de las caras b de los singles para que los toasters recitaran por encima. Tubby no solo eliminaba la toma de voz, sino que comenzó a experimentar con los temas originales, incrementando bajos o baterías o reestructurando parte del tema para que fuera más bailable, una deconstrucción del tema original en toda regla: había nacido la cultura del remix. Tubby era un mago con la mesa de mezclas

y su labor de producción lo convertiría en una de las figuras capitales del reggae y, sobre todo, el dub, gracias a sus colaboraciones con Augustus Pablo, The Aggrovators, Bunny Lee o Lee "Scratch" Perry. Su obra firmada es extensísima, pero se sospecha que hizo miles de temas sin firmar.

En los años ochenta graba un disco con uno de los grupos más internacionales de Jamaica, Sly & Robbie, titulado, como no, *Sly & Robbie meets King Tubby* (1984).

King Tubby murió asesinado tras un fallido intento de robo el 6 de febrero de 1989 en la puerta de su casa cuando volvía de su estudio.

The KLF

Los Illuminati

Existen pocos grupos de música, en general, como la célula terrorista conocida como The KLF, The Justified Ancients of Mu Mu, The JAMS o The Timelords: revolucionaron la música de baile británica para desaparecer después tras quemar un millón de libras. Bill Drummond (Butterworth, Sudáfrica, 1953) comenzó en el teatro en 1975 diseñando el set de la obra *The Illuminatus Trilogy*, un texto que influirá mucho en su obra posterior cuando comienza a tocar en Big In Japan, banda de punk de Liverpool que tuvo bastante relevancia a finales de los setenta.

Drummond crea su propio sello en los ochenta, Zoo Records, y se convierte en el manager de The Teardrop Explodes de Julian Cope o Echo & The Bunnymen. Más tarde comenzaría a trabajar en Warner como A&R, donde descubre todas las facetas del negocio. Allí publicaría el disco de unos tal Brilliant donde tocaba Jimmy Cauty (Totnes, Inglaterra, 1956). Cuando Brilliant se separan y el disco de folk de Drummond como The Man no tiene demasiado éxito, se juntan para formar un grupo de electro-hip hop, The Justified Ancients of Mu Mu. Todos sus temas son hits, sampleando a The

Beatles, Whitney Houston, ABBA y muchos más, llenando la radios inglesas con temas como «All You Need Is Love», «Whitney joins The JAMs» o «Burn the Bastards», pero la demanda de ABBA provoca que el grupo tenga que destruir todo su material. Eso sí, antes han producido como Timelords el tema «Doctorin' the Tardis» en el que mezclan la serie Doctor Who con Gary Glitter. En 1988, fascinados por el techno y el house, publican el primer borrador de «What Time is Love?» como The KLF. Entre 1988 y 1992, The KLF revienta las pistas de todo el mundo con esta canción y «3 AM Eternal», «Last Train To Trancentral» y «Justified And Ancient», temas que son rehechos una y otra vez, hasta la publicación de su disco *The White Room* (1991).

Antes, en 1990, entregan *Chill Out*, donde inventan el ambient house junto a bandas como The Orb (donde también milita Cauty). En 1992, después de una sonora actuación en los Brit Awards, The KLF anuncia su retiro y la eliminación de todo su catálogo en tiendas. No se retirarían, sino que volverían como el grupo artístico K Foundation, que tras varias *performances* y premios acaba su existencia como grupo quemando un millón de libras en una casa abandonada en 1994.

☺

The Knife

Arte pop

The Knife anunciaron que se separaban en 2014, una auténtica pena porque con ellos desaparecía la revolución synthpop que había arrasado, sobre todo, a finales de la primera década del siglo XXI y una de las bandas más politizadas de la música electrónica actual. Formada por los hermanos suecos Karin Dreijer Andersson (Nacka, 1975) y Olof Dreijer (1981), The Knife se formó en Gothenburg en 1999 cuando la banda de Karin, Honey is Cool, comenzaban a separarse. En juilo de 2000, Honey is Cool anunció su separación en la página web del sello Rabid, propiedad de Karin y editora de todos los lanzamientos de The Knife. El primer single del dúo fue «Afraid of You», un tema pop muy 8bit, como de bajo presupuesto. Ese sonido primigenio sería la base de casi todo *The Knife*, su debut de 2000, a medio camino entre el punk electrónico y un pop de videoconsola. Poco a poco, tema a tema, van abandonando ese sonido de serie b acercándose al eurobeat en temas como «You Take my Breath Away» o «Heartbeats», pertenecientes a su disco *Deep Cuts* (2004).

El cantante folk sueco Jose González hace una versión de este último «Hearbeats» en su disco *Veneer* (2003) y se convierte en un hit mundial gracias a un anuncio de televisiones. Pero el impacto mundial del siguiente disco de The Knife sería total. *Silent Shout* (2007) es complejo y un paso de gigante para el sonido del dúo. Atrás quedan las canciones de pop felices, este tercer disco de The Knife les acerca a las aspiraciones trance-pop de Underworld. Tras el éxito de *Silent Shout* y la larga gira que realizan con él, Karin se concentra en su propio proyecto, Fever Ray, con el que publica LP homónimo en 2008. En 2010, el dúo se junta con Mt Sims y Planningtorock para hacer la BSO-Ópera de una *performance* titulada *Tomorrow, In a Year* (2010). El último disco de The Knife sería el muy experimental y opresivo *Shaking The Habitual* (2013).

Frankie Knuckles

El house

A veces se ha llamado a Frankie Knuckles (Nueva York, 1955) como el «padrino del house», pero ese honor lo merece Marshall Jefferson, que fue el arquitecto de los primeros hits de house. Knuckles es el «dios del house», el que puso mayor interés en fusionar dos mundos en teoría antagónicos como la electrónica europea (con Kraftwerk y el synthpop a la cabeza) y el soul-funk de la música disco norteamericana, creando una manera original de mezclar y un sonido único. Knukles estudiaba diseño textil en Nueva York, pero poner discos era su auténtica pasión. Comenzó pinchando soul, disco y R&B en locales como The Continental Bath o The Gallery junto a su amigo Larry Levan.

Las fiestas de Knuckles y Levan despiertan mucha expectación entre el público gay y negro y uno de los promotores, Robert Williams, amigo y

consejero de Knuckles, viaja a Chicago tras la muerte de su madre y encuentra una ciudad gris y poco divertida. Siguiendo los consejos de David Mancuso de The Loft, Williams monta un club en Chicago con Knuckles como DJ principal: The Warehouse.

Entre 1977 y 1982, Knuckles crea con sus manos el germen del sonido que cambiaría la música electrónica y la música de baile. Cansado de ser solo el DJ, se convierte en promotor y abre su propio club: The Power Plant. En 1983 le compra una 808 a un jovencísimo Derrick May (que viajaba de Detroit a Chicago para bailar en las sesiones de la Warehouse y el Music Box de Ron Hardy) para añadirla a sus sesiones. La mezcla del sonido marciano de la 808 con las discos que Knuckles ponía define el sonido mismo del house y muchos productores locales (como Jesse Saunders) comienzan a imitarlo en 1984 y 1985.

En 1987 pincha por primera vez en UK y arrasa. En esa misma época comienza a trabajar como productor y graba sus primeros hits como «Your Love» o «It's a Cold World». En 1988 co-produce el «I Want a Dog» de Pet Shop Boys y en 1990 graba, junto a Satoshi Tomiie, el éxito «Tears». En 1991 publica su primer disco *Beyond The Mix* (Virgin), con un sonido más moderno que consiguió cuatro números 1 en los charts de baile americanos. Tras una carrera brillante como DJ, Knuckles fallece en 2014 con 55 años por complicaciones de una diabetes. Una parte del house fallece con él.

Kode9

SuperDub

Steve Goodman (Glasgow, 1973) comenzó como casi todo el mundo del continuum hardcore (corriente estilística que viaja desde las primeras raves acid house inglesas e, influida por sonidos jamaicanos y africanos, va del jungle y el drum'n'bass hasta el dubstep y el grime a lo largo de 20 años de continua evolución) a pinchar en los noventa a la edad de 16 años mezclándolo todo. Rápidamente, se especializa en breakbeat hardcore y drum'n'bass, pinchando por toda Escocia, de Edimburgo a Coventry. En Coventry se saca sus estudios de filosofía con doctorado gracias al libro *Sonic Warfare*, donde relaciona sonido, música y miedo. En esa misma época, Goofman estudia sobre la cultura rave, cibernética, posmodernismo y afrofuturismo, ideas que aplicaría más tarde en su música. En 1997 emigra a Londres y comienza a pinchar 2step garage y el primer grime, siendo residente en clubs como FWD>>. En 2002 publica su primer single compartido en Tempa, pero su bautismo de fuego no vendría hasta los cuatro temas que grabaría para el *Grime 2* (2004) de Rephlex junto a Loefah y Digital Mystikz. Ese mismo año crea el sello Hyperdub donde edita sus primeros EPs junto a Daddi Gee o The SpaceApe. Con el desaparecido rapero y poeta Stephen "The SpaceApe" Gordon (murió en 2014), Goodman sellaría su destino publicando dos LPs bajo el título de Kode9 & The SpaceApe.

Mientras su pupilo Burial triunfa con su trabajo de debut, Goodman y Gordon publican el oscuro *Memories of The Future* donde escuchamos dub y dubstep con temas tan adictivos como «Backward» o «9 Samurai» dominados por la poderosa voz de Gordon. Hyperdub domina su vida gracias al éxito de Burial, pero también publica a King Midas Sound, Ikonika, Terror Danjah, Darkstar, Cooly G, Laurel Halo o el malogrado DJ Rashad. En 2011 el dúo vuelve con *Black Sun*, donde el dubstep pierde terreno y cuenta con más colaboraciones como Cha Cha o Flying Lotus. La misma semana que fallece Gordon, se publica el testamento de The SpaceApe, *Killing Season* (2014). Con dos amigos y artistas muertos en pocos días (Rashad y Gordon), Goodman se encierra para grabar su primer LP bajo su nombre Kode9, el muy experimental y notable *Respirator*, uno de los mejores discos electrónicos de 2015.

Kraftwerk

Los robots pioneros

Ralf Hütter (1946) y Floruan Schneider (1947) se conocieron en 1968 en su Düsseldorf natal y comenzaron a colaborar juntos. Comenzaron con un grupo llamado Organisation, que hacía conciertos improvisados en galerías de arte, pero no sería hasta 1970 cuando iniciaron el proyecto Kraftwerk y crearon su estudio Kling Klang. Involucrados en la corriente vanguardista del kraut-rock junto a bandas como Can, Faust, Neu! o Popol Vuh, el dúo da un giro importante a su carrera con el legendario *Autobahn* (1974), un viaje electrónico de 22 minutos por la autopista del futuro. Melódico, retrofuturista y vanguardista a la vez, Kraftwerk innovarían en el uso del secuenciador

y la música electrónica. Con Wolfgang Flür y, sobre todo, Karl Bartos en formato cuarteto, Kraftwerk grabarían cuatro obras maestras dedicadas a diversos aspectos retrofuturistas: la energía nuclear (*Radio-Aktivität*, 1975), los trenes y el sueño de la vieja Europa (*Trans Europa Express*, 1977), la robótica (*Die Mensch-Maschine*, 1978) y la informática (*Computerwelt*, 1981).

Pero las nuevas figuras del tecno pop que ellos mismos habían inventado (junto a Giorgio Moroder) como Depeche Mode y toda la nueva ola británica eclipsaron a los maestros. Su último disco de los ochenta fue el notable *Electric Café* (1986) y luego se encerraron años para digitalizar su estudio y crear instrumentos y patentes. Volvieron en 1991 con *The Mix*, un disco en el que reinterpretaban modernamente algunos de sus hits, al que acompañaròn con un potente show electrónico y visual con el que continúan todavía (modernizado al 3D), aunque Schneider dejara Kraftwerk en 2009. Su último disco original es *Tour de France Soundtracks* (2003), pero todo el mundo amante de la música de baile electrónica debería tener una copia en DVD del directo *Minimum-Maximum* (2005).

L

Kenny Larkin

El futurista

Kenny Larkin (Detroit, 1968) tuvo los mismos maestros y podría haber estado en la primera generación del Detroit techno junto a los tres de Belleville o Eddie "Flashin" Fowlkes, pero llegó más tarde por culpa del servicio militar. Cuando regresó del ejercito se metió de lleno a componer, aunque su primera oportunidad como productor no se la dio ni May ni Atkins, sino dos chicos blancos que iban todos los fines de semana de fiesta a los clubs de Detroit desde la vecina Windsor en la frontera canadiense y habían montado un pequeño sello llamado Plus 8 (hablamos de Richie Hawtin y John Acquaviva). Gracias al éxito de EPs como *We Shall Overcome* (Plus 8, 1990), *Integration* (Plus 8, 1991) y *War Of The Worlds* (Transmat, 1992), Larkin da el salto a Europa, donde publica dos discos imprescindibles: *Azimuth* (Warp, 1994) y *Metaphor* (R&S, 1995), provocando que a mediados de los noventa sea el artista de Detroit más conocido en Europa. Un año más tarde publica el *Seven Days* (Elypsia) bajo el pseudónimo de Dark Comedy.

Si el primer Jeff Mills es duro y contundente y Carl Craig es muy funkie y jazz, Larkin es el más futurista y abstracto de los tres, por eso fue tan aplaudido en la época del nacimiento de la IDM británica. También tuvo un éxito en el mundo del drum'n'bass cuando su «Loop» fue remezclado por Alex Reece en 1996.

A finales de los años noventa, cuando es una estrella de la música de baile, lo abandona todo para dedicarse a su otra gran pasión, la stand-up comedy. Vuelve en 2004 publicando a destajo discos como *The Narcissist* o *Funkfaker; Music Saves My Soul* (como Dark Comedy) pero le cuesta recuperar el pulso de antaño. En 2015 publica un recomendable e innovador EP de remezclas de Inner City llamado *The KMS Remixes*.

LCD Soundsystem

Sí, sí, sí

¿Se puede convertir una persona en estrella del rock pasada la treintena? Sí, es posible, James Murphy es la prueba de ello. Nacido en 1970 en Princeton Juction (Nueva Jersey), Murphy estuvo en varios grupos de indie-rock durante todos los noventa, siendo ingeniero de discos para Sub Pop o pinchando música disco antigua bajo su pseudónimo de Death From Above. Conoce a su mano derecha Tim Goldsworthy trabajando en el disco de David Holmes *Bow Down to the Exit Sign* (2000) con el que crea el sello y los estudios DFA (sí, de Death From Above). Como productores comienzan a trabajar en bandas como The Rapture, Radio 4, !!! o Out Hud, y comienzan a revolucionar el mundo del indie-rock con su excitante receta de música disco, synthpop y una energía muy bailable en el rock como no se veía y se

bailaba desde los tiempos del glam-rock. Los DFA también tenían su propia banda, LCD Soundsystem. Junto a Nancy Whang (teclados), Pat Mahoney (batería) o Phil Mossman (guitarra) graban largas improvisaciones al estilo de las bandas krautrock.

Entre esas improvisaciones nacen «Losing my edge» y «Yeah» y todo el mundo se vuelve literalmente loco. *LCD Soundsystem* (2005) se convertiría en uno de los mejores discos de aquel año con temas que se bailarían en festivales como el Primavera Sound como «Tribulations», «Daft Punk is playing at my house» o «Disco Infiltrator». En 2006 publican un disco para Nike titulado *45:33* inspirado en el *E2-E4* de Manuel Göttsching. Muchos de los cortes de ese disco alimentarían su segundo *Sound is Silver* (2007) que les lleva a girar por todo el mundo.

Con *This is happening* (2010) los mismos LCD sienten que su formula está agotada y se retiran en 2011 con un concierto multitudinario en el Madison Square Garden.

Leftfield

Progressive Punk

Aunque comenzó como un dúo, Leftfield siempre ha sido el proyecto del DJ, percusionista y compositor londinense Neil Barnes. A finales de los ochenta dedicaba su tiempo a pinchar en The Wag Club y tocar diversas percusiones en bandas de jazz y acid jazz británico. Inspirado por Afrika Bambaataa comienza a trabajar en sus propios temas de progressive house en 1989. En aquella época publicaría «Not Forgotten» (1990) y «More Than I Know» (1991), pero hasta que el batería de A Man Called Adam, Paul Daley, no se involucra en el sonido de Leftfield, la banda no comenzaría a cuajar. Por culpa de una disputa legal entre dos sellos (Outer Rhythm y Rhythm King) por los derechos de estos dos primeros temas, Leftfield se dedicó a remezclar a gente como David Bowie, Inner City o Ultra Nate.

Cuando ya pueden volver a producir se lanzan a la piscina mezclando progressive, dub y pop en el single «Release the Pressure» (1992), un hit pinchado en todas las raves de la época. Pero si la escena rave era el nuevo punk, Leftfield acudió a las fuentes, al mismísimo Johnny Rotten de Sex Pistol (John Lydon) que canta con su particular estilo encima de «Open Up»

(1993), uno de los mejores temas de la historia de la música de baile, canción que les colocó en boca de los fans de la electrónica y la música pop. Cuando la cool britannia y el brit-pop dominaban Europa, Leftfield publican *Leftism* (1994), disco que sería nominado a los Mercury Prize. Tras el éxito de este debut, Leftfield se embarcan en una gira eterna con músicos de verdad. En 1999 vuelven con *Rhythm and Stealth* (con colaboraciones de Roots Manuwa, Afrika Bambaataa o Nicole Willes), un disco con peores críticas que su debut, pero que llega a ser número uno en UK y vuelve a ser nominado con otro Mercury Prize. En 2015, cuando nadie les esperaba, Barnes publica el notable *Alternative Light Source*.

☺

Larry Levan

Sube los bpms

Lawrence Philpot (Nueva York, 1954) cambió la música de baile desde Nueva York mientras su amigo Frankie Knuckles lo hacía desde Chicago. De hecho, comenzaron pinchando juntos en los primeros setenta en locales como Continental Baths. Influidos por el DJ de The Gallery, Nicky Siano, Levan y Knuckles tuvieron la suerte de sustituirlo. Pinchando en The Gallery es cuando Levan comienza a crear su fama de diva. Mientras Knuckles viaja con su amigo Robert Williams para crear The Warehouse, en 1977 le ofrecen la residencia del Paradise Garage a Levan y este la acepta. Levan comprende mejor que nadie que la música de baile es algo físico, que debe sentirse en orejas, cerebro y estómago, así que junto a su amigo Michael Brody diseña el mejor soundsystem posible de la época, olvídate de la decoración en los clubs de la época (globos, serpentinas, etc). Paradise era el sonido, un garage oscuro y negro en el que la gente iba a bailar música disco mezclada con Kraftwerk o Manuel Göttsching.

Mientras Knuckles se fijaba en el funk y el alma del tempo, Levan comenzó a experimentar con la estética del dub (influido por François Kevorkian) en sus sesiones, con efectos o temas alargados hasta el infinito. A principios de los ochenta, muchos artistas buscan el sonido más orgánico y acelerado del Paradise y Levan comienza a hacer remezclas más bailables de muchos artistas funk y disco de la época: desde Inner Life, pasando por Chaka Khan, Jimmy Castor o Grace Jones. El Paradise Garage terminaría dándole el nombre a una nueva forma de hacer house, el garage, más neoyorquina, disco y orgánica. Levan se hizo adicto al PCP y a la heroína a principio de los ochenta y tenía una cohorte de dragqueens y jóvenes acólitos que lo protegían y lo adoraban dentro de las puertas del Garage. Tras el cierre del Paradise en 1987 y la muerte por culpa del sida de su amigo Brody, Levan cayó en una depresión que junto a sus veleidades y sus adicciones hicieron mella en su carrera como DJ en Nueva York. En 1991 el productor de Ministry of Sound lo trae a Londres a pinchar y él se quedó tres meses como DJ residente poniendo en marcha el sistema de sonido de la discoteca, revolucionario en la Inglaterra de aquellos días. Tras una gira exitosa por Japón, Levan quiere rehabilitarse de su adicción a las drogas, pero fallece el 8 de noviembre de 1992 por culpa de una endocarditis.

☺

LFO

Bajas frecuencias

Mark Bell y Gez Varley (Leeds, 1971) ambos eran unos asiduos de los clubs y las raves que se celebraban alrededor de Leeds a finales de los ochenta y comenzaron a trabajar juntos para producir sus propios tracks de techno y acid house. Su primer tema se tituló «LFO» y se lo dieron al DJ (y compositor) Nightmares on Wax para que lo pinchara. El éxito de este tema oscuro pero muy rítmico hizo que Warp lo publicara en 1990 convirtiéndose en su primer gran éxito. El dúo volvió con fuerza con dos temas en 1991, el duro y ravero «What is house» y el robótico «We Are Back». Ambos los podías encontrar en el debut del grupo, *Frequencies* (Warp, 1991), que alternaba tracks para la pista y episodios más ambientales. El disco fue una de las primeras piedras en el sonido IDM-bleep-ambient techno característico de Warp. El dúo fichó por Tommy Boy Record en Estados Unidos y comienzan a hacer remezclas para gente como The Sabres of Paradise, Laurent Garniert, Depeche Mode, Björk o el archifamoso «Planet Rock» de Afrika Bambaataa.

Su siguiente trabajo no volvería a ver la luz hasta 1996, con el flojo *Advance* (Warp), trabajo en el que se rumorea que solo trabajó Mark Bell, porque Varley quería hacer techno más duro, como el que comenzaría a facturar bajo el nombre de G-Man (muy recomendable su *Kushti* de 1996). Varley deja LFO y Mark Bell se convierte en la mano derecha de Björk (con la que ha colaborado en siete discos), y también produce el *Exciter* (2001) de Depeche Mode. Bell vuelve como LFO con el contundente y excitante *Sheath* (2003) a medio camino entre el glitch y el acid house. En 2009 LFO es uno de los grande protagonistas del 20 aniversario de Warp. Lamentablemente, Bell fallece en 2014 por unas complicaciones quirúrgicas. Tiene 43 años y LFO, uno de los proyectos más importantes de la música británica, fallece con él. Una auténtica pena.

Lil' Louis

Hablamos de sexo

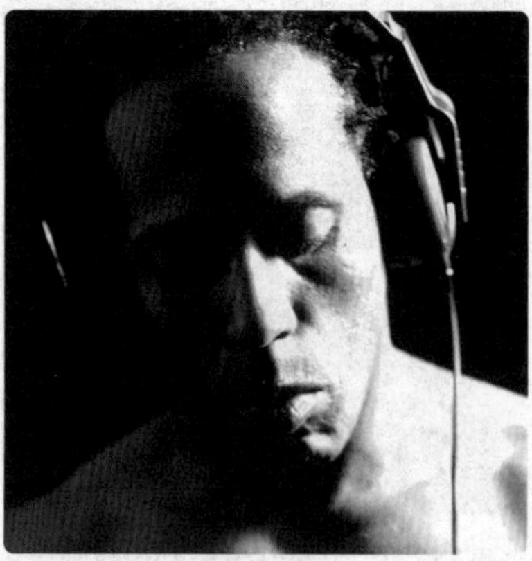

Marvin Louis Burns (Chicago, 1962) llevaba la música en casa, porque era el hijo del guitarrista Bobby Sims, miembro de la banda psicodélica Rotary Connection (que publicó seis discos entre 1968 y 1971). Burns tocaba la batería y el bajo desde que era un crío y este bagaje musical lo aprovechó para comenzar a pinchar bajo el pseudónimo de Lil' Louis (en clubs como el River's Edge cuando Burns tenía 16 años). Al final de los setenta, Lil' Louis tenía su propio club, de nombre profético (The Future), donde pasaba horas y horas editando cintas y haciendo edits de temas discos para pinchar en la cabina. Como buen DJ de Chicago, quería pinchar sus propios temas y comenzó a producir material en la segunda mitad de los ochenta, apoyado por su amigo Marshall Jefferson, con quien colabora en la producción de «7 Ways» de Hercules (seudónimo del propio Jefferson) o en el famoso «I Can't Stay Away» de Byron Stingily.

En 1987 produce para Dance Mania sus primeros temas «Frequency» y «How I Feel», muy inspirados por el techno de Kraftwerk. En 1988 publica «The Original Video Clash», un tema bastante duro para la época. Esta marcialidad también estaría presente en su tema más recordado y uno de los primeros éxitos internacionales de la historia de la house music: «French Kiss». Publicado en 1989, el tema, con la voz de Shawn Christopher, fue una bomba gracias a ese *impasse* del medio donde el ritmo va ralentizándose y una voz femenina simula un orgasmo. En Inglaterra llegó a publicarse un 7" de Polygram con «Lovesong» de The Cure en una cara y «French Kiss» en la otra, una locura. El sello británico FFRR le ficha y publica en 1989 *From the Mind of Lil' Louis*, uno de los discos más revolucionarios de la música house de aquella época, que incluía otro hit, «I Called U». Tras el relativo fracaso de *Journey With the Lonely* (Epic, 1992), Burns prefirió retirarse para producir discos de gente como Me'Shell Ndgeocello. En el 2000 vuelve a los primeros puestos dance junto a Josh Wink y su «How's Your Evening So Far?». No deja de pinchar durante todo el siglo XXI, pero en 2015 se le diagnostica una perdida de audición del oído izquierdo.

☺

Lindstrøm

La revolución cósmica

Mientras Europa era dominada por el minimal techno o la segunda revolución del house francés con Justice a la cabeza, en el norte (como si fuera un tebeo de Astérix) se resistía a la invasión un colectivo de amigos con pasión por el funk, jazz y los mejores temas de la época de la space disco y el italo disco. El lugar era Noruega y algunos de sus miembros son Prins Thomas, Lindstrøm y Todd Terje. Hand-Peter Lindstrøm (Stavanger, 1973) era un aplicado estudiante de música, multi-intrumentista y productor cuando comenzó a tocar el piano en un coro de gospel y la guitarra en una banda

tributo a Deep Purple en su Stavanger local. En 1999 vendió todos sus instrumentos y se fue a la Universidad de Oslo para estudiar literatura. Al tener poco dinero, tocaba la guitarra en la calle hasta que escuchó música de baile. Enamorado a la primera escucha, vendió la guitarra, se compró un sampler, pidió prestado unos disco y comenzó a estudiar cómo hacer música de baile. Sus primeros temas en 2000 los publica como Slow Supreme y «Granada» se convierte en un pequeño hit cósmico-jazz pinchado por gente como Giles Peterson o François Kevorkian. En 2003 crea su propio sello, Feedelity, y publica sus primeros EPs con su propio nombre, como *Untitled EP* o el *Music (In my Mind)* junto a la cantante Christabelle. También comienza a trabajar con su amigo Prins Thomas (Thomas Moen Hermansen) para el sello Eskimo, con el que ha publicado dos LPs.

Antes de que la palabra disco la pusiera de moda Daft Punk de nuevo con el redescubrimiento de Giorgio Moroder, Lindstrøm publica en 2005 «I Feel Space», uno de los temas que devuelve la space disco a la pista de baile en pleno siglo XXI. Animado por el éxito, Lindstrøm publica su primer trabajo en 2009, *Where You Go I Go Too*, con solo tres temas, a medio camino entre el sonido cósmico y el disco conceptual sinfónico. Ese mismo año publica una versión cósmica del villancico clásico «Little Drummer Boy» de más de 40 minutos y el disco a medias con Christabelle *Real Life is No Cool*. Lindstrøm vuelve a principios de 2012 con su mejor disco hasta la fecha, *Smalhans* (Feedelity, 2012), que se publicó además con revisiones de su amigo Todd Terje para hacerlo más bailable. Juntos graban el rompepistas «Lanzarote» (2013) y se van de gira juntos durante todo 2013 tocando temas de los dos en directo. En 2015 ha colaborado en un proyecto musical de Todd Rundgren y Emil Nikolaisen llamado *Runddans*.

LTJ Bukem

Progresión lógica

No le hacía falta, francamente, pero un sonido tan urbano y joven como el drum'n'bass no comenzó a interesar al gran público o a la crítica más «seria» hasta que comenzó a ser más atmosférico y a compartir espacios con el nu jazz. 4 Hero y Goldie lo dieron a conocer y Roni Size lo convirtió en masivo con el primer disco de Reprazent, pero el maestro de ese estilo era LTJ Bukem, uno de los primeros innovadores en hacer un drum'n'bass más ambient. Danny Williamson (Londres, 1967) estudió piano de adolescente y descubrió el jazz y el funk en esa edad. A finales de los ochenta se convierte en DJ en Londres pinchando en la escena rave inglesa de los primeros noventa. Sus primeras producciones son de breakbeat, de ese jungle primigenio más parecido a la música rave techno-house, como «Logical Progression» (1991) con base drum'n'bass y piano house. En 1992 crea el sello Good Looking y uno de sus primeros temas es ya el planeador «Demon's Theme», cuyo principio selvático y tranquilo parece más un track para la sala del chill out que para la pista en sí.

En 1993 publica «Music (Happy Raw)» y se convierte en uno de los primeros temas famosos del drum'n'bass, mientras en Good Looking comienza a publicar temas de gente como Seba, DJ Dream o Photek cuando hacía jungle. En 1995 publica *Promise Land Volume One* con MC Conrad rapeando por encima de las pistas que pincha Williamson (registrando en directo una auténtica sesión de drum'n'bass), pero su trabajo definitivo es el recopilatorio-mix *Logical Progession* (1996), donde recoge temas suyos y de sus compañeros de sello. Reclamado como uno de los mejores DJs de jungle por todo el mundo, no puede trabajar en su propio disco hasta el 2000, cuando la pasión por el drum'n'bass no es tan grande, pero *Journey Inwards* es un muy recomendable trabajo de jungle y nu jazz. En 2013 publica en Good Looking el DJ mix *Bukem in Session*, demostrando que Williamson no ha perdido el toque mágico.

M

☺

M83

Sueño electrónico

Anthony Gonzalez (Antibes, Francia, 1980) formó la banda de post-rock My Violent Wish junto a su amigo del instituto Nicolas Fromageau a la edad de 16 años en la ciudad francesa de Antibes. Con 17, Gonzalez se compra su primer sintetizador, graba varias demos bajo el título M83 (el nombre de una galaxia) y la envía a varios sellos hasta que Goom se interesa por el sonido electrónico shoegazer de M83. Gonzalez no se siente con fuerzas de hacerlo solo y llama a su amigo Fromageau para que le ayude. En 2001 publican su debut homónimo en Goom, que no tiene mucha repercusión fuera de Francia. La banda comienza a ser conocida gracias a que Mute reedita los discos de Goom en Estados Unidos y el lanzamiento de *Dead Cities, Red Seas & Lost Ghost* en 2003 (2004 en EE.UU.), un disco más dramático que tiene temas muy intensos como «Run into flowers». Tras el lanzamiento de este disco, Anthony Gonzalez se queda solo con M83.

En 2005 sale a la venta *Before the Dawn Heals Us* (Goom), donde temas tan explosivos y tan My Bloody

Valentine como «Don't Save Us From The Flames» embelesan a la crítica (es la época del retorno del shoegazer y M83 está a la cabeza de este nuevo movimiento). Tras el disco ambient *Digital Shades [Vol. I]* (Goom, 2007), Gonzalez vira su sonido al synthpop más luminoso (con ciertas reminiscencias de New Order en temas como «Couleurs») con *Saturday=Youth* (Virgin, 2008), su primer trabajo para una multinacional. Pero el éxito de esta nueva propuesta de M83 vendía con «Midnight City» el mejor tema de 2011 perteneciente a su excelso *Hurry Up, We're Dreaming*. En 2013, tras el éxito de la BSO de *Tron: Legacy* de Daft Punk, M83 hace la BSO de otro éxito de taquilla de la ciencia-ficción moderna, *Oblivion* de Tom Cruise

Mad Professor

Dub made in UK

Neil Joseph Stephen Fraser (Georgetown, 1955) no nació en Jamaica sino en la capital de la República Cooperativa de Guyana, al sur de Sudamérica. A la edad de 13 años emigró con su familia a Londres y desde muy joven comienza a coleccionar equipos de grabación, como samplers, y a experimentar con ellos.

Se pone el pseudónimo de Mad Professor (por su locura por las máquinas) en esa época y crea un estudio en el salón de su casa, Ariwa Sound, donde se dedica a producir a amigos y sus propios proyectos. Entre sus primeras producciones se encuentra el debut de love rocks (estilo de reggae más romántico) de su compatriota Deborahe Glasgow, autora del éxito de los noventa «Mr. Loveman» junto a Shabba Ranks.

En 1982 emigra al sur de Londres (a Peckham), donde comienza a grabar más en serio sus propias producciones, como las series *Dub Me Crazy* que son apoyadas y radiadas por el mismísimo John Peel. En Inglaterra comienza la segunda revolución del dub y el dancehall y Mad Professor y el productor Adrian Sherwood son los hombres del momento. El desarrollo de la tecnología y el hambre de una generación post-punk y new wave por sonidos más dubbies afianza la fama de Fraser, que publica más de diez discos entre 1983 y 2012 (muy recomendable *Captures Pato Banton* de 1985), sin contar sus *Dub Me Crazy* y sus colaboraciones excitantes con Lee Perry en los canónicos *Lee Perry Meets The Mad Professor Chapter One & Two* (1987).

Madonna

La reina del pop

Algunos de ustedes, lectores, encontraran raro que Madonna Louise Veronica Ciccone (Bay City, 1958) esté en esta lista de imprescindibles de la música de baile electrónica. Pero recordemos que el primer single de Madonna fue «Everybody», un hit de Hi-NRG; que su primer disco, *Madonna* (1983) esta repleto de eurodisco e italo; y que, a lo largo de su carrera, se ha convertido en una especie de hada madrina de productores y sonidos electrónicos. No ha habido moda dentro de la música de baile que Madonna no haya cultivado y, en algunos caso, incluso mejorado. Su visión de la música dance siempre ha sido muy respetada y se ha juntado con los mejores, desde Beas-

tie Boys (como teloneros en sus primeras giras de los ochenta), pasando por gran colaboración con el productor Stephen Bray (su mano derecha durante casi todos los ochenta) y otros grandes colaboradores a los largo de toda su carrera como Shep Pettibone (Pet Shop Boys, New Order, Cindy Lauper), William Orbit, Mirwais, Marius de Vries, Ryuichi Sakamoto, Nelle Hooper, Prince, Stuart Price (Les Rytmes Digitales), Timbaland, Björk, Justin Timberlake, Pharrell Williams, Paul Oakenfold, Nile Rodgers, Benny Benassi, Diplo, Kanye West, Avicii, Nicki Minaj o M.I.A.

Eso sin contar las miles de remezclas de sus temas o el hecho de haberse convertido en una creadora de hits pinchados en todas los clubs alrededor del mundo. Entre 1983 y 2015 ha publicado 13 discos de estudio, destacando por encima de todos dos esenciales para comprender la música de Madonna. *Like a Prayer* (1989), o cómo superar un disco, *True Blue*, con hits como «Papa Don't Preach», «True Blue» o «La isla bonita», con un trabajo superlativo en temas como «Express Yourself» o «Keep it together». Y, por supuesto, *Music* (2000), el trabajo que la reconvirtió en reina del pop tras un periplo extraño por una década de los noventa en el que su invención en mujer-mito-sexual-escándalo y su mediocre carrera como actriz hizo olvidar a la Madonna más músical y creadora. Eso sí, de los noventa nos quedamos con temas como «Vogue», irresistiblemente bailable.

The Magnetic Fields

Canciones de amor

El proyecto más longevo y exitoso del compositor y cantante de Nueva York Stephen Merritt (1965) es el ejemplo más significativo de cómo el synthpop continúo vivo en los noventa, cuando todo era indie pop-rock. Es más, la constancia de Merritt de componer preciosas melodías con ukelele, banjo, acordeón y sintetizadores, esa mezcla entre vetusto y modernidad, hizo escuela en toda una generación de ban-

das de electro-pop e indietrónica (o folktrónica) como Lali Puna, Ladytron y muchos más. Merritt creó The Magnetic Fields inspirado en la novela de André Breton (y no por el disco de Jean Michel Jarre) junto a su amiga Claudia Gonson, que tocaba en la banda The Zinnias junto a Merritt, y la voz de Susan Anway. Juntos producen el bello *Distant Plastic Trees* (1991) al que seguirían trabajos como *The Wayward Bus* (1992, otra vez con Anway cantando) o *The Charm of the Highway Strip* (1992, ya con Merritt en el micrófono). Pero The Magnetic Fields triunfaría en el Reino Unido y Europa gracias al éxito de *Get Lost* (1995) y temas tan retrofuturistas como «Smoke and Mirrors», «You and Me and the Moon» o «The Village in the Morning».

Mientras trabaja con The Magnetic Fields, Merritt tiene más proyectos como The 6ths, Future Bible Heroes o The Gothic Archies. Pero el do de pecho lo dio con su obra magna, el triple *69 Love Songs* (1999), una colección de canciones enormes y preciosas pensadas para ser tocadas en un gay piano bar. En el disco participó mucha gente, incluido el escritor Lemony Snicket, y está en la listas de muchos medios como uno de los mejores discos de la historia (como la revista Rolling Stone). Con el nuevo siglo, Merritt publica su non-synth trilogy con *i* (2004), *Distortion* (2008) y *Realism* (2010), pero mucho mejor cuando más electrónico, como ese último glam-synth de *Love at the Bottom of the Sea* (2012)

Massive Attack / Tricky

Trip hop maestros

Massive Attack son considerados los padres del estilo trip-hop, una vertiente del continuum hardcore y del post-acid house que derivó a secuencias más experimentales del breakbeat, hip hop, jazz y funk. Un estilo que tiene su propia demarcación geográfica: la ciudad de Bristol, de donde son Massive Attack, Tricky y Portishead. Vinculados al colectivo artístico de Bristol The Wild Bunch, Robert "3D" Del Naja (1965), Grantley "Daddy G" Marshall (1959), Andrew "Mushroom" Vowles (1967) y Adrian "Tricky" Thaws (1968), junto a Nellee Hooper (que abandonaría antes de entrar en el estudio para fundar su propio proyecto: Soul II Soul), formarían Massive Attack en 1988. En 1990 graban uno de sus primeros singles: «Daydreaming», a

los que seguiría el tremendo y revelador «Unfinished Sympathy» y «Safe from Harm». En 1991, con el nacimiento de la última década del siglo XXI publican *Blue Lines*, un disco que recoge pop-jazz-electrónica-hip hop-soul-dub y lo convierte en algo excitante y único.

Tras el éxito del disco en Europa, Massive Attack hacen una gira ruinosa por Estados Unidos y publican en 1994 el segundo *Protection*, con un sonido más sofisticado pero menos salvaje que su debut. Tricky abandona la banda para grabar en solitario, y es capaz de superar a sus amigos con dos obras maestras: *Maxinquaye* (1995) y *Pre-Millennium Tension* (1996), mucho más experimentales que el material de Massive Attack, pero pronto se abandona a delirios pop y rockeros. Mientras, el trío publica *Mezzanine*, su disco más oscuro. Mushroom abandona el grupo en 1999 de malas maneras y 3D y Daddy G tardan cuatro años en publicar *100th Windows*, pero aunque el disco entré en el top ten de ventas en UK la respuesta de la crítica es bastante tibia. Tras dos bandas sonoras –*Danny The Dog* (2004) y *Unleashed* (2005)–, el ahora dúo publican *Heligoland* (2010), su último LP.

Masters At Work

Hermanos del House

Luis Fernando Vega (Little Louie Vega, Nueva York, 1965) y Kenny "Dope" Gonzalez (Nueva York, 1970) grabaron su primer trabajo en 1989 bajo el nombre de Masters At Work. Antes, Dope Gonzalez había estado pinchando con ese nombre con su amigo Mike Delgado entre 1985 y 1988 en los barrios de Brooklyn. Todd Terry, amigo de Gonzalez, le pilló prestado el nombre para grabar un par de temas en los ochenta. Por su parte, Little Louie era hijo del saxofonista Luis Vager, de la mismísima Fania All-Star, y comenzó a pinchar discos con 13 años. Su primo era Eric Vega, un famoso promotor de Nueva York que organizaba fiestas en el Bronx y toda Nueva York. Louie fue residente en Studio 54 y el Palladium antes de conocer a Dope Gonzalez. Fue en el grupo de hip hop KAOS y juntos trabajaron en el disco *Court's in Session* (1987), producido por Todd Terry. Su primer disco como Masters At Work fue el 12" lleno de temas *Power of House* (1989) al que le seguirían varios maxis donde mezclaban hip hop, house y electro.

En 1993, cuando ya son famosos en todo el mundo gracias a sus trabajos con gente como Michael Jackson, Chic, Madonna, Lisa Stanfield o Jamiroquai y son los remezcladores de moda junto a Todd Terry, comienzan a trabajar en el proyecto Nuyorican Soul, recuperando en formato electrónico todo aquella corriente de soul latino, jazz afro-cubano y salsa neoyorquina de los años setenta. Pero no sería hasta 1996 cuando involucran a gente como Jocelyn Brown, Tito Puente, Vincent Montana Jr, Roy Ayers o George Benson para grabar *Nuyorican Soul* (Talkin' Loud, 1997), un disco que mezclaba clásicos con modernidad y se convierte en uno de los mejores discos de aquel año. En el año 2000 celebran su décimo aniversario con dos recopilatorios dobles incluyendo temas propios, producciones y remixes publicados por BBE. En 2014 volvieron con un remix para Donna Summer y su «Last Dance».

Derrick May

El innovador

Derrick May (Detroit, 1963) es uno de los tres pioneros de la música techno de Detroit junto a Juan Atkins y Kevin Saunderson, amigos del instituto y conocidos como los 3 de Belleville. May era el más técnico y el mejor DJ de los tres. Muchos de los aparatos que May compraba acabaron haciendo hits en Chicago o su casa era el estudio de muchos de sus amigos. Su amigo Atkins había revolucionado la electrónica norteamericana con su banda Cybotron y May comenzó a innovar en ese sonido mitad europeo-mitad funk que tanto gustaba a los DJs de Chicago. En 1987 publicó sus primeros temas como Rhythim is Rhythim: «Nude Photo» y «Strings of Life» (ambos en Transmat, su propio sello). Al segundo tema le puso su título Frankie Knuckles, maravillado por ese alud de melodía alegre de piano y falsos violines sintentizados que hizo saltar a May a la fama (uno de los temas más pinchados en el Verano del Amor británico y eso que no tiene ni una sola línea de bajo).

Entre 1987 y 1996, May no para de producir temas como Mayday, Rhythim is Rhythim o junto a Darryl Wynn como R-Tyme. Canciones como «Beyond the Dance», «R-Theme», «The Darkside», «Daymare», «It is What it is» o «The Beginning», todas muy bailables, juguetonas y llenas de momentos álgidos como en « Strings of Life». Muchos de estos temas pueden ser encontrados en el imprescindible recopilatorio *Innovator* (Transmat, 1997). En 2002 publicó un disco como Derrick May junto a System 7, *Mysterious Traveller* (A-Wave, 2002) en el que sale uno de los últimos temas grabados como Rhythim is Rhythim, «Icon». Actualmente Derrick May está concentrado en su carrera como DJ y remezclador.

Michael Mayer

El toque Colonia

Mientras Berlín se convertía en la capital del techno europea, otras ciudades alemanas como Colonia o Hamburgo comenzaron a disputarle ese podio a finales de los noventa y primeros años del siglo XXI. Colonia, sobre todo, se convirtió en la ciudad de moda en la primera década del nuevo siglo gracias al sello Kompakt, discográfica que según el periodista Simon Reynolds «ha trabajado más por convertir Alemania en el país dominante de la música de baile del siglo XXI». Aunque Michael Mayer (Schwarzwald, 1971) no fuera el fundador del sello (eso es culpa de los hermanos Voigt, sobre todo Wolfgang, uno de los músicos electrónicos de ambient digital más reputados del mundo con su proyecto Gas), Mayer fue socio del sello desde el principio y marcó mucho el devenir de Kompakt, abriéndose a más estilos aparte del minimal techno, sin complejos. Mayer comenzó como DJ con 20 en la radio, donde tenía su propio programa, en 1994 se muda a Colonia y se convierte en el DJ residente del AUS Club.

Tras varias referencias en NTA y Kreisel 99, Mayer se convierte en la cuarta referencia de Kompakt con el EP minimal *17&4* (1999). Mientras en Kompakt se crea una buena base de artistas como Sacha Funke, Closer Musik, T. Raumschmiere, Tobias Thomas, Jonas Bering, Superpitcher,

Lawrence o Kaito, Mayer publica temas muy pinchados en la época como «Pensum» o «Speaker». Pero para su primer disco, *Touch* (2004), abandona el aire marcial del minimal techno para entregar un trabajo más elaborado y groovy. Como DJ es la cara y las manos de Kompakt pero se hace internacionalmente famoso con el *Fabric 13* (2003), que marca un antes y después en las sesiones de techno de la época. Mayer vuelve en formato largo en 2012 con el esperado *Mantasy*, que incluye el hit «Good Times».

Meat Beat Manifesto

El hip industrial

Aunque no constan en casi ningún libro de la historia de la música electrónica, sin Meat Beat Manifesto el trip-hop, el big beat o el drum'n'bass serían un poco diferente a lo que hubieran sido, y eso que MBM eran una banda de hip hop industrial que llenaron de mugre, ruido, furia y rimas los radiocassetes de la juventud hiphopera junto a Consolidated y The Disposable Heroes of Hiphoprisy en el primer lustro de los noventa. Jack Dangers (Swindon, 1965) y Jonny Stephen abandonaron el grupo de pop Perennial Divide para grabar su primer trabajo como Meat Beat Manifesto, el EP Suck Hard (1987), en el que no acabaron de despegar del hip hop tradicional. Tras varios EPs publican el primigenio *Storm the Studio* (1989) repleto de breaks y samplers, pero lo mejor estaba por venir. En 1990 fichan por PIAS y comienzan a sonar más industriales gracias a sencillos como «Psyche-Out», «Dog Star Man» o esa «Radio Babylon» cuya versión dub de título «Version Galore» se convierte en uno de los primeros hits del dub electrónico o el pre-drum'n'bass. *Armed Audio Warfare* (1990), *99%* (1990) y *Satyricon* (1992) les convierte en una de las mejores bandas británicas de la época, pero en 1993 Dangers se marcha a vivir a San Francisco.

El testigo de MBM lo recogió Nine Inch Nails (compañeros del sello Nothing Records, por cierto), mientras Dangers creaba el muy recomendable y dubbie *Subliminal Sandwich* (1996) pero algo se ha perdido por el camino. *Actual Sounds + Voices* (1998) intenta recuperar el hip hop pero no lo consigue; *RUOK?* (2002) es un disco de dub abstracto y *At The Center* (2005) es jazz electrónico. Dangers publica en 2010 una buena continuación *de Subliminal Sandwich*, el ruidoso *Answers Come in Dreams*.

M.I.A.

La mujer del siglo XXI

Si Madonna representa el pop más ecléctico y abierto a la música de baile de la década de los ochenta y noventa, Mathangi "Maya" Arulpragasam (Londres, 1975) es la figura más representativa del nuevo siglo, con mucho menos carga sexual pero más abierta a otras culturas y mucho más ecléctica. Maya es hija de Arul Pragasan, ingeniero y activista de los Tigres de Liberación del Eelam Tamil, grupo soberanista tamil de Sri Lanka. Y aunque naciera en Londres, Maya estuvo viviendo durante los primeros doce años de su vida en Sri Lanka, en medio de la guerra civil. Su madre volvió a Londres con sus hijos en 1986 y la pequeña Maya comienza a interesarse por el arte y el cine, llegando a estudiar en la escuela universitaria Central Saint Martinsy. En un principio iba apara directora de cine, pero conoció a Justine Frischmann (Elastica) que le encargó de la portada de su disco *The Menace* (2001) y un vídeo-documental de la gira norteamericana. Mientras, firma sus obras artísticas como M.I.A. (Missing In Action) y se convierte en una artista reconocida. Tras su convivencia con Justine, Maya comienza a hacer música grabando sus primeros temas, entre ellos «Galang» (2003) que llamó la atención a XL Recordings y la fichó. El estilo de M.I.A., a medio camino entre el hip hop, la música étnica y la electrónica rave era un soplo de aire fresco cuando el grime, el dubstep y el minimal techno eran omnipresentes en Inglaterra.

Conoció a Diplo y juntos crearon la mixtape *Piracy Funds Terrorism* (2004) y el impresionante *Arular* (XL Recordings, 2005). Maya ha conquistado Inglaterra, pero su siguiente objetivo es Estados Unidos, y lo hace cuando los disparos de bala de «Paper Planes» (en su disco *Kala*, 2007) son censurados en el show de David Letterman, el tema llega a ser nominada a un Grammy y se incluye en la BSO de *Slumdog Millionaire*, la oscarizada película de 2008. En 2010 su sonido se vuelve más duro y radical con las incorporaciones de productores como Rusko, Switch o Blaqstarr, pero *MAYA* (XL, 2010) es un producto demasiado oscuro e indigesto. Mientras crea su propia marca de ropa, Maya vuelve por la puerta grande con «Bad Girls» gracias a un impresionante vídeo de Romain Gavras (ganador del Grammy de ese año). Colabora con Madonna y Nicki Minaj en el tema de la primera «Give Me All Your Luvin», canción estrella del intermedio de la Super Bowl de 2012, donde una peineta de Maya en medio de la canción es criticada por todo el mundo. A ella, evidentemente, le da igual: está lanzada y sus conciertos son acontecimientos mundiales. Su buen estado de forma artístico se constata con *Matangi* (2013), su último y notable trabajo en el que incluye un sampler de nuestro Chimo Bayo en «Warriors». En 2015 publica el single «Borders», cuyo inquietante vídeo, crítica de la crisis de los refugiados, es dirigido por la propia Maya.

Jeff Mills

El Mago

Jeff Mills (Detroit, 1963) es uno de los nombres más famosos de la segunda generación techno de Detroit, uno de sus mayores innovadores y uno de los mejores DJs de la historia de la música de baile. Mills pinchaba electro y hip hop a principios de los años ochenta en su Detroit natal bajo el pseudónimo de The Wizard (el mago). Su velocidad a los platos ya era conocida, pero su planteamiento de la música da un giro radical cuando crea con Mike Banks el colectivo-grupo Underground Resistance. Los primeros EPs del sello los hace él mismo mientras se saca de la manga los pseudónimos X, referidos a

X-101, X-102 y X-103 en los que trabajan los tres UR juntos, Banks, Mills y Hood. Los 8 discos y EPs que publican entre 1991 y 1993 bajo este pseudónimo son una maravilla, sobre todo el disco *Discovers The Rings of Saturn* (Tresor, 1992).

Hood y Mills abandonan UR en 1992 y se van a vivir a Nueva York, donde comienza a pinchar en el club Limelight, firma un contrato con Tresor y crea junto a Hood el sello Axis. Entre 1992 y 1994 publica los tres capítulos de *Waveform Transmission* y no para de pinchar por toda Europa. Mientras, se hace famoso por temas como «The Extremist» o sus EPs para Purpose Maker (su otro sello), pero nada podía anticiparse al éxito de «The Bells» (que se puede encontrar en el EP *Kat Moda*), uno de los diez temas más famosos de la historia del techno y la música de baile. A partir del año 2000, con internet, comienza a desarrollar teorías futuristas en la página web de su sello y comienza a producir mucho material (sólo bajo su nombre tiene publicados más de 20 discos y 100 maxis/EPs). Pero podemos destacar el disco *Metropolis* (Tresor, 2000) en el que rehace la BSO del mítico film de Fritz Lang o ese *Blue Potential* en el que rehízo parte de su imaginario techno a la música clásica tocando en directo con la Filarmónica de Montpellier.

Moby

Entre la rock star y el DJ

Ahora que muchos DJs y productores norteamericanos han descubierto que se pueden pinchar discos y ser macroestrella mediatica, haríamos bien en recordar quién fue la primera estrella de rock electrónico durante los noventa. Un artista que siempre se resistió a ser etiquetado y que ha publicado discos de ambient, de música de baile, de sampledelia y de noise-rock. Sí, hablamos de Richard Melville Hall, más conocido como Moby (Nueva York, 1965).

Actualmente casi nadie se acuerda de sus dos primeros discos, más centrados en la música electrónica. Hablamos del seminal, hardcore, ultrabailable y muy recomendable *Moby* (1992, donde podéis encontrar el tema «Go», con la línea melódica de «Twin Peaks») o el más tranquilo *Ambient* (1993). Aparte de «Go», su estrella comienza a expandirse con el contrato con Mute

y el disco *Everything is wrong* (1995, que ya incluía dos temas rock cantados por el propio Moby) para cambiar de registro completamente y hacer un disco de hardcore rock muy comprometido, *Animal Rights* (1996) bastante mediocre, todo sea dicho. Tras diez años haciendo música, Moby recupera el sampler e, influido por el éxito de Fatboy Slim y los sonidos de Massive Attack, entrega *Play* (1999), su disco más vendido y valorado, una gran sinfonía de toda la música del siglo XX con ritmos electrónicos cuyos temas estuvieron sonando en anuncios, películas y radio durante toda la primera mitad de la primera década del siglo XXI. *18* (2004) intentó recuperar parte de la comercial magia melódica de *Play* (en temas como «On this world») con desigual fortuna. Vuelve a hacer pop-rock con *Hotel* (2005) o intenta mimetizar el éxito de *Play* con *Destroyed* (2011), pero el tiempo de Moby tristemente ya ha pasado.

☺

Momus

Filosofía pop

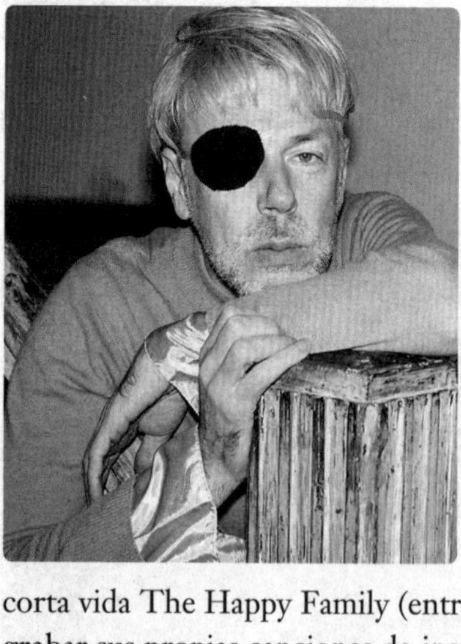

Nicholas Currie (Paisley, Escocia, 1960) es un superviviente del pop británico: ha vivido el post-punk de los ochenta, el brit-pop de los noventa y fue el máximo impulsor de la folktrónica a finales de la última década del siglo XXI. Su estilo a medio camino entre el folk, el pop más cabaretero y el synthpop le hace único y a principios del siglo XXI se ha especializado en hacer hits para otros artistas, sobre todo japoneses. Currie comenzó su carrera como músico en la banda de corta vida The Happy Family (entre 1981 y 1984), pero pronto comenzó a grabar sus propias canciones de inspiración francesa, sobre todo de artistas como Jacques Brel o el gran Gainsbourg. En 1987 ficha por el sello Creation (My Bloody Valentine, Primal Scream, Slowdive) con el que publicaría seis discos entre 1987 y 1993. En algunos temas ya comienza a utilizar sintetizadores y samplers para suplir la falta de miembros en la banda, ya que Currie graba casi todo él solo.

Con el éxito del sello Creation gracias al fichaje de Oasis, Currie no se siente cómodo en un label tan mainstream y ficha por Cherry Red en 1995 con el muy significativo *The Philosophy of Momus*, más influido por el synthpop. Sus canciones comienzan a tener un éxito brutal en Japón donde compone el hit «Good Morning World» para la cantante Kahimi Karie. En 1997 sufre una queratitis y pierde el ojo derecho, desde entonces lleva vistosos parches. Currie también es un gran escritor y filósofo musical y sus teorías son publicadas en varios medios. Con el principio del nuevo siglo publica *Folktronic* (1991), disco que define su sonido más moderno, a medio camino entre el synthpop y el folk. En 2015 publica el triple disco *Turpsycore*, que demuestra que el caudal creativo de este escocés nunca se extinguirá.

Monolake

Minimal Germany

Monolake es uno de los primeros proyectos de minimal techno que desarrollaría algunas de las ideas de Robert Hood o Richie Hawtin. Aunque Robert Henke (Munich, 1969) y Gerhand Behles comenzaron en el mundo de la música como ingenieros musicales, Henke ya había publicado trabajos con su propio nombre (Piercing Music, 1994). Juntos como Monolake comenzaron un camino de improvisación minimalista que comenzó tonteando con el techno dub de Basic Channel –*Hongkong* (Chain Reaction, 1997)–, pero que encontró su sitio con la experimentación ambient techno de *Interstate* (1999). Behles crea junto a Berdn Roggendorf la compañía de software de música electrónica Ableton y tiene que abandonar Monolake debido al éxito de productos como el Ableton Live (para componer música electrónica) o el Traktor (mezclador-mesa de DJs). Henke también es un trabajador de Ableton y diseñador de algunos de sus softwares más famosos.

Con *Gravity* (2001) se nota que Henke ya está solo, siendo un trabajo más parco en sonidos, aunque sigue jugando con samplers y grabaciones de campo. De hecho, no acaba el año y Henke saca *Cinemascope*, más ambient y más trabajado, a medio camino entre el score industrial y el techno más minimalista. En 2003, Henke diseña el controlador MIDI Monodeck, para editar sonidos en directo y publica sus disco más rítmico, *Momentum*. Al año siguiente, Torsten Pröfock (T++) se une al proyecto para grabar *Polygon_Cities* (2005). Cada vez más minimalista, industrial e innovador, el último disco de Monolake es el sepulcral y muy recomendable *Ghosts* (2012).

☺

Giorgio Moroder

El Padrino

Al italiano Giovanni Giorgio Moroder (Ortisei, 1940) se le puede considerar el Padrino de la música de baile: es pionero en introducir sintetizadores y, sobre todo, secuenciadores, teniendo una influencia capital en la música disco, el italo-disco, Hi-NRG, el primer synthpop y la música house y techno.

Moroder comenzó su carrera musical en Berlín donde grabó discos bastante olvidables de pop-disco como *Son of my Father* (1973), pero no sería mundialmente conocido hasta los años 77 y 78 con tres hitos de la música electrónica de baile: el lanzamiento de uno de los mejores discos de la cosmic disco, *From Here To Eternity* (1977), el éxito internacional del clásico «I feel love» de Donna Summer (1977) y la composición de la banda sonora de *El Expreso de Medianoche* (1978) con el tema «Chase» como protagonista. Con esta película ganaría su primer Oscar al Mejor Score (1979), aunque ganaría dos más a la Mejor Canción con «Flashdance... What a Feeling» (1984) y «Take my Breath Away» para *Top Gun* (1987).

Después de esto se convirtió en el productor estrella de la música disco grabando más temas para Donna Summer, Sparks, Japan, Blondie, David Bowie, Nina Hagen, Irene Cara, Freddie Mercury, Madonna o Berlin. Su influencia fue menguando con la llegada del house, techno y la cultura rave, desapareciendo casi del mapa (en los noventa no produjo casi nada), pero la retromania ha terminado por ponerlo en su lugar como una de los grandes

inspiraciones de muchos músicos electrónicos de baile que han retornado a los orígenes disco, como Daft Punk con su disco *Random Access Memories* (2013) que le hace un homenaje en el tema «Giorgio by Moroder». Animado por el éxito de este homenaje, Moroder ha grabado recientemente el horroroso *Déjà Vu*, que desgraciadamente no hace ninguna justicia a su carrera como músico brillante e innovador.

Motorbass

El toque francés

Tras el éxito de Daft Punk y su moderna revisión de la música disco, entre el último lustro del siglo XX y los primeros años del siglo XXI hubo devoción por ese sonido antiguo, a ratos fácil, mezclado con bases house. Gente como Dimitri From Paris, Bob Sinclar o Mr. Oizo (y su archiconocido «Flat Beat») tuvieron sus mejores y peores momentos representando a la electrónica francesa, pero hubo dos personas que juntos y por separado crearon algo único con ese sonido. Nos referimos a Philippe Zdar (Aix-Les-Bains, 1967) y Étienne de Crécy (Lyon, 1969). Étienne estudió en la misma escuela que Alex Gopher y como apasionado de la música se convirtió en ingeniero

de sonido. Trabajando en los estudios Plus XXX conoce a Philippe Zdar y se hacen amigos. En 1991 van a su primera rave invitados por una artista con la que estaban grabando, una auténtica revolución para ellos como músicos e ingenieros. Juntos, como Motorbass, publican su primer EP en su propio sello en 1993 que mezcla techno contundente y samplers muy funkies. El segundo, *Transphunk EP* (1993) es muy primigenio también, pero como ingenieros pueden jugar más con los sonidos, como en la versión temprana de «Flyin' Fingers».

En 1995 graban *Pansoul* (PIAS, 1996), el LP más perfecto del llamado french touch o house francés, un delirio de ritmo, sonidos disco y efectos típicos de los DJs como el filter. Mientras *Pansoul* va escalando puestos en las listas de los críticos, Étienne de Crécy se junta con sus amigos Alex Gopher, Zdar y los Air para crear un concepto álbum llamado *Super Discount* (1997), cuatro EPs que juntos suenan imparables, sobre todo ese «Le Patron Est Devenu Fou!», ABC del french touch junto al «Music Sounds Better With You» de Stardust. Ese mismo año, Zdar se junta con Hubert Blanc-Francard y crean Cassius, cuyo disco *1999* (Virgin, 1999) se convierte en un pequeño éxito *underground*. Motorbass no volverían a grabar nada más.

N

New Order

La factoría pop de «Madchester»

El 18 de mayo de 1980, el cantante y compositor de Joy Division Ian Curtis se suicida en la cocina de su casa. Deja atrás mujer e hija y los restos de una de las mejores bandas de pop-rock inglesas. Dos meses después se publica el disco *Closer* y el single «Love Will Tear Us Apart», y la leyenda ya esta-

ba forjada. ¿Cómo se recuperaron Bernard Sumner (guitarra), Peter Hook (bajo) y Stephen Morris (batería)? Formando New Order, una de las bandas más históricas del synthpop británico.

En 1981, la mujer de Morris, Gilliam Gilbert, se une a la banda (que abandonaría para ser madre en 2001) a los teclados. Los cuatro juntos, con Bernard como cantante, continúan con ese pop romántico y oscuro de los discos de Joy Division en su primer disco *Movement* (Factory, 1981). En el disco iba incluida «Ceremony», un tema de Curtis. Después de haber lidiado con sus propios fantasmas, la banda se acerca a los sonidos sintéticos de Kraftwerk y editan *Power, Corruption & Lies* (1982) con temas muy tecno pop como «The Village», pero el gran éxito de New Order vendría en 1983 cuando editaron el single «Blue Monday», convirtiéndose en uno de los singles más vendidos de la historia. La batería de hits continúa los siguientes años con «The perfect kiss», «Sub-Culture», «Bizarre Love Triangle», «Confusion», «Thieves like us» o «True Faith». En 1988 graban su quinto disco en Ibiza, *Technique*, captando la energía de la isla en ese verano maravilloso.

La banda estaba a punto de separarse, pero el éxito de la canción de la selección inglesa de fútbol «World in Motion» les anima a meterse otra vez en el estudio y editar el notable *Republic* (1993), su último mejor disco. Tras años de discos mediocres y peleas con Peter Hook por problemas artísticos (Hook acabaría abandonando la banda en 2007), Gillian Gilbert vuelve a la banda y edita su mejor disco desde 1993, *Music Complete*, un digno retorno a su sonido de los ochenta y noventa.

Nine Inch Nails

Mugre digital

Los Clavos de Nueve Pulgadas (o NIN) son la banda americana más influyente del llamado rock industrial. Formado en 1988 por Trent Reznor en Cleveland, Nine Inch Nails son considerados uno de los cien grupos más grandes de todos los tiempos según la publicación Rolling Stone (en un artículo de 2004).

Influenciado por bandas como Throbbling Gristle, Coil o la etapa rockera de Depeche Mode, Reznor buscó el sonido de productores como Adrian Sherwood o Flood para que le produjeran su primer y exitoso disco *Pretty Hate Machine* (TVT, 1989), repleto de sonidos electrónicos, mugre industrial y melodías muy intensas. Aunque Reznor es el autor de toda la música de NIN, por sus filas han pasado multitud de músicos, hasta más de quince a lo largo de 25 años de carrera discográfica ininterrumpida. Como al principio de su carrera no existía la denominación rock industrial, ganaron dos Grammys de metal, premios en los que han sido nominados en las secciones de rock, hard rock, metal y música alternativa. Pero su gran éxito internacional vendría con el inmenso *The Downward Spiral* (1994), uno de los mejores discos de los noventa, sin lugar a dudas. Grabado en la casa donde la familia Manson mató a Sharon Tate, el segundo álbum de Reznor y NIN está repleto de temas tan famosos como «Piggy», «March of the Pigs», «Closer» o «Hurt».

Mediáticamente famosos por sus vídeos explícitos (prohibidos o censurados la mayoría de ellos), Reznor es activista en contra de las duras condiciones de la industria y ha publicado gratuitamente y con Creative Commons sus últimos trabajos, entre ellos el muy recomendable *Ghosts I-IV* (2008).

Nitzer Ebb

La industria británica

Front 242 no estaban solos en esa corriente minimalista industrial y rítmica que abrazaba sin complejos el punk y el rock. En la Inglaterra de 1985, en la ciudad dormitorio y obrera de Essex, tres amigos, Douglas McCarthy, voz y teclado, Bon Harris, teclados y batería, y David Gooday, comenzaron a jugar con secuencias minimalistas y percusiones industriales para componer enérgicas canciones (que todavía continúan sonando increíblemente frescas hoy en día) bajo el nombre de Nitzer Ebb. Daniel Miller y Mute Recordds, por supuesto, publicaron su primer LP, *That Total Age* (1987) que incluía los hitazos «Join in the chant» y «Murdeorus», aunque todo el disco era una colección de temazos industriales minimalista que te hacían saltar a la pista de baile como si estuvieras en un club de punk-rock.

Igual de minimalistas, pero ya menos punk, el trío (reconvertido en dúo con Harris y McCarthy al timón) rebajó el nivel de bpms pero se volvieron más profundos y transcendentales con discos tan influyentes como *Belief* (1989), *Showtime* (1990) o *Ebbhead* (1991). En 1995 cambiaron su sonido con *Big Hit* (1995) abandonando ese minimalismo electrónico por capas y capas de post-producción y elementos de rock industial. La electrónica de baile ya era masiva en Inglaterra y Europa y ellos sintieron esa falta de interés por su nueva transformación. No acabaron la gira del disco en 1996 y se separaron (aunque nunca oficialmente).

Entre 2001 y 2004 volvieron a estar en boca de todos gracias a los EPs de remixes que publicaron NovaMute y el dúo vuelven a tocar en 2006 junto a sus amigos Depeche Mode que se los llevan de gira. Volvieron a grabar material nuevo en 2009 con el LP *Industrial Complex* con un sonido más moderno del que no queda casi nada de su rabia analógica minimalista de antaño.

No Future

Amor por el error

Uno los sonidos ingleses más representativos que surgió de la cultura rave fue el techno experimental que se creó alrededor de la ciudad de Brighton y el Colectivo No Future. Era un techno abrasivo, que tomaba partes del punk (si una cosa fallaba se quedaba, había auténtico amor por el error y el ruido) y el funk. A finales de los noventa y principios del 2000, los miembros de este colectivo inundaron de referencias sellos tan influyentes como Tresor. Todo comenzó en Brighton alrededor de la figura del DJ Cristian Vogel (Santiago de Chile, 1972), quien ya había formando parte del proyecto Cabagge Head Collective junto a Simon Begg (Leicester, 1972), más conocido como Si Begg. Los primeros dos EPs de Vogel crean escuela: *Infra EP* y *Lambda EP* son puro 4x4, pero tienen personalidad y mucho trabajo de experimentación detrás. Simon y Vogel crean el sello Mosquito, donde acaban los otros tres miembros de No Future, la sección escocesa con Neil MacPherson (Neil Landstrumm), Dave Tarrida y Toby David Smith (Tobias Schmidt), tres experimentados productores y DJs que venían de las raves de Edimburgo y el circuito libre de Escocia. Al final se juntó con ellos Jamie Alexander Lidderdale (Huntingdon, 1973), más conocido como Jamie Lidell, quien funda con Vogel el proyecto Super_Collider, el acto más comercial de No Future.

El colectivo destacó siempre por experimentar en todas sus facetas, alejándose del código preestablecido de la música de baile. Algunas de sus mejores referencias son *All Music Has Come To An End* (Cristian Vogel, Tresor, 1996), *Bedrooms And Cities* (Neil Landstrumm, Tresor, 1997), *Head On* (Super_Collider, Loaded, 1999), *Le Chimp Atomique* (Tobias Schmidt, Scandinavia, 1999), *Muddlin Gear* (Jamie Lidell, Warp, 2000) *Director's Cut* (Si Begg, NovaMute 2003) y *Life's A Glitch* (Dave Tarrida, Sativae, 2004).

Gary Numan

El modelo sintético

Tras tocar en bandas de punk-rock como Mean Street o The Lasers a finales de los setenta, el jovencísimo Gary Anthony James Webb (Hammersmith, 1958) se junta con Paul Gardiner y crea la banda post-punk Tubeway Army. Rápidamente, como muchos otros jóvenes de la época influidos por la música de Kraftwerk, Gary y Gardiner introducen sintetizadores en sus temas y son fichados por la influyente discográfica Beggars Banquet. En

1978 publican su primer disco homónimo grabado con un minimoog, bajo y batería. Pero el éxito no llegaría hasta el año siguiente, con *Replicas* (1979) y los éxitos «Are Friends Electric?» o «Down in the Park», que llevaron el disco al número uno de las listas inglesas.

Gary Webb se olvida de Tubeway Army y comienza a grabar bajo el título de Gary Numan. Gardiner estuvo siempre con él hasta su muerte por sobredosis de heroína en 1984.

Numan no espera demasiado y el mismo año de *Replicas* publica *The Pleasure Principle* que incluye un tema muy corto de título «Cars» con el que vuelve a alcanzar el doble reto de ser número 1 con disco y single, y el mismo año. Muy influido por el glam de Bowie o Bolan, Numan se maquilla y se disfraza para sus actuaciones, aparte que es arisco en las entrevistas. Más tarde se le pronosticó un comienzo de síndrome de Asperger, cosa que provocaría que abandonara su carrera tras publicar *Telekom* en 1980. Pero vuelve en 1981, con *Dance*, pero ya no tanto en las listas de éxito, y lo mismo le pasaría a *I, assasin* (1982) con el que se acaba su etapa synthpop más mítica. Sus trabajos posteriores serían más new wave, pop gótico e incluso industriales. Volvería con fuerza en el principio del siglo XXI gracias al respeto de artistas como Trent Reznor o Marilyn Mason.

O

Paul Oakenfold

Desde Ibiza con amor

El nombre de Paul Oakenfold (Londres, 1963) es sinónimo de música dance en Inglaterra. Comenzó muy joven, en los primeros setenta colándose con carnets falsos en los clubs más selectos de Nueva York (como Studio 54) haciéndose pasar por periodista del NME y el Melody Maker. Su vida profesional comienza en Nueva York trabajando como A&R en Champion Records fichando a gentes como DJ Jazzy Jezz & The Fresh Prince (sí, Will Smith) o Salt-N-Pepa; también se convierte en el manager británico de Beastie Boys o Run DMC.

Vuelve a Inglaterra, donde trabaja como promotor mientras comienza a pinchar.

Pero la historia tiene un lugar reservado para él y otros protagonistas. En 1987 invita a algunos amigos (Trevor Fung, Danny Rampling, Nicky Holloway, Ian Saint Paul y Johnny Walker) a su fiesta de cumpleaños en Ibiza: un mes entero de fiestas, drogas (éxtasis) y las sesiones de amanecer de DJ Alfredo donde se mezcla pop-rock-funk-disco-hip-hop y, por supuesto techno y house. Todos vuelven a la gris Inglaterra transformados, queriendo enseñar esa experiencia de música de baile y atardeceres a sus compatriotas británicos. Oakenfold monta las noches Spectrum en Charing Cross y el Verano del Amor comienza en Londres (junto al Shoom de Danny Rampling y el Trip-Sin de Nick Holloway), y son capaces de reunir 1.500 almas cada lunes en Heaven. Paralelamente, comienza a trabajar con Steve Osborne haciendo remezclas para Happy Mondays: la escena pop-rock y la rave se juntan en Manchester y comienza «Madchester». El dúo produce en 1990 el disco *Pills 'n' Thrills and Bellyaches* de los Mondays, uno de los mejores discos de la historia musical de Inglaterra. Junto al DJ radiofónico Pete Tong crea el dúo de remezcladores Perfecto y trabajan para U2 pinchando en su gira Zoo TV de 1992. A finales de la década de los noventa es considerado uno de los DJs más exitosos del mundo y siempre está entre los 10 más famosos, lugar privilegiado del que nunca ha descendido.

☺

The Orb

Ambient 4x4

Duncan Alexander Robert Paterson (Battersea, 1959) comenzó en el mundo de la música en los primeros ochenta como *roadie* de la banda Killing Joke (donde militaba su amigo Youth Glover), luego fue A&R en EG Records y comenzó a pinchar antes de los conciertos de Killing Joke. En 1986 formó el

dúo de DJs The Orb junto a Jimmy Cauty (futuro The KLF), muy influido por la sampladelia, la ciencia ficción y las drogas modernas como el éxtasis o el LSD (aunque más adelante, en su etapa dub también entra en juego la marihuana). En 1989 publican el *Kiss EP* pero pasa sin pena ni gloria. No sería hasta los 19 hermosos minutos ambient de *A Huge Ever Growing Pulsating Brain That Rules From The Centre Of The Ultraworld* mezclando a Brian Eno, las grabaciones de campo y la efervescencia rave pop de la época que no se comenzaría a hablar de The Orb. En 1990 editan el divertido «Little Fluffy Clouds» pero Cauty tiene que dejar el proyecto por el éxito de The KLF. The Orb se convierte en el proyecto de Alex Paterson, en el que colaboran diferentes productores y ingenieros. En 1991 The Orb publica tres discos, *Adventures Beyond the Ultraworld*, el disco de remezclas *Aubrey Mixes* y el directo *Peel Sessions* y se convierten en la banda ambient house para la generación ravera.

Pero poca gente podía imaginar lo que sucedería en 1992 con el lanzamiento del single «Blue Room» junto a Jah Wobble y Steve Hillage. Más de cuarenta minutos de canción que se convierte en el single más largo que ha subido al Top 40 de las listas inglesas. Paterson publica su mejor disco, *U.F.Orb* y en 1993 publican un disco en directo: *Live 93*, ya en una multinacional: Island. Pero en vez de vivir de su éxito y facturar más temas como «Majestic», The Orb inicia un viaje de experimentación entre 1994 y 1997 con *Pomme Fritz*, *Orbus Terrarum* y *Orblivion*, discos muy alejados de la música de baile. En 2005 Kompakt les edita su más bailable *Okie Dokie* y en 2012 y 2013 publican dos discos de dub ambient en colaboración con el mítico Lee «Scracth» Perry. En 2015 vuelven a Kompakt para entregar uno de sus mejores trabajos en años: *Moonbuilding 2073 AD* donde recuperan parte de ese ideario ambient house de los primeros noventa con la tecnología de ahora.

Orbital

UK Rave

Los hermanos Hartnoll fueron de los pocos artistas de techno británico de principios de los noventa que comprendieron la importancia del formato LP para convencer a mucha gente ajena al circuito rave británico y al formato maxi de tiradas limitadas y *white labels*. También fueron los primeros en crear un espectáculo visual para el público acostumbrado a mirar al escenario, y simplemente necesitaron dos luces leds pegadas a unas gafas. Phil y Paul Hartnoll (Sevenoaks, Kent) venían de la escena punk-rock cuando

comenzaron a ser asiduos en las primeras fiestas raves de 1988 alrededor de Londres. En 1989, armados con una TB-303 graban «Chime», un hit instantáneo y bastante melódico para la época que sale publicado en el sello Oh'Zone Records. Al año siguiente, lo escucha el DJ radiofónico Pete Tong y lo edita en el sello FFRR, filial dance de London Records. El maxi llega al puesto 17 del Top 40 y los hermanos lo interpretaron en *Top of the Pops*. Tardan poco en publicar *Orbital* (FFRR, 1991), aunque su primer disco era una recopilación de canciones. Y Orbital no para de triunfar gracias a singles como «Satan» (1991) o el EP *Radiccio* que incluye la primera versión de su «Halcyon + On + On», uno de sus temas más pop. *Orbital 2* (FFRR, 1993) nació con la idea de hacer un disco como si fuera una gran fiesta rave, y consiguieron el disco más perfecto de aquella época, un LP en el que no sobra ni un beat.

En 1994 Orbital triunfan (por primera vez) en Glanstonbury convirtiéndose en una superbanda en directo (hasta la rockera revista *Q* decía que era uno de los cincuenta conciertos que tenías que ver antes de morir). Ese año publican *Snivilization*, un paso en falso en su carrera, aunque el dúo coquetee con el drum'n'bass en «Are We Here?». Dos años más tarde, Orbital publican su mejor trabajo, *In Sides* (Internal, 1996), mucho más melancólico, que incluye su mejor composición, los 24 minutos robóticos de «Out There Somewhere». Ese mismo año trabajan en BSOs como *El Santo* o *Event Horizon*. Sus conciertos siguen siendo una pasada, pero Orbital parece haber dado lo mejor de sí, y eso se demuestra en cada trabajo que el dúo publica entre 1999 y su ruptura en 2005. En 2008 vuelven a tocar en directo y en 2012 publican el muy flojo *Wonky*.

☺

Oval

El arte del glitch

Markus Popp (Darmstadt, Alemania, 1968) fundó Oval a principios de los años noventa junto a Sebastian Oschatz y Frank Metzger. Juntos publicaron un casete (*Oktober 91*), el disco de pop electrónico *Wohnton* (Ata Tak, 1993), y los dos discos publicados por Mille Plateaux –*Systemisch* (1994) y *94diskont.* (1995)– donde comenzaron a trabajar con los glitch (ruidos provocados por errores de programación midi de música digital que le da una sonoridad muy robótica y extraña: a esta música se le llamo glitch music, clicks and cuts, microhouse o microsonidos, dependiendo del año, del sello y del periodista) acercándolos al ambient y a las melodías más pop. A Oval se lo considera uno de los pioneros en esta materia. Pero Oschatz y Metzger abandonan el proyecto y Popp pone en marcha su proyecto Microstoria junto a Jan St. Werner de Mouse On Mars (con el que ha publicado seis discos). En 1998, Popp vuelve a Oval completamente solo y convertido en uno de los grupos electrónicos del sello estrella del post-rock Thrill Jockey (donde militan Tortoise).

Dok es mucho más ambient pero muchos de los efectos de Oval crean escuela en el microhouse. Alma inquieta y muy productiva, Popp ha facturado solo o compartido diez discos entre 2000 y 2014 destacando ese macrotrabajo (70 canciones entre los treinta segundos y los tres minutos) llamado simplemente *O* (Thrill Jockey, 2010) y el recopilatorio *OvalDNA* (Shitkatapult, 2011). Popp es reconocido como una gran influencia para gente como Apparat, James Holden o Modeselektor.

P

Lee "Scratch" Perry

Dub loco, muy loco

Existen pocas figuras tan fascinantes en el mundo de la música en general como la de Rainford Hugh Perry (Kendal, 1936), más conocido por el mundo de la farándula como Lee "Scratch" Perry. Un joven Perry emigrante del campo, hace su aparición en la capital y rápidamente encuentra su sitio en el soundsystem de Coxsone Dodd donde compone. En 1968 forma su propia banda, The Upsetter, en la que compone y produce, cosechando un gran éxito en Jamaica e Inglaterra, pero la banda lo abandona por culpa de la tacañería de Perry y se unen a los Wailers de Bob Marley.

En 1973 Perry inaugura su propio estudio en el patio de su casa, The Black Ark, abierto al público y con fiestas interminables de producción, *ganja* y alcohol. Perry aboga por la filosofía *do it yourself* (háztelo tú mismo), que luego inspiraría a figuras del punk como The Clash, y sus descubrimientos sonoros con un equipo mínimo son asombrosos.

Desde The Black Ark produciría a Bob Marley, Jacob Miller, The Heptones, The Congos y muchos más, aparte de producir un material alucinado y alucinante de experimentación de ritmos y dub, siempre con una temática muy de cine de serie b como las artes marciales, vampiros, demonios o gorilas gigantes (*Super Ape* y *The Return of Super Ape*). En 1983, en un ataque de locura, Perry le pegó fuego a The Black Ark. Se inicia una época de vaganbudeo por todo el mundo (Nueva York, Londres, etc.) trabajando con gente como Adrian Sherwood o Mad Professor y descubriendo el dub a una joven generación post-punk británica. Uno de sus últimos reconocimientos mundiales sería ganar el Grammy al Mejor disco de Reggae en 2003 con *Jamaican E.T.*

Pet Shop Boys

El sonido de Londres

El cantante Neil Tennant (North Shields, 1954) y el teclista y compositor Chris Lowe (Blackpool, 1959) se conocieron en una tienda de electrónica cuando Lowe buscaba un plugin para conectar su primer sintetizador. Se hicieron amigos y comenzaron a trabajar juntos. Tennant era amante de la música clásica y Lowe era un enamorado de la música de baile y el synthpop, pero juntos eran y son una combinación impecable de pop, poesía, baile y melodías modernas.

Su primer single fue «West End Girls», grabado en Nueva York por el mismísimo Bobby "O" Orlando (cuyo sonido fascinaba a Lowe) y triunfó en muchos clubs de todo el mundo en 1984. El single también estaba en el primer álbum del dúo, *Please* (1986) pero rehecho por Stephen Hague (OMD, PiL, Siouxsie) quien ayudó al dúo a encontrar su particular sonido bailable, pop y melancólico. *Actually* (1987) les convierte en el dúo estrella del synth-

pop, llegando a vender más de 4 millones de discos. Para el mundo, Pet Shop Boys es Londres en los años ochenta. Influidos por la música house, en 1988, durante el Verano del Amor en Ibiza, el dúo publica el EP *Introspective* (entre los seis temas se encuentra su famosa versión de Elvis, «Always on my mind», o la más latina «Domino Dancing»). Tras la fiesta llega la resaca, el melancólico *Behaviour* (1990), un disco más tranquilo con temas tan redondos como «Being Boring». La tranquilidad duraría poco y Pet Shop Boys componen su disco más festivo, espectacular y más vendido, *Very* (1993), cuyos vídeos luminosos y la versión de Village People, «Go West», lo convierte en el disco más recordado del dúo. Desde *Very* hasta 2013, el dúo ha publicado siete trabajos más de estudio, y aunque todos son notables, ninguno ha podido superar los cinco primeros, pero sus conciertos son grandes espectáculos visuales y muy artísticos celebrados por sus fans.

☺

Phuture

Pioneros ácidos

Nathaniel Pierre Jones (Chicago, 1965), más conocido como DJ Pierre y su amigo Spanky (Earl Smith Jr.) iban muy a menudo a casa de su colega Ron Hardy a jugar con la 303 que tenía. La Roland TB-303 era un emulador de

bajo que había fracasado. Así como su hermana mayor, la caja de ritmos 808, era indispensable para entender el sonido hip hop o las bases del house, la 303 era un instrumento infrautilizado por su complejidad. Dj Pierre y Spanky se juntan con el teclista Herbert R Jackson Jr. (Herb J) y crean el grupo Phuture en 1985. En una de esas largas improvisaciones con la 303 nace «In Your Mind», un tema diferente a todo lo que había sonado hasta la fecha. La 303 puede ser modulada para que emita una base psicodélica penetrante que se introduce en tu cerebro. Su amigo Ron Hardy lo pincha en su club Muzic Box y la gente se vuelve literalmente loca. Hardy está convencido del éxito del tema y le da su nombre definitivo: «Acid Tracks». Convence a Marshall Jefferson para que lo pula y se publica en Trax Recors a finales de 1986. Ha nacido el acid house.

Trax pide más material y DJ Pierre comienza a producir un montón de tracks entre 1986 y 1990 como Phuture junto a Spanky («The Creator», el vocal y excitante «We are Phuture» o ese «Slam» bajo el pseudónimo de Phuture Pfantasy Club). Mientras, Pierre también produce un montón de tracks ácidos bajo diferentes títulos (el más famoso de ellos sería «Pierre Pfanstasy Club»). En 1990, Pierre se aleja de Chicago, abandona Phuture y comienza a disfrutar de la escena rave británica uniéndose al sello Strictly Rhythm. Spanky continúa con el nombre con varios miembros (y publicando maxis para Strictly Rhythm) hasta 1996 cuando cambia el nombre a Phuture 303 junto a DJ Skull y varios miembros más. Bajo este título publicarían dos discos –*Alpha & Omega* (Metronome, 1996) y *Survival's Our Mission* (Music Man, 2001). En 2014, Pierre y Spanky vuelven a juntarse como Phuture, pero todavía no han publicado material nuevo.

Pole

Dulce crepitar

Stefan Betke (Dusseldorf, 1967) había tocado el sintentizador en varias bandas de pop-rock cuando descubrió la música electrónica a mediados de los noventa en Colonia. Trabajando con la caja de filtros Waldorf 4-Pole defectuosa descubrió una serie de ruidos extraños (crepitantes) que comenzó a utilizar como base de producción de sus primeras piezas musicales. Con el nombre de Pole (homenaje a esta máquina) y ya en Berlín (donde fue a vivir en 1996) unió estos glitches analógicos (el glitch normalmente es un ruido digital, generado por ordenador) con el techno dub que estaban desarrollando gente como Basic Channel, pero sin tantos bpms. Sí, algunos temas de *CD1* (1998) se podían bailar, pero como uno baila dub jamaicano, no estamos hablando de techno, sino de ambient dub. El crepitar de los instrumentos de Pole le daban un aire muy urbano a su música, ideal para la cadencia del bajo dub.

En 1999 crea junto a Barbara Preisinger el sello ~Scape, donde publicará sus obras y nos descubrirá a otros talentos como Deadbeat, Jan Jelinek, John Tejada, System y muchos más. Ese mismo año publica *2* (Matador, 1999) donde los temas son mucho más elaborados y rítmicos. Añadiendo más capas y sonidos de ambiente en *3* (Matador, 2000). Tras la trilogía *R* (~Scape, 2001) con remezclas de sus amigos Burt Friedman y Kit Clayton, Pole da el gran salto internacional fichado por Mute donde publica su disco más accesible, urbano y con los raps de Fat Jon, *Pole* (2003). Animado por la experiencia continúa jugando con las melodías con el simpático *Steingarten* (2007) un disco que recuerda a Plaid haciendo dub. En septiembre de 2015, Betke vuelve con otro reinicio con *Wald*, un disco interesante que le aleja cada vez más de su sonido inicial.

Portishead

Canción triste de Bristol Street

Geoff Barrow (Somerset, 1971) había trabajado con Massive Attack cuando conoció a la cantante Beth Gibbons (Exeter, 1965) y decidieron montar una banda junto al guitarra Adrian Utley. Eligieron el nombre de Portishead, ciudad cercana a la bulliciosa Bristol. Aunque compartían estilo (trip-hop) con Massive Attack, Portishead se estrena con un single, «Sour Times», de sonido más vetusto que, además, era la banda sonora de un cortometraje hecho por el propio trío en 1994, *To Kill a Dead Man*. La voz

de Gibbons es única y los samplers de Barrow y Utley convierten a *Dummy* (1994) en jazz del siglo XXI, un disco mil veces imitado y nunca superado. El disco ganó el Mercury Music Prize de 1995 superando al *Maxinquaye* de Tricky, el *Leftism* de Leftfield o el *Definitely Maybe* de Oasis. Se toman su tiempo para entregar la continuación de *Dummy*. Pero si aquel era azul (blue), *Portishead* (1997) es negro, negrísimo, con temas tan góticos como «All mine» o «Only you» (tema que convirtió en imágenes fantasmales el mejor Chris Cunningham).

Al año siguiente, el trío publica el directo (también en DVD) *Roseland NYC Live* que recoge temas de sus dos discos anteriores. La banda no se ha separado, pero tampoco da señales de vida. Beth Gibbons publica junto a Paul Webb (bajista de Talk Talk) el disco *Out of Season* (2002) bajo el nombre de Beth Gibbons and Rustin Man. Geoff Barrow pone en marcha el sello Invada donde publica su propio material krautrock con la banda Beak>. En 2008, cuando nadie se lo esperaba, sale a la venta *Third*, otra obra maestra del trío (y van...), un disco más directo y kraut en el que Portishead abandonan el trip-hop pero van un paso más allá experimentando con el rock y el ruido. Además, comienzan a girar más, convirtiendo sus conciertos en una experiencia única e increíble.

Primal Scream

Espíritu baggy

Pocas bandas han tenido la voluntad de reinventarse dos veces y triunfar siempre. Ganar ese difícil reto está en manos de pocas bandas y artistas. Bobby Gillespie (Glasgow, 1962) y sus Primal Scream lo han conseguido y gracias a ello son una de las bandas británicas más famosas del mundo.

Gillespie coincidió en la escuela con otro amante de la música, Alan McGee (quien crearía el sello Creation en 1983) y serían muy buenos amigos. Formados en 1982, Gillespie no conoció el éxito hasta tocar la batería con The Jesus And Mary Chain, grupo que abandonó por sus Primal Scream. Los dos primeros discos de la banda (*Sonic Flower Groove*, 1987, y *Primal Scream*, 1989) eran dos trabajos de pop-rock psicodélico muy setenteros bastante olvidables, la verdad (aunque en el segundo está «I'm Losing More Than I'll Ever Have», germen de «Loaded»). Pero en 1988 comienzan a salir de fiesta

y descubren el acid house y el éxtasis. La banda quería incorporar ese nuevo sonido a su rock setentero y contactaron con Andrew Weatherall para ver qué se podía hacer. Junto a Weatherall, Hugo Nicholson y The Orb crearían *Screamadelica* (1991), un disco que fusiona a la perfección el ideario setentero de Gillespie y la música de baile de la época. Un milagro de disco. El siguiente trabajo volvió a ser menos electrónico, pero bastante funk, por cierto, y muy bailable, *Give Out But Don't Give Up* (1994).

A punto de disolverse por problemas de adicción y las eternas giras, Primal Scream cambia de nuevo su sonido con dos trabajos el mismo año, 1997: el disco de dub-rock *Echo Deck* y el industrial, opresivo y brillante *Vanishing Point* que tuvo su segunda parte con *XTRMNTR* (2000), donde colaboraron Kevin Shields, David Holmes, Dan The Automator, Adrian Sherwood, Tim Holmes y The Chemical Brothers. La banda continúa en la actualidad publicando discos y haciendo conciertos abrasivos e impresionantes.

Prince Jammy / King Jammy

El sucesor

Lloyd James (Montego Bay, 1947) tomó el nombre de Prince Jammy (King Jammy tras la muerte de Tubby) al ser señalado por el mismísimo King Tubby como su sucesor. Lloyd, como Tubby, también era un manitas con

los equipos de sonido y tenía su propio soundsystem a finales de los sesenta. Pero se fue a vivir a Canada en 1970, donde no hizo demasiada fortuna. Volvió a Kingston en 1976 donde comenzó a producir temas para el famoso cantante reggae Yabby You.

En 1977 produjo el debut de la superbanda de reggae Black Uhuru y en 1983 publicó uno de sus primeros discos junto al mismísimo King Tubby, *His Majestys Dub*. Más limpio y matemático que su profesor, Prince Jammy se convertiría en el productor más famoso y demandado de los años ochenta, llevando el dancehall a todo el mundo gracias a brillantes trabajos con Johnny Osbourne, Dennis Brown, Dennis Brown, Wayne Smith, Sly & Robbie y muchos más, la lista de riddims creados por James es incontable y está acreditado en más de mil grabaciones.

Parte de su obra la podemos rastrear en sus discos *Kamikazi Dub* (1979), *Prince Jammy Presents Strictly Dub* (1981) o en el sexto recopilatorio de cuatro CDs de la muy recomendable serie del sello Greenslave Records *Evolution Of Dub* dedicado íntegramente al producer master de Montego Bay y que lleva por título *Was Prince Jammy An Astrounaut?* (2011). El Rey ha muerto, ¡Viva el Rey!

The Prodigy

Radiografiando la rave

«Charly» comienza con una base industrial hiphopera que rápidamente es silenciada por un drone melódico de película de miedo mientras aparecen voces distorsionadas y una base muy machacona y funky. Es un ejemplo, como muchos otros de la cultura rave, pero cuando Liam Howlett la creó en 1991, estaba definiendo la música ideal para las raves británicas: electrónica, rápida, oscura y efectiva, muy efectiva. The Prodigy fueron el hijo más listo de la escena rave británica: nacieron en 1990 en Essex y en menos de un año Howlett (1971), el rapero Maxim y los bailarines Keith Flint y

Leeroy Thornhill habían producido dos EPs con temas tan excitantes como el ya citado «Charly», «Pandemonium», «Your Love», «We Gone Rock» o «Everybody in The Place» donde mezclaban techno, house, dub, hip hop, hardcore y los primeros experimentos de drum'n'bass de las Islas Británicas. Al año siguiente entregaron *Experience* (1992), uno de los discos que reflejan a la perfección (sonora) lo que podías escuchar en una rave en aquella época (teniendo en cuenta que el disco está sembrado de samplers de temas hardcore).

¿Y por qué decimos que fueron los más listos de la clase? En vez de quedarse en el sonido rave, The Prodigy avistó que el futuro británico era el pop-rock (en aquella época arrasaba el grunge que venía de Estados Unidos) y viraron hacia un sonido que mezclaba el hardcore rave con el punk y el dub. Un sonido mucho más amenazador como demostraba la portada y los temas de *Music For The Jilted Generation* (XL, 1994) en el que la imagen más dura de Maxim, Flint y Leeroy comienza a crear escuela en los vídeos. Los conciertos de aquella época están llenos de energía, pero pocos estaban a punto de adivinar lo que pasaría en 1997 cuando The Prodigy estrenan *The Fat of the Land* (XL) en directo en el festival de Glanstobury, con temas más punks y duros como «Firestarter», «Breathe» o ese «Smack my Bitch Up» cuyo vídeo fue prohibido en medio mundo. El disco llegó a vender más de

2 millones de copias en EE.UU. y fue el techo de la carrera de Howlett y los suyos. En 1999, Leeroy Thornhill abandona por miedo a un colapso nervioso y la banda se toma un tiempo de descanso después de diez años de giras y discos. Vuelven en 2002 con «Baby's got a Temper», pero el público ya se había olvidado de ellos, aunque no de sus canciones antiguas. En 2004, Howlett intenta darle un sonido más minimalista, electro y nuevo a The Prodigy con *Always Outnumbered, Never Outgunned*, que fracasa en críticas. En 2015 publican *The Day is My Enemy*, mucho más rockero y enfocado al público del EDM norteamericano.

R

Dj Rashad

Juke connection

Con artistas como DJ Rashad el juke, el footwork o ghetto house comenzó a salir de su marginalidad para ascender como uno de los sonidos más frescos del último lustro. Rashad Harden (Hammond, 1979) comenzó a labrarse su fama como DJ en la radio de su college (WKKC) comenzando a bailar footwork con bandas de bailarines locales en 1992. En la universidad conoce a Morris Harper, más conocido como DJ Spinn. Juntos emigran a Chicago, convirtiéndose en el germen de Teklife, una crew de DJs dedicados al juke y al footwork. De hecho, los dos publican juntos su primer tema, «Girl Bust Down» (2004), que no se aleja demasiado de los canones del género y del ghetto house.

Poco a poco, Rashad comienza a hacer su música más abstracta, introduciendo elementos del techno y del hip hop instrumental. En algunos temas de *Juke Trax Online Vol. 3* (2006, el primero que hace en el sello Juke Trax tras los dos primeros de DJ Deeon) ya comienza a tener temas más elaborados como «Ghetto Soul» o «911». En 2010 el juke de DJ Rashad ya es de otro mundo y comienza a crear escuela, cosa que atrae a Mike Paradinas (siempre ojo avizor a los nuevos sonidos electrónicos) que lo ficha para Planet Mu editando su *Itz Not Rite*. Mientras el dubstep va envejeciendo, el footwork comienza a triunfar en UK y DJ Rashad es el hombre de moda con su recopilatorio *Teklife Volume 1* (2012). Tras publicar un EP con su amigo Spinn en Honest Jon's, Kode9 de Hyperdub le pide que publique un LP con su material más original: el resultado es *Double Cup* (2013), uno de los discos más innovadores en materia de música negra (y de baile) del año, más cercano a la experimentación de DJ Shadow y Flying Lotus que al juke. Nunca sabremos como habría evolucionado la música de DJ Rashad porque fallece en Chicago en 2014 en su apartamento por una sobredosis de drogas. Muere con él parte del revolucionario sonido del nuevo juke.

☺

Alexander Robotnick

Italia también baila

Maestro del italo-disco, el caso de Maurizio Dami es el de muchos músicos clásicos de la música electrónica. Famosos durante la década de los ochenta que volvieron a finales de los noventa y primeros del 2000 gracias a los fans modernos de aquellos primeros sonidos electrónicos analógicos. A medio camino entre la space-disco europea y el Hi-NRG americano, el italo-disco dio muchos grandes hits de los ochenta, aunque recordemos pocos artistas y productores de la época. Dami venía del proyecto Avida, un proyecto de cabaret pop electrónico (muy techno-pop) con Daniele Trambusti y Stefano Fuochi cuando grabó bajo el nombre de Alexander Robotnick el excitante «Porblèmes d'amour», una de las piezas de culto más reconocibles del italo-disco. El mismo año

Robotnick publica su disco de debut *Ce-n'est q'un debut* (Materiali Sonori, 1983) pero abandona pronto el mundo de la música electrónica para hacer bandas sonoras y formar bandas como The Third lanet o Masala con influencias étnicas de Kurdistan, India o Argelia.

En 2001 retorna a su pseudónimo de siempre, Alexander Robotnick junto a su joven amigo Lapo Lombardi (Ludus Pinsky), otro obsesionado de la cacharrería analógica con el que edita en directo sus famosas *The Analog Sessions*, y funda el sello Hot Elephant Music, con el que publica *Oh No.... Robotnick!* (2002), el trabajo que vuelve a poner su nombre en el mapa de la escena dance europea con temazos de electro-clash muy analógico que rápidamente son pinchados por fans como The Hacker. Robotnick sigue produciendo sus propios temas y ha publicado últimamente el LP *Fischio* (2010) y el EP *Vintage Robotnicks* (2014).

S

☺

Dj Sasha

El trance-house que vino de Gales

Alexander Paul Coe (Bangor, Gales, 1969) era obligado por su madrastra a tomar clases de piano, cosa que odiaba el joven Coe. Menos mal que estas clases fueron decisivas en su futura carrera musical. Como muchos jóvenes, Coe conoció el acid house y la cultura rave en 1988 en The Haçienda y comenzó a comprar compulsivamente vinilos de este estilo. Para financiarse el vicio (de los vinilos), comenzó a pinchar en diferentes garitos de Stockpot (norte de Inglaterra), donde vivía. También se convirtió en un adicto y uno de los DJs de las raves ilegales que se celebraban en Blackburn y Blackpool. Gracias a Jon DaSilva, Sasha, que ya firmaba sus sesiones así, comenzó a pinchar en The Haçienda, aunque duró poco, por montar sus propias fiestas en el Shelley's Laserdrome (Stoke-On-Trent) mezclando acid house y house con pianos del italo-disco y *a cappellas* de soul.

En 1992 publica su primer EP, remezclando el «Someday» de M-People en un vinilo titulado Sasha meets M-People, una remezcla que se convirtió en todo un éxito ese año. En 1994 publica el corto pero intenso *The Qat Collection* donde define el estilo llamado progressive house o trance, aunque no incluye su hit «Together» (1993) junto a Danny Campbell. Abandona su club por violencia y comienza a pinchar en Londres, Ibiza, Australia y Estados Unidos convirtiéndose en la década que separa el siglo XX del XXI en uno de los DJs más famosos del mundo. Si en algo sobresale Sasha por encima de otros pinchadiscos es en su ojo (y oído) haciendo DJ Mixes como la serie *Involver* (2004, 2008 y 2013) o los tres *Northern Exposure* que hizo con su socio y amigo John Digweed en la década de los noventa.

Kevin Saunderson

El soul del robot

Kevin Maurice Saunderson (Nueva York, 1964) se mudó con su familia al pueblo vecino de Detroit Belleville con nueve años. Allí, como chico nuevo, ejerció de pequeño gamberro local robándole el dinero del almuerzo a sus compañeros. Un día un tal Derrick May se enfrentó con él y se convirtieron en los mejores amigos. Junto a Atkins y May forma los tres de Belleville, el trío que cambió la historia de la música de baile para siempre. Mientras Atkins y May querían hacer música «futurista» desde un buen principio, Saunderson estudiaba telecomunicaciones y jugaba al Fútbol americano. Pero el gusanillo estaba allí y comenzó a pinchar el material de Chicago y de sus amigos en fiestas. May le animo a hacer sus propios temas. Pero no lo hizo sólo, sino con Atkins, con el que formó Kreen y grabaron *Triangle of Love* (Metroplex, 1986). En 1988, Saunderson buscaba una vocalista para un track que necesitaba una voz femenina. Paris Grey aceptó el invite, el tema se grabó y se archivo, ni siquiera existía el nombre de Inner City. Pero el tema fue incluido en el recopilatorio *Techno!* de Virgin de 1988 y se convirtió en el hit de ese año.

Nacía «Big Fun» y el dúo Inner City, el proyecto más exitoso de la primera época del techno de Detroit. El siguiente track de la pareja fue «Good Life» (1988), que fue también un gran éxito internacional junto a su disco *Praise* (1989). Mientras, publica «Just Want Another Chance» (Incognito, 1988) bajo el nombre de Reese, este tema es importante porque su línea de bajo se convierte en una de las mayores influencias del drum'n'bass de los noventa. En 1990 publica el segundo disco de Inner City, *Fire*, donde ya comienza a colaborar su mujer, la británica Ann Nanton-Saunderson. En 1992 publican *Praise*, pero ya es patente que el sonido Inner City se ha agotado y Saunderson lo confirma editando versiones en castellano de temas como «Good Life» en 1998. En 2014 se publicaron nuevas remezclas de «Big Fun» y Grey graba las voces de «Bad Girl», un tema de Inner City que parece más un re-work de Chic, pero que devuelve a Saunderson a las listas de baile.

Jesse Saunders

En busca del sonido

Jesse Saunders (Chicago, 1962) fue uno de los primeros DJs influidos por Frankie Knuckles que comprendió la importancia de comenzar rápido a crear hits mitad soul, mitad electrónicos al estilo de lo que se pinchaba en The Warehouse de Chicago, convirtiéndose en un pionero de la música house. Mientras iba al instituto, Saunders tenía dos pasiones, el tenis (gano varios campeonatos regionales adolescente) y la música. Tocaba el piano desde los 5 años y llegó a dominar varios instrumentos de joven. Influido por su hermanastro DJ Wayne Williams, Saunders comienza a coger habilidad mezclando discos. Con 16 años quedó fascinado por la escena de clubs de Chicago, pero no abandona los estudios y va a la universidad a Los Angeles. A la vuelta, en 1982 abre sus propio club, The Playground, que rápidamente se convirtió en el nuevo gran local de Chicago.

En 1983 comienza a crear su propia música para pincharla en sus fiestas. Junto a su amigo Vince Lawrence crea el grupo Z-Factor y publican «(I Like to Do it in) Fast Cars» (1983) y «Fantasy» (1984), temas entre la música disco y el synthpop europeo. Es mismo año, publican el LP *Dance Party Album* (Mitchbal), disco que incluía hasta baladas de techno-pop. Pero la revolución vendría con su minimalista «On And On», una pieza construida con una TR-808, una TB-303, un Korg y la base de bajo del «Space Invaders» de Player One (1979). Se considera el primer tema house de la historia. La gente se volvió loca con el tema y Saunders contraatacó con «Funk-U-Up», el primer tema house que entró en listas. Todo lo que facturaba Saunders era un hit inmediato: «Real Love», «Love Can Not Turn Around» (su primer éxito internacional), «Waiting On My Angel». Junto a Duane Buford y Twala Dawn crea Jesse's Gang y publica *Center of Attraction* (Geffen, 1987), un disco lleno de hits. Saunders vuelve a pinchar en los noventa y crea la House Music Reunion Picnic que se celebra en Chicago el fin de semana de 4 de julio, uno de las primeros grandes festivales de música de baile en América. En 1997 publica el interesante recopilatorio *The Pioneers of House Music - Chicago Reunion* (Thug) con temas suyos y de amigos. Saunders sigue en plena forma y en 2015 publica el disco *Now That We Found Love* (Deeplomatic), pero lo mejor es asistir a una de sus sesiones repletas de clásicos.

☺

Silver Apples

En busca de un sonido único

Simeon Coxe II y el batería Ranny Taylor (fallecido en 2005) fueron una de las primeras bandas musicales de la historia en emplear técnicas y aparatos de la música electrónica dentro del lenguaje propio del pop-rock psicodélico. Dicho de otra forma, los dos discos publicados entre 1968 y 1969 de Silver Apples sustituirían guitarras por osciladores electrónicos y más de ochenta controles manuales para sonar como la más radical banda de rock psicodélico de la época.

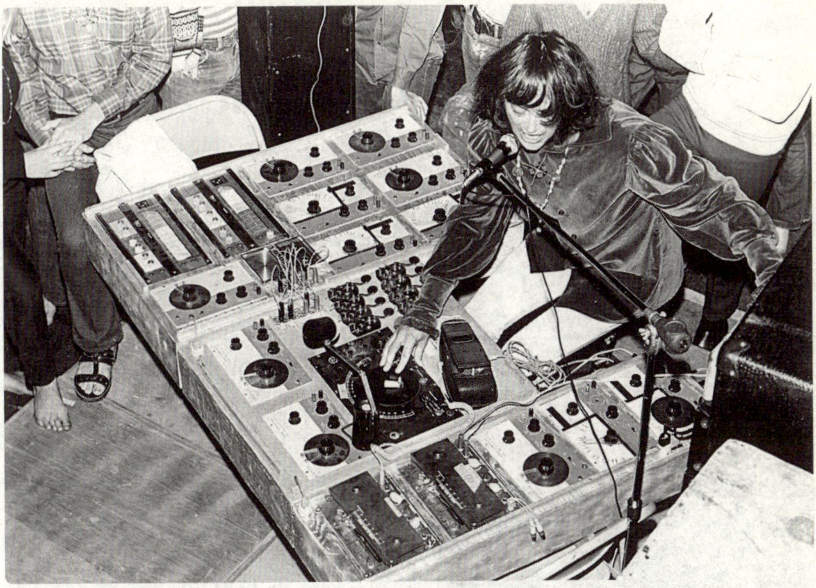

Simeon y Ranny tocaban en una banda de rock llamada The Overland Stage Electric Band con la que hacían conciertos en el East Village de Nueva York. Pero el amor de Simeon por los osciladores y los sonidos que salían de esos moduladores de señales electrónicas repetitivas provocó que su equipo, compuesto por varios osciladores vintange de la década de los cuarenta, molestara al resto de la banda. Con lo cual el grupo se redujo a dos (Simeon a los osciladores y la voz) y Ranny a la batería. Cogieron el nombre de The Silver Apples del poema de William Butler Yeats y sus conciertos comenzaron a ser muy vistosos por la gran mesa-caja repleta de cacharrería y palancas que llevaba Simeon. La gente se maravillaba con aquel sonido repetitivo que imitaba loops eternos de guitarra. Entre 1968 y 1969 publicaron sus dos primeros discos en KAPP Records, *Silver Apples* y *Contact*. Llegaron a grabar un tercero pero el sello fue absorbido por otra compañía que no estaba interesada en el sonido de Silver Apples y el dúo se disolvió.

Siendo un mito pionero de la música electrónica, el sello alemán CVR reeditó en 1994 los dos discos en un CD doble. Descubierto por las nuevas generaciones más acostumbradas a los sonidos electrónicos, Simeon montaría una nueva banda para girar tocando su material antiguo y grabar tres nuevos discos, *Beacon* (1997, con producción de Steve Albini), *The Garden* (1998) y *Decatur* (1998), más un disco a medias con Spectrum de Pete "Sonic Boom" Kember (ex Spacemen 3), un amante del sonido de Silver Apples.

Roni Size / Reprazent

El supercolectivo del jungle

El drum'n'bass crcció en paralelo en dos lugares estratégicos de la geografía británica: Londres y Bristol. Si Londres era la capital de 4 Hero, Goldie y LTJ Bukem, Bristol era el lugar de Roni Zise y sus Reprazent. Ryan Owen Granville Williams (Bristol, 1969), era un gran aficionado al reggae y el dancehall gracias a sus raices jamaicanas. A los 16 años comenzó a ir a las fiestas de los Wild Bunch (Massive Attack, Tricky y el germen del trip-hop). Comenzó a pinchar house, dub y dancehall en fiestas privadas y conoció a DJ Krust (Kirk Thompson, que formaba parte del grupo Fresh 9). Juntos, con DJ Suv y DJ Die montarian el sello Full Cycle (y el colectivo Reprazent). En 1993 Roni Size publica *Made to Fit EP* en el que factura un jungle más influido por Jamaica que por el breakbeat de la época.

Su primer éxito llegaría con el tremendo «It's a Jazz Thing» en 1994, al que seguirían algunos de los mejores tracks del drum'n'bass como «Time Stretch», «Fashion», «Selektor Bwoy» (a medias con Krust), «Soul Power» o «It's Jazzy». En 1996, Size, Krust, Suv y Die se juntan como Roni Size/ Reprazent y publican para Talkin' Loud el EP *Reasons For Sharing* en el que mezclan jungle y jazz de manera muy efectiva. La gente pide más y el colectivo publica *New Forms*, una obra maestra del estilo que se llevaría el Mercury Prize en 1997. Animado por el éxito, Roni Size junto a DJ Die crean el proyecto de drum'n'bass pop Breakbeat Era que publican un solo disco, el notable *Ultra-Obscene* (1999). Ese mismo año se edita el sorprendente *Coded Language* de Krust, uno de los mejores discos de jungle de final de milenio. Más influidos por el darkcore, Roni Size / Reprazent publican el retorno de *New Forms*, *In the Mode* (Talkin' Loud, 2000), un disco incomprendido en la época pero una autentica maravilla con colaboraciones como Method Man o Zach de la Rocha. En 2002, Roni Size publica su primer trabajo en solitario, *Touching Down*; Krust y Die trabajan juntos en el olvidable *I Kamanchi*

(Full Cycle, 2003); y todos vuelven en 2008 rehaciendo horrorosamente el *New Forms* bajo el título de *New Forms 2* cuando nadie se lo había pedido. En 2015 han publicado un directo junto a William Goodchild & The Emerald Ensemble titulado *Live at Colston Hall*.

Skream

Gurú del dubstep

Oliver Dene Jones (West Wickham, Londres, 1986), más conocido como Skream, comenzó trabajando muy joven en la tienda de discos Big Apple de Croydon, barrio del Sur de Londres y capital mundial del dubstep. En contacto diario con DJs, productores y público que comenzaba a facturar un UK Garage más lento, profundo y oscuro (lo que terminaría siendo el dubstep). En aquella época conoce a Hatcha con el que comenzaría a pinchar y producir sus primeras dubplates. Según él mismo, comenzó a producir con 15 añitos con un ordenador y el Fruity Loops. En 2003 publica su primer EP (compartido con Benga) en el sello de su tienda Big Apple. El tema original suyo se llama «The Bug» y es un abuso del efecto wooble bass (una de las caracteristicas sonoras más explotadas del dusbstep) pero es efectiva y, sobre todo, muy bailable. Dos años después, en 2005, publica su primer EP para Tempa (la que será su casa desde entonces), *Midnight Request Line*, uno de los primeros temas dubstep en desarrollar toda una línea melódica, tema que crearía escuela.

Cuando en 2005 el dubstep comienza a salir de Croydon y el Sur de Londres para expandirse como un virus por toda Europa, primero, y Estados Unidos, después, los EPs más perseguidos por la crítica son los *Skreamizm* de Skream. Jones publica 7 entre 2006 y 2013, pero los tres primeros son esenciales para comprender el dubstep de aquella época, incluso más que su primer LP en solitario *Skream!* (Tempa, 2006). En 2007 monta con sus amigos Benga y Artwork el supergrupo dubstep Magentic Man en el que intentan juntar el pop, el dubstep y cierta efervescencia rave vintage en un solo sonido. Lo consiguen con el exitoso disco *Magnetic Man* (Columbia, 2010) con Ms. Dynamite, Katy B o John Legend en las voces. El sonido de Magnetic Man no tuvo más recorrido por culpa del éxito masivo de la EDM norteamericana que acaba por engullir casi todo el dubstep británico.

Skrillex

Big in USA

Aunque los dos más grandes estilos de la música de baile (house y techno) se crearan en Estados Unidos, la música electrónica ha sido muy *underground* en ese gran país comparado con el nivel que disfrutan DJs y artistas en Alemania o Inglaterra. Sí, tenían su gran festival cada año en Miami donde se juntaban los mejores DJs del mundo, pero era un espejismo anual. Sonny John Moore (Los Angeles, 1988) es una de las figuras que ha masificado y ha hecho famosa la música electrónica de baile en Estados Unidos, hasta convertir la EDM (título que sirve para llamar al bropstep, electro house,

moombahcore y todos esos estilos directos y agresivos) en la nueva moda en las fiesta universitarias, como antes lo era el punk-rock de California. De hecho, Sonny viene de esa escena californiana, durante 2004 y 2009 con las bandas From First To Last y Sonny & The Blood Monkeys, así que comprende mejor que nadie los gustos de sus coetáneos. Como sucedió en la escena rave británica: DJs, productores y público crecen a la vez.

En 2008 comenzó a pinchar en fiestas por Los Angeles bajo el nombre de Skrillex, publicando en descarga gratuita en 2010 su primer EP, *My Name is Skrillex*, donde mezclaba el wooble bass del dubstep y el french house más agresivo de Daft Punk o Justice. Deadmau5 lo ficha para su sello Mau5trap Recordings y publica *More Monsters and Sprites EP* con temas como «First Of The Year (Equinox)» que arrasa en todo el mundo. Skrillex es el hombre del momento y la banda de metal Korn lo ficha para que produzca parte de su nuevo *The Path of Totality* (Roadrunner, 2011) junto a gente como los holandeses Noisia. Colabora con gente como Damian "Jr Gong" Marley, artistas famosos como Lady Gaga, A$AP Rocky o Beyoncé quieren tener su Skrillex Remix y se atreve a copiar a Burial en su *Leaving EP* (2012). En 2014 publica su primer disco, *Recess*, con colaboraciones de Ragga Twins, Diplo o Kirk Harpoon, aunque no gana ningún Grammy que si se llevó con varios EPs anteriores. En 2015 se une con Diplo para crear Jack Ü, haciendo temazos para Justin Bieber o Missy Elliot. Sin lugar a dudas, son los actuales reyes de la música de baile en Estado Unidos.

☺

Slam

Escocia Techno

El mejor proyecto de techno del Reino Unido no vino de la bulliciosa Londres o de la adelantada Manchester, sino más del norte, de la mayor ciudad de Escocia, la grasienta Glasgow. Stuart McMillan (Glasgow, 1966) y Orde Meikle (Oxford, 1964) se conocieron, como no, pinchando en las fiestas Black Market que se celebraban todos los jueves en el club de Glasgow Fury Murrys. Era finales de los ochenta y pinchaban hip hop, elektro, disco, house hasta que escucharon el primer tema de acid house en la radio y les cambió la vida. Ya juntos como Slam montan las fiestas de los sábados en el club Tin Pan Alley, verdadero germen de la música techno, acid y house de Glasgow.

McMillan y Meikle comienzan a grabar sus primeros temas y para publicarlos lo hacen como sus héroes de Detroit, fundando su propio sello, Soma Quality Records, junto a otros amigos de Glasgow. En Soma publican su primer single, «Eterna» (1991), en un split-12" compartido con Rejuvanation, el grupo de Dave Clarke. «Eterna» es un pelotazo, pero «Positive Education» (1993), su siguiente tema, les convierte en la sensación techno del Reino Unido y parte del mundo. Enamorados de ese tema, unos jovencitos franceses llamados Daft Punk le pasan su primera demo a Slam para que les publique en Soma: el single «Da Funk» haría millonario al sello escocés. En 1996, un año después de la locura Daft Punk, Slam publican el interesante *Headstate*, su debut en LP, que pasa bastante desapercibido entre tanto disco de música de baile en UK. Pero su tren volvería a pasar con *Alien Radio* (2001), un trabajo nostálgico de los primeros noventa que recibe muy buenas críticas ese año. En 2014 vuelven con su trabajo más ambient, el difícil pero muy interesante *Reverse Proceed*.

Soft Cell

Glamour

Mucha gente recordara a Soft Cell por su versión electrónica y sintética de «Tainted Love» (sí, el original era de 1964, compuesto por Ed Cobb para Gloria James), pero la importancia de Soft Cell en el mundo de la electrónica es capital. No solo invadieron las radios con sus canciones electrónicas adornadas por la impresionante voz de Marc Almond sino que fue una de las primeras bandas en editar para la pista de baile un disco de versiones de otro disco suyo.

Marc Almond (voz) y Dave Ball (sintentizadores) se formaron en 1979 en la ciudad de Leeds produciendo música para representaciones teatrales en la escuela de arte. Gracias al éxtito de su primer EP (*Mutant Moments*, 1980), el

dúo puede producir el 12" de «Memorabilia» (producido por Daniel Miller y un hit en los clubs nocturnos de UK). El mismo año publican su tercer single, «Tainted Love», que lanzaron en 1981, que fue número uno en medio mundo (8 en el Billboard a nivel mundial). Gracias al éxito apabullador del tema editan su primer disco *Non-Stop Erotic Cabaret* (1981), que fue un gran éxito. Pero la jugada maestra fue publicar al año siguiente el EP *Non Stop Ecstatic Dancing* con nuevas remezclas de «Memorabilia», más versiones del «What?» de Judy Street o el «Where did our love go?» de The Supremes.

Con su segundo disco, *The Art of Falling Apart* (1983), Almond y Ball comenzarían a tener discrepancias creativas, rompiendo finalmente con el dúo. Marc Almond tendría una reconocida carrera como cantante pop y Ball ha producido temas a gente como Kylie Minogue o David Bowie. El dúo volvería en 2001 y estuvieron girando hasta 2003.

Soulwax / 2 Many DJs

Bootlegmania

A principios de la primera década del siglo XXI la fusión entre música de baile, pop-rock y música disco volvía a estar de moda (tras el lento declive de las stadium dance bands británicas). El segundo álbum de Daft Punk y el

éxito de «One More Time» en todo el mundo también ayudó bastante. En Nueva York, el estudio de los DFA comenzaba a facturar hits y remezclas míticas, y en Australia, The Avalanches entregaban *Since I Left You* (2001), un disco de sampladelia con trozos de más de 3000 canciones.

Soulwax, la banda de indie-rock de Gante (Bélgica) formada por los hermanos David y Stephen Dewaele había grabado un par de discos que habían triunfado bastante en su país: *Leave the Story Untold* (1996) y *Much Against Everyone's Advice* (1999). Pero su otra gran pasión es pinchar, y como 2 Many DJs comienzan a llenar las webs de MP3 con improvisados *bootlegs* (mezclar dos temas como si estuvieras pinchando). Entre 2002 y 2007 publican 11 volúmenes de *As Heard on Radio Soulwax*, siendo el más importante e influyente el volumen 2, licenciado en CD por PIAS con 30 temas de gente como Kylie Minogue, Peaches, Basement Jaxx y muchos más. A partir de entonces Soulwax se convierten en expertos remezcladores haciendo mixes para gente como Daft Punk, Ladytron, Gorillaz o los mismísimos Rolling Stones. Su amistad con LCD Soundsystem y Daft Punk los convierte en una máquina de hits y publican dos discos de techno-rock seguidos con bastante éxito: *Any Minute Now* (2004) y *Nite Versions* (2005).

Actualmente, más centrados en su carrera como DJs, 2 Many DJs y James Murphy de LCD Soundsystem crean junto a la marca de sonido McIntosh el evento *Despacio* donde los tres pinchan hits de funk, soul y disco con un soundsystem de lujo llamada «la mejor fiesta del mundo». Y tienen razón.

☺

Space

Espacial, espacial

Pocas bandas existen a finales de los setenta tan influyentes para el Hi-NRG de los ochenta como el dúo disco Space. Los marselleses Didier Marouani, Roland Romanelli y Jannick Top se juntaron en 1977 para publicar su primer disco, inspirado en los sintetizadores de Jarre, la ciencia-ficción y la música disco. Los tres primeros discos de Space fueron un éxito tremendo, sobre todo por el hit «Magic Fly» que daba título a su segundo trabajo de 1977, pero en el primigenio y muy interesante *Deliverance* (1977) ya contenía temas muy bailables como «Air Force», aunque el LP fuera más disco y de unas inclinaciones muy sinfónicas en canciones como «Prison» (que parece compuesta por Pink Floyd en Studio 54).

Con *Magic Fly* abandonaron ese aire más sinfónico lastrante y abrazaron un sonido más sintetizado y cósmico acompañados de vídeos en que sus miembros aparecían vestidos de astronautas, sin enseñar sus rostros (algo que seguramente influiría en la carrera de otras bandas francesas como Daft Punk). El disco está repleto de canciones divertidísimas y bailables como «Tango in Space» o la macro jam disco espacial de «Carry On, Turn me On».

Tras el éxito de «Magic Fly», Space quieren repetir el efecto con «Just Blue» que da título a su disco de 1978, y se coronan como uno de los grupos con más éxito de Francia. Pero Didier abandona la banda y Romanelli y Top publican en solitario bajo el nombre de Space el flojo *Deeper Zone* (1980), el último trabajo de los miembros originales. En 1995 Didier comienza a publicar discos con el nombre de Didier Marouani & Space alcanzando un éxito espectacular en Rusia, donde la subsidiaria de BMG local llega a publicar hasta un directo, *Concert en URSS* (2002).

☺

Sparks

Glamour y melodía

La banda de los hermanos Mael –el pianista Ronald (Culver City, 1945) y el cantante Russell (Los Angeles, 1948)– se formó a principios de los años setenta y se adelantaron con sus melodías a muchas bandas de la new wave de finales de los setenta gracias a su primer trabajo –*Sparks* (1971) producido por Todd Rundgren–, un disco de pop muy vitalista en medio de la pesadumbre del rock progresivo. La banda no consiguió ningún éxito masivo con sus dos primeros LPs y los hermanos Mael se quedaron solos. Cambian de sonido con *Kimono My House* y *Propaganda* (ambos de 1974). El piano sigue siendo el patrón que marca el ritmo y las melodías pero las canciones son mucho más elaboradas y barrocas, con ecos de la música clásica o el glam rock. Al año siguiente su sonido es mucho más marcadamente glam con *Indiscreet*, producido por el mismísimo Tony Visconti (productor de los mejores trabajos de David Bowie) y mucha gente en el Reino Unido los compara con Queen, por su teatralidad y temas barrocos.

Aunque Ron Mael utilizaba sintetizador desde el principio de su carrera, este se convierte en la herramienta de los nuevos Sparks que nacen gracias a la ayuda de Giorgio Moroder, que les produce dos trabajos de disco glam en 1979: *No. 1 in Heaven* y *Terminal Jive*. Sparks toma buena nota de la nueva hornada synthpop británica y produce tres discos a principio de los ochenta superdivertidos y muy recomendables: *Whomp That Sucker* (1981), *Angst in My Pants* (1982) y *In Outer Space* (1983) que contiene el megahit «Cool Places». Sus temas salen en varias películas de la época y a finales de los ochenta Sparks quieren producir una película musical basada en el manga *Mai, The Psychic Girl*.

Sparks nunca dejan de tocar y grabar discos pero ha vuelto actualmente a primera línea del pop-rock internacional al grabar un disco a medias con la banda de Glasgow Franz Ferdinand: el notable *FFS* (2015), con el que giran por medio mundo.

Squarepusher

Polirritmia jazz

Tom Jenkinson (Chelmsford, 1975) es junto a Richard D. James, uno de los músicos que juntó dos estilos en un principio poco afines como eran la IDM y el drum'n'bass (llamado drill'n'bass a mediados de los noventa). Pero no solo eso, su forma de trabaja ha inspirado a diversos artistas de los dos estilos que han continuado creando escuela en los dos. Jenkinson comenzó, como todos, formando un grupo de rock en el instituto (en su caso era trash metal influencia de Metallica), pero en 1991 cayó abducido por las fiestas raves acid house que crecían como champiñones por toda la geografía inglesa. Sus primeras composiciones tienen influencias muy claras de Aphex Twin, pero pronto comienza a interesarse por el jazz, el breakbeat y la escena jungle británica. En 1995 comienza a publicar su propio material como Squarepusher en su propio sello Spymania. Rephlex le publica en 1996 su primer trabajo, el esencial *Feed Me Weird Things*, un disco que mezcla IDM, jazz, jungle y psicodelia oscura.

Hard Normal Daddy (Warp 1997) es más rítmico y fresco, como meter en una fiesta drum'n'bass a Lalo Schifrin y a Frank Zappa. Cada vez más alucinado con el jazz y la música concreta, Squarepusher se adentra en la experimentación jazz con *Music is Rotted One Note* (Warp, 1998). Culo inquieto, Jenkinson no para de introducir cambios en su música: influencias asiáticas en *Budakahn Mindphone* (Warp, 1999), LSD en *Go Plastic* (Warp, 2001), versiones de Joy Division en *Do You Known Squarepusher* (Warp,

2002) o clásica experimental con *Ultravisitor* (Warp, 2004). Tras unos cuantos años sin parar de producir pero olvidado por gran parte de los fans de la electrónica, Squarepusher vuelve por la puerta grande en 2012 con el disco y el espectáculo audiovisual *Ufabulum* que recupera parte del drum'n'bass metálico de sus inicios, sonido que sigue explorando en su último *Damogen Furies* (Warp, 2015).

St Germain

Alma de jazz

Ludovic Navarre (Saint-Germain-En-Laye, Francia, 1973) se dedicó completamente a su segunda pasión, la música, cuando un accidente truncó su carrera de atleta. Comenzó pinchando house y nu-jazz en clubs parisinos con su propio nombre y después a grabar sus primeros tracks como Deepside, Modus Vivendi, Deep Contest, LN'S o Soofle (junto a Shazz), todos para la división dance de FNAC que dirigían Eric Morand y Laurent Garnier. Entre 1993 y 1994 todos los franceses bailaron alguno de sus temas de deep house jazzy hasta que encontró el nombre perfecto: St Germain (en homenaje a su pueblo). El primer EP de St Germain se titula *French Traxx* (FNAC, 93) y aunque es más house que nu-jazz, se comienza a deslumbrar el toque suave de Ludovic. En 1995 publica el trío de EPs llamado *Boulevard* –luego recopilados en el CD *Boulevard (The complete series)* (F Comm)– con el que arrasa en Francia gracias a temas como «Sentimental Mood». Ese mismo año publica el tema «Alabama Blues» que da la vuelta al mundo gracias al mix de Todd Edwards.

A finales de los noventa consigue lo que ningún autor electrónico había conseguido nunca, fichar por la prestigiosa compañía de jazz, Blue Note. St Germain decide tomárselo en serio y dar lo mejor de sí mismo, con un majestuoso *Tourist* (Blue Note, 2000) que mezcla house, instrumentos reales y samplers y vende más de cuatro millones de copias en todo el mundo. Cuando el French Touch parecía muerto, Ludovic vuelve a poner la Francia electrónica en el mapa. El año anterior había publicado el recopilatorio *From Detroit to St Germain* (F Comm, 1999) que se convierte también en un multiventas por culpa de *Tourist*. En 2001 hace la BSO de la película *Chaos* (de Coline Serreau) y presenta un CD de jazz africano, *Memento* (Warner Jazz, 2003). Cuando todo el mundo lo creía desaparecido vuelven en 2015 con nuevo e interesante trabajo homónimo más centrado en la música africana y gira europea.

The Streets

El sonido de las calles

Mike Skinner (Londres, 1978) nació en uno de los barrios clave del sur de Londres, Croydon, pero su familia se mudó a Birmingham cuando era muy pequeño. Con la adolescencia comienzan sus problemas de epilepsia, enfermedad que provoca que se vuelque en la música, haciendo letras de hip hop y montando su propio estudio en su habitación. A mediados de los noventa comienza sus estudios universitarios mientras trabaja en locales de comida

rápida para comenzar su propio sello discográfico independiente, que llevaría el nombre de 679. La vida aburrida y gris de los barrios suburbanos de Birmingham, las pocas oportunidades de una juventud asfixiada son el eje de sus primeras demos. Entre ellas destaca el tema «Has it Come to This?» que le publica Locked On Records (subsidaria UK Garage y grime de XL Recordings) en 2001. La canción arrasa en toda Gran Bretaña y llega al número 18 en los charts. Tras el lanzamiento del single «Let's Push Things Foward» y «Don't Mug Yourself», The Streets publica *Original Pirate Material* (679, 2002), un disco que mezcla UK garage con hip hop con cierto aire punk muy británico. No es grime, pero es callejero y excitante. Es nominado al Mercury Prize pero lo pierde ante el hip hop del *A Little Deeper* de Ms. Dynamite.

The Streets vuelve más maduro, más oscuro, triste y conceptual *A Grand Don't Come For Free* (679, 2004), con un Skinner rodeado de gente como Kano o Lady Sovereign. El disco llega a los primeros puestos de ventas, confirmando a Skinner como el trovador de toda una generación. The Streets acude bianualmente a su cita con el formato largo con trabajos como *The Hardest Way to Make An Easy Living* (2006) o *Everything is Borrowed* (2008), pero Skinner se toma un parón por culpa de su Síndrome de Fatiga Crónica y su adicción a las drogas. En 2010 se casa y tiene una hija y The Streets vuelve por última vez en 2011 con un *Computers and Blues* que ya sonaba a despedida.

Andy Stott

Dub abrasivo

El joven Andy Stott (Oldham, Inglaterra) comenzó a experimentar con la música electrónica a la edad de 15 años mientras aprendía a tocar el piano y le regalaron su primer sintetizador. Su profesora de piano, Alison Skidmore, le animó a escuchar esos riff de piano de sus temas favoritos de hardcore techno e intentar reproducirlos. Cuando Stott se dio cuenta de lo sencillas que eran esas pistas comenzó a investigar más en el sonido y convertirlo en su auténtica pasión. Viviendo en Manchester y vinculado al sello mancuniano Modern Love (que solo había publicado EPs de Bitstream o Pendle Coven), Stott publicó su primer EP en 2005, *Ceramics* (donde hacía techno-

dub en la primera cara y Detroit techno en la segunda). Entre 2005 y 2006 Stott comienza a encontrar su propia voz mezclando techno-dub, ambient techno, sonidos industriales e IDM escuela Autechre. Su primer LP se titula *Merciless* (Modern Love, 2006) y es más tranquilo y ambiental que sus cortes para EP. En 2008 comienza Hate, un experimento breakbeat junto a Gary Howell y Miles Whittaker; ese mismo año comienza el dúo de dubstep-techno Millie & Andrea (junto a Miles Whittaker de Demdike Stare, otro grupo de referencia de Modern Love).

Tras varios vinilos en solitario, Stott cambia de registro su sonido techno dub con los dos EPs de 2011 *We Stay Stogether* y *Passed Me By* (que luego fueron recopilados juntos en un CD en 2012) que le hizo internacionalmente famoso gracias a un sonido opaco, industrial, dubbie y asfixiante que se baila con gusto en cualquier pista oscura. Animado por las buenas críticas, hace crecer aún más su sonido y lo dota de más melodía e, incluso, voces (las de su profesora de piano, Alison Skidmore) con *Luxury Problems* (Modern Love, 2012) un disco a medio camino entre el techno dub, el house, pop y el dubstep más ambient. En 2014 recupera el ambient más melódico de su primera etapa y lo funde con su ideario industrial en su nuevo *Faith in Strangers* (Modern Love, 2014), disco menos bailable que los anteriores.

☺

Suicide

El punk del ritmo

Igual que les paso a Silver Apples, Suicide comenzó como una banda normal de rock (guitarras, bajo, batería) cuyos miembros fueron abandonando hasta que solo quedaron Alan Vega (voz) y Martin Rev (sintetizador y caja de ritmos). Como la necesidad es la madre de la innovación, Suicide buscó un nuevo sonido áspero y feroz en los loops y riffs de teclado de Martin Rev que aporreaba con furia un viejo órgano acompañado por una caja de ritmos

primigenia, un fondo sucio y espectral que pegaba muy bien con los fraseos de predicador de Alan Vega, que imitaba a los cantantes de rockabilly y al mismísimo Rey, Elvis Presley.

Suicide explotaron en el momento exacto, en la segunda mitad de la década de los setenta, cuando un público más joven y rebelde buscaba energía y ritmos salvajes en el rock en vez de las piruetas sinfónicas de la generación anterior. Entre la época glam neoyorquina y el nacimiento del punk-rock, Suicide grabaron su homónimo debut en 1977 para Red Star Records, uno de los discos de rock más influyentes de la historia, sobre todo para toda una generación de artistas independientes que grabaron entre los ochenta y los noventa, desde Shellac a The Jesus And Mary Chain, pasando por New Order, The KLF o The Sisters of Mercy. El dúo grabó un disco más elaborado y menos sucio en 1980 titulado *Suicide: Alan Vega and Martin Rev.*

Sus siguientes trabajos fueron dos directos y la banda no volvería a grabar material nuevo hasta *A Way of life* (1988) y *Why be blue* (1992) aunque perdiendo gran parte de la energía y el punch electrónico del principio. Mute Records comenzaría a editar su material antiguo y el dúo grabó para ellos su último y sorprendente LP autoproducido, un muy moderno *American Supreme* (2002) que todavía suena bastante fresco, la verdad.

T

☺

Todd Terje

Disco Experience

Junto a Prins Thomas y Lindstrøm, Terje Olsen (Mjøndalen, 1981) es el músico causante de la recuperación de la música cósmica y el italo-disco a partir de la segunda mitad de la primera década del siglo XXI. Noruego, como los otros dos, Olsen quería estudiar música desde que era un joven adolescente gracias a su pasión por el jazz. Como en las escuelas de música de su ciudad natal no daban jazz, abandonó la carrera musical para centrarse en la física. Aficionado a la música electrónica desde que era joven, comenzó a grabar sus primeras demos en un PC con su amigo Dolle Jølle hasta que escuchó el «Sexy Disco» de Torske y se enamoró de ese sonido. En 2001 ya estaba pinchando como Todd Terje (homenaje a Todd Terry) y haciendo sus propios *edits* (remezclas caseras de temas conocidos) para pinchar mientras conocía a Prins Thomas y Lindstrøm en Oslo. Esos edits eran muy codiciados a mediado de 2005 por muchos DJs que se los descargaban de internet. Así comenzó su época dorada como remezclador, recopilados en el imprescidible *Remaster of The Universe* (Permanent Vacation, 2010).

Su primer EP se publica en el prestigioso sello británico Soul Jazz, «Eurodans» (2004), pero no comienza a destacar hasta que el sello de Prins Thomas, Full Pupp, lo rescata en 2005. En 2011 publica el EP *Ragysh* y el público se vuelve loco, pero no sería nada comparado con lo que ocurriría con «Inspector Norse», tema incluido en *It's The Arps EP* (Smalltown Supersound, 2012), uno de los temas de ese año. Además, el éxito «Candy» de Robbie Williams de ese mismo año está inspirado en su «Eurodans» y Terje consta como autor del tema. Tras el éxito de «Inspector Norse», Terje se relaja componiendo a medias «Lanzarote» junto a Lindstrøm y «Strandbar», dos de las canciones del verano de 2013. Se hace rogar, pero en 2014 publica, por fin, su primer y único LP, llamado irónicamente *It's Album Time* (Olsen), en el que, además de «Strandbar» y «Inspector Norse» graba un tema con Bryan Ferry y una versión de un tema samba de Monica Törnell. El disco es un éxito y se embarca en una larga gira por toda Europa, siendo cabeza de cartel de muchos festivales de música electrónica como el Sónar.

Todd Terry

El Dios de los remixes

Todd Terry (Nueva York, 1967) es considerado por mucha gente como el dios del house (sobre todo en Inglaterra) y se ha hecho mundialmente famoso gracias a sus enérgicas remezclas house. En la base de datos de Internet Discogs.com está acreditado en más de mil doscientas remezclas. Pero Terry comenzó como (y lo sigue siendo) un gran DJ a principio de los ochenta pinchando italo disco y hip hop. Sus primeros trabajos como productor son bajo el título de Masters At Work (que se lo tomo prestado a su colega Dope Gonzalez) en 1987. Son trabajos a medio camino entre el house y el electro muy primigenios, pero en 1988 publica el seminal y marcial «A Day in The Life» (con sampler de Kraftwerk y todo) y encuentra su camino en ese bombo compacto 4X4. Pero es su doble single «Just Wanna Dance / Weekend» y, sobre todo, los arreglos del «I'll House You» de Jungle Brothers quien lo convierte en el productor que todo el mundo llama para ser remezclado.

Uno de sus primeros remixes exitosos sería el «A Watcher's Point of View» de PM Dawn, pero triunfaría en UK con su remix del clásico «Pump Up the Jam» de Technotronic. Tras remezclar a The Sugarcubes, The Shamen, Jon Secada o Janet Jackson, Todd Terry se encuentra con el saudade y la voz de Everything But The Girl y los convierte en masivos gracias a la remezcla de «Missing» (1994) que arrasa en todo el mundo. Tras ese tema, Terry se convierte en el remezclador del pop: Jamiroquai, Soul II Soul, Annie Lennox, Garbage, Michael Jackson, The Cardigans, Björk, etc, pero Todd Terry se guarda lo mejor para sus amigos Everything But The Girl y «Driving» y su propia cosecha, su revisión deep house del clásico «Keep In Jumpin» de Musique que destroza las pistas de baile en 1996. Terry no para de pinchar con residencias en Londres, Nueva York e Ibiza y recientemente ha publicado un intenso «Love Acid» (2014) para Frole Records.

Throbbing Gristle

El ritmo de la industria

La fama de Throbbing Gristle comenzó a forjarse en sus opresivos directos, con un sonido atronador e imágenes proyectadas donde mezclaban pornografía con imágenes de campos de concentración nazi. Como colectivo cultural, Throbbing Gristle siempre ha explorado el lado más oscuro y oculto de la condición humana. Los Throbbing Gristle son una de las bandas más influyentes de la historia de la música rock y electrónica.

Con un inicio en diversos proyectos de *performance*, Chris Carter, Genesis P-Orridge, Cosey Fanni Tutti y Peter Christopherson crearon Throbbing Gristle en 1975 en la ciudad de Londres. Pioneros en el uso de samplers que distorsionaban en una gran jam ruidista e industrial mientras Genesis cantaba o recitaba poesía. En 1977 grabarían su disco de debut, *2nd Annual Report*, un trabajo que pretende emular los discos de krautrock improvisando jams de ruido, sampling y distorsión. Entre 1977 y 1981 no pararon de grabar (directos, jams, discos, maxis) igual que sus contemporáneos Cabaret

Voltaire, las dos bandas creadoras de la llamada música industrial. Tras su debut llegarían *D.o.A: The third and Final Report* (1978) y el muy divertido *20 jazz funk greats* (1979) en cuya portada posaban como una banda de pop de los sesenta. Genesis y Christopherson abandonarían la banda para formar Psychic TV y Cosey y Carter continuarían como Chris & Cosey.

Pero volvieron de nuevo entre 2004 y 2010 (entre los que publicaron el interesante *Part Two: The Endless Not*). En 2010 Christopherson muere en su casa de Bangkok y la banda se disuelve definitivamente. Con su muerte se acabó el sueño de volver a regrabar varios discos de la banda, de los que no estaban muy convencidos.

☺

Tiësto

La otra Europa

Hemos hablado mucho en este libro de Alemania e Inglaterra, pero también existe otra Europa que baila a ritmo de trance y progressive house. Esa Europa tiene varios DJs estrellas como Armin Van Buuren, Paul Van Dyk o DJ Tiësto. Este último se ha convertido en toda una superestrella al poner música a la marcha de los atletas en la ceremonia de apertura de los JJOO de Atenas 2004. A Tijs Michiel Verwest (Breda, Países Bajos, 1969) ya le llamaban Tiësto cuando era un infante, nombre que se quedó cuando comenzó su carrera musical como DJ a mediados de los ochenta. Entre 1985 y 1994 estuvo pinchando en The Spock en Breda donde hacía sesione maratonianas de seis horas pinchando gabber o música rave. En 1994 comienza a publicar sus propios temas de gabber y hardcore como Da Joker y DJ Limited pero no alcanza el éxito hasta 1996 con el tema trance «The tube» firmado con su nombre de batalla. Mientras se va convirtiendo en una figura importante del trance europeo, publica su primer disco *In My Memory* (Magik Music, 2001) que incluye temas muy pisteros como «Suburban Train». Pero su gran éxito internacional comenzaría con *Just Be* (Magik Music, 2004) que incluía hits como «Love Comes Again» más trance pop o trallazos de progressive house como «Nyana». Justo ese año, el Comite Olímpico internacional le convierte en el DJ oficial de la ceremonia de los JJOO de Atenas 2004 pinchando noventa minutos mientras los deportistas desfilan. Desde entonces está en todas las listas de mejores DJs del mundo y sus giras y discos son un éxito. Destacamos su «C'Mon» a medias con Diplo, uno de los temas más bailados de 2011.

U

☺

Ultravox

La nueva ola

Junto a The Human League, Japan y Depeche Mode, Ultravox fue una de las primeras bandas de synthpop británicas influidas por la música punk-pop y los sonidos de Kraftwerk.

Como muchas bandas británicas, con Pink Floyd como ejemplo máximo, Ultravox ha pasado por diferentes etapas, formaciones y líderes, pero su segunda etapa se considera de las mejores, creativamente hablando. Ultravox! (con admiración final como Neu!) se creó de las cenizas de la banda de glam rock Tiger Lily y su primer disco, *Ultravox!* (1977) fue producido por Brian Eno de Roxy Music y contaba con el cantante John Foxx como líder. Eran mucho más rockeros y glam. El cambio de sonido no vendría hasta *Systems of Romance* (1978) con el guitarra Robin Simon, que le dio un toque más electrónico. Sin el símbolo de admiración y con el cantante Midge Ure en vez de Foxx, Ultravox graba su disco más famoso, el muy recordado *Vienna* (1980), a medio camino entre el synthpop y el principio de los new romantics con Duran Duran a la cabeza. *Rage in Eden* (1981) y *Quartet* (1982) continúan el buen hacer de su nueva reinvención, pero su mejor disco sería el séptimo, el muy electrónico *Lament* (1984) con el hit «Dancing with tears in my eyes». El éxito de la banda sería bendecido con el recopilatorio *The Collection* (1985)

Tras el fracaso del horroroso *U-Vox* (1986) se disuelve la banda, pero vuelve en 1992 con nuevas formaciones y discos malísimos. En 2008, el cuarteto original de los ochenta (Midge Ure, Chris Cross, Billy Currie y Warren Cann) volverían en una serie de directos muy nostálgicos.

Underground Resistance

La Revolución

Si la música techno está considerada hoy en día como una música muy rápida y dura no es por culpa (o gracia) de sus primeros compositores, el trío de Belleville, sino por el colectivo Underground Resistance, primer germen de la segunda generación de Detroit a la que pertenece gente como Kenny Larkin, Drexciya, Stacey Pullen, Robert Hood o Jeff Mills. De hecho, muchos de esos nombres estuvieron en UR. Nacido de la mente de Michael Anthony «Mad» Banks y Jeff Mills (Detroit, 1963) que juntaron ciencia-ficción distópica (sobre todo el *Future Shock* de Alvin Toffler) con la parafernalia combativa, *underground* y militar de los Panteras Negras y la contracultura. Nacía así Underground Resistance, cuyos primeros lanzamientos siempre estuvieron rodeados de secretismo. Robert Hood (Detroit, 1962)

se unió pronto al dúo pero abandonó pronto el proyecto (en 1992) centrándose en su sello M-Plant donde comenzaría a desarrollar secuencias más minimalistas hasta convertirse en uno de los pioneros del minimal techno con discos como *Minimal Nation* (Axis, 1994). Mills también dejó UR en 1992 para desarrollar sus propias y geniales ideas, que merecen un capítulo propio en este libro.

Los primeras temas de UR no son rápidos y marciales, son más Detroit techno futurista, pero poco a poco el colectivo comienza a facturar pistas duras y contundentes como «Adrelanin», «The Final Frontier», «Riot», «Message to the Majors», «The Punisher» y EPs como *Acid Rain* (1992) o *Return of Acid Rain* (1993) que son pinchados en todas las raves del mundo. En 1998 publican *Interstellar Fugitives* con temas de varios componentes nuevo del colectivo comandado por Mike Banks entre los que destacan DJ Rolando (Rolando Rocha) que en 1999 publicaría como The Aztec Mystic el single «Jaguar» en el EP *Knights of the Jaguar* que se convierte en el tema techno más famoso de la historia después del «The Bells» de Jeff Mills. UR continúa publicando discos como sello con gente como Marc W. Floyd o Dan Caballero (Nomadico).

Underworld

Trancepop

Karl Hyde (Romford, Inglaterra, 1957) y Rick Smith (Ammafor, Gales, 1959) se conocieron en la banda The Screen Gemz en 1980, que tuvo un corto periodo de vida porque su otra banda, Freur (con un sonido más new wave electrónico), firmó un contrato con CBS. Publicaron dos discos entre 1983 y 1986 y se separaron. Parte de la banda con Hyde y Smith a la cabeza formaron Underworld (homenaje al escritor Clive Barker), con un sonido más funky-pop pero demasiado anclado en los ochenta todavía. Publicaron dos discos: *Underneath The Radar* (Warner, 1988) y *Change The Weather*

(Sire, 1989) y debido a la poca fama se volvieron a separar. Hyde y Smith se concentran en su nueva pasión, el diseño artístico en el colectivo Tomato, donde reclutaron a Darren Emerson (Hornchuch, 1971), un DJ que se estaba haciendo muy famoso en Londres pinchando house en locales como The Milk Bar. Aunque la diferencia de edad es apreciable, los tres conectan muy bien y los dos Underworld primigenios se dejan aconsejar por todo lo que propone Emerson. Su primer maxi conjunto sería el excitante *Rez / Cowgirl* (Junior Boy's Own, 1992). El primero se convierte en un hit trance instantáneo y marcaría la pauta por la que se regiría *Dubnobasswithmyheadman* (Junior Boy's Own, 1993): melodía, loops infinitos y cuatro por cuatro imparable. El disco fue un éxito inmediato en toda Europa, pero aún tendrían que esperar un poco más para ser masivos. La culpa la tuvo la película *Trainspotting* (1996) que incluía el tema «Born Slippy. Nuxx», tema publicado en 1995 que se convirtió en todo un himno generacional. Después, *Second Toughest in the Infants* (1996) vendió más de cien mil copias en UK (y eso que no tenía el tema «Born Slippy» en su interior).

El trío tenía problemas de alcohol cuando grabaron el flojo *Beacoup Fish* (Universal, 1998). En 2002 publican un disco en directo, *Everything, Everything*, pero antes de hacer la promo Darren Emerson deja la banda y Hyde y Smith deciden continuar otra vez como dúo. Pero se nota la falta de Emerson desde el primer tema de *A Hundred Days Off* (2002). Underworld parecía desaparecidos (en disco) desde la edición de *Barking* (2010), pero han anunciado un nuevo trabajo para marzo de 2016.

V

☺

Sven Väth

El Emperador alemán

Incansable artista y DJ desde casi el principio de la música electrónica en Alemania, Sven Väth (Obertshauesen, 1964) lleva trabajando desde 1985 y ha pasado por muchos estilos y escuelas, desde el house del principio, el trance ambient de los noventa o el minimal techno de su famosa etapa en Ibiza. Sus padres escaparon de la Alemania del Este, su padre abrió un pub inglés en un pueblo cerca de Frankfurt con una pequeña pista de baile con cabina de DJ donde el pequeño Sven aprendió todo sobre el arte de pinchar. En 1980, con tan solo 17 años, Väth viaja a Ibiza, viviendo los primeros aires disco de la isla que durante un tiempo se convertiría en su casa. Mientras pincha en varios clubs, Sven abre Omen en Frankfurt en 1988, considerado uno de los mejores clubs de Alemania hasta su cierre en 1998.

En 1992 publica su excelente *Accident in Paradise*, un disco tribal y trance, y funda el sello Harthouse en el que graba como Barbarella junto a Ralf Hildenbeutel. Tras abandonar Harthouse crea el sello Coocon Recordings donde ha publicado temas de gente como Martin Buttrich, Roman Flügel, Loco Dice o Guy Gerber. Su salto a la multinacional Virgin se produce con el disco de techno *Fusion* (1998), al que siguieron el más mininal *Contact* en 2000 o el éxito de *Fire* (2002) en el que hacía una divertida versión del «Je t'aime... moi non plus» de Gainsbourg junto a Miss Kittin. A mediados de los noventa, Cocoon es una marca reconocida con gente como Ricardo Villalobos, James Holden, Tobi Neumann o Dubfire, gracias al club del mismo nombre que abre en Frankfurt y la residencia en esa Ibiza que el joven

Sväth visitó antes que nadie. Pero nadie sobrevive a la gran crisis y Cocoon cierra en 2012 debido a la quiebra. Sus mixes anuales para su sello Cocoon son un buen termómetro de la actualidad techno mundial.

☺

Ricardo Villalobos

Minimal boy

Aunque sus excesos detrás de la cabina son ampliamente conocidos por todo el mundo de la escena electrónica de Alemania, no debemos olvidar que Ricardo Villalobos (Santiago de Chile, 1970) es uno de los maestros del minimal techno y uno de sus investigadores más audaces junto a Richie Hawtin. Su familia tuvo que huir con él de la dictadura de Pinochet para instalarse en Berlín. En los ochenta, Villalobos era un fanático de Depeche Mode y les seguía por toda Europa. A principios de los noventa comienza a pinchar para fiestas universitarias, pero solo para divertirse hasta que crea su propio sello, Placid Flavour en 1993, que quiebra por falta de ventas. Como autor, publica su primer disco en Playhouse en 1995 titulado *The Comtempt* con dos largos temas en cada cara. Más cerca del house que del minimal techno, Villalobos ya demuestra su amor por las temas largos, repletos de matices que van introduciendo poco a poco al espectador al baile. Villalobos se convierte en un clásico de la escena de Berlín publicando maxis y comenzando a pinchar en 1998 como profesional hasta que edita *Luna* (Playhouse, 2000), donde su techno marcial y minimalista comienza a interesar a toda Europa. En 2003 publica el famoso largo *Alcachofa*, a medio camino entre el synthpop y el miminal techno, convirtiéndose en el nombre del momento.

Tras un disco para Perlon (*Thé Au Harem D'Archimede*), Villalobos va un paso más allá dentro del minimalismo techno sampleando un trozo del «Povjednick Cocek», una canción gitana de la Blehorkestar Bakija Bakic y lo convierte en el largo y monumental *Fisheuer Zieheuer* (Playhouse, 2006), con dos caras que duran más de setenta minutos. El minimalismo techno house de Villalobos sigue imparable con el triple disco de 7 temas *Sei Es Drum* (2007), al que sigue el single «Enfants» (2008) y el disco *Vasco* (Perlon, 2008), que incluye «Minimoostar», un tema casi de improvisación jazz minimalista de treinta minutos. En 2011 da un salto sin red a la improvisación ambient minimalista con *Re:ECM* junto a Max Loderbauer, mientras triunfa en Ibiza como DJ junto a su amigo Sven Väth. Villalobos será un fiestero en la cabina pero sigue sorprendiéndonos con trabajos como *Kime Me* (Honest Jon's, 2015), donde remezcla un largo tema de la banda de Estambul, Insanlar. Oriente y el minimal techno cruzan sus caminos y el resultado es magnífico. Respeto.

Andrew Weatherall

Lord Ritmo

Como ocurre con gente como Paul Oakenfold o Danny Rampling, sin Andrew Weatherall (Windsor, 1963) la historia de la música británica de las dos últimas décadas habría sido muy distinta a la que ha sido. Junto a Terry Farley y más gente comenzó el fanzine *Boy's Own* en 1986 mientras comenzaba a hacer sus primeros pinitos como DJ. Cuando Rampling montó Shoom, invitó a Weatherall y Farley para que pincharan en la otra sala. También era amigo de Oakenfold y este le dio su primer trabajo como productor: una remezcla del «Hallelujah» de Happy Mondays. En los primeros noventa remezcla a gente como New Order, Primal Scream o Saint Etienne, y ayuda a construir parte del sonido del disco *Screamadelica* de los Primal. También ayuda a Farley a montar el sello Junior Boy's Own que abandonará pronto para montar su propio proyecto junto a los ingenieros Jagz Kooner y Gary Burns, The

Sabres of Paradise. Los Sabres graban dos discos impresionantes: *Sabresonic* (Warp, 1993) y *Haunted Danceball* (Warp, 1994) en los que transcienden a la IDM añadiendo dub y creando hits jamaicanos como «Wilmot». Además, Weatherall monta las noches Sabresonic en Londres.

El siguiente proyecto de Weatherall sería Two Lone Swordmen junto a Keith Tenniswood. TLS es la progresión lógica del sonido Sabres, más orgánico, más rítmico, menos cerrado y más juguetón, que ha publicado seis discos hasta la fecha: desde el impresionante y noir *Tiny Reminders* (2000) al post-punk industrial de *From the Double Gone Chapel* (2004). Weatherall no abandona la electrónica, pero en sus sesiones gusta de pinchar material post-punk o sonidos más vetustos. En 2013 publica bajo el nombre de The Asphodells el más electro y techno ochentero *Ruled by Passion, Destroyed by Lust*.

Y

☺

YMO

La broma japonesa

YMO o Yellow Magic Orchestra fue el supergrupo japonés de la música electrónica, tan influyentes e innovadores como Kraftwerk en su época. Gigantes en Japón, marcaron el camino de muchos autores de música electrónica de los años ochenta. Haruomi Hosono, Yukihiro Takahashi y Ryuichi Sakamoto ya se conocían como músicos en la década de los setenta: Sakamoto y Takahashi coincidieron con Hosono (el más experimentado de los tres) en varios discos y producciones. Teclistas innovadores y amantes de todos los nuevos cacharros analógicos y digitales que surgían de la industria japonesa, el germen de Yellow Magic Orchestra lo encontramos en la banda de exótica electrónica llamada Harry Hosono and the Yellow Magic Band cuyo disco de 1978 *Paraiso* es considerado un adelanto del fantástico *Yellow Magic Orchestra* (1978), un trabajo que investigaba en la relación entre pop y electrónica y la música digital de los videojuegos.

Como Kraftwerk, YMO empalmaron varios discos inconmensurables entre el 1978 y 1984 haciéndoles muy famosos en Japón. Trabajos como

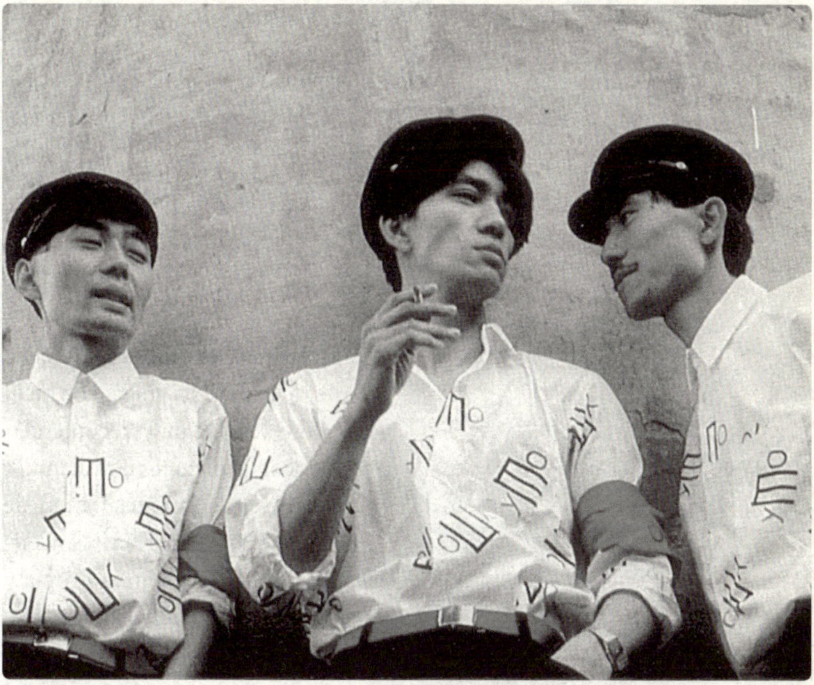

Solid State Survivor (1979), *Zoshoku* (1980) *Technodelic* (1981) o *Naughty Boys* (1983) son discos muy divertidos e innovadores que hoy en día es muy complicado encontrar en Europa pero que vendieron miles de discos en Estados Unidos y el Viejo Continente en los ochenta. Pero Sakamoto se hizo mundialmente famoso con su papel de actor junto a David Bowie en *Feliz Navidad, Mr. Lawrence* (1983, del que hizo su banda sonora) y el equilibrio de fuerzas del grupo comenzó a fallar. El trío no usó nunca la palabra separarse, sino el término japonés «desplegarse», y cada uno hizo carrera en solitario, siendo más famoso en occidente Sakamoto, por supuesto, que llegaría a ganar el oscar a la mejor BSO con *El último Emperador* de Bernardo Bertolucci.

En 1993 volverían como Not YMO (o YMO cruzado por una línea) con *Technodon*, pero habían perdido la diversión en esos nueve años de separación. En 2000, Hosono y Takahashi formaron Sketch Show, un proyecto mucho más moderno de techno experimental y han contado con apariciones de Sakamoto en discos y conciertos. Sakamoto propuso que se cambiaran el nombre a Human Audio Spongue cuando él tocaba con ellos. En 2007 el trío grabó como Human Audio Spongue Yellow Magic Orquestra, HASYMO, varios singles y tocaron en directo por Europa. Volvieron a tocar en directo en Japón en 2012 como Yellow Magic Orchestra.

Z

Zodiac

Bailando con robots en la Unión Soviética

Si en lugares como la India se llegó a mezclar raga con acid house (en las muy recomendables composiciones de Charanjit Singh) en la antigua Unión de Repúblicas Socialistas Soviéticas llegaron a tener su propia y exitosa banda de space disco. Se llamaba Zodiac y era el proyecto personal del estudiante del conservatorio Estatal de Latvia (entonces formaba parte de la URRS) Janis Lusens, quien, enamorado de los ritmos cósmicos de Space, Jean Michel Jarre y Tangerine Dream, convenció a unos amigos estudiantes para formar una banda de disco espacial.

El primer disco lo grabaron estudiando en el conservatorio, producido por el padre de uno de los alumnos (Zane Griva) y se tituló *Disco Alliance* (1980) que rápidamente se hizo muy popular en toda la Unión Soviética, donde llegó a vender hasta cinco millones de copias. En 1982 publican su segundo y último trabajo de la primera época, el mucho más rítmico *Music in Universe*, inspirado en los cosmonautas de la Star City de Moscu, que no llegó a tener tanto éxito como su antecesor (aunque vendería más de un millón y medio de copias). El proyecto se disolvió, pero el grupo tocó en las bandas sonoras de Viktor Vlasov (producidas por el padre de Griva) para películas como *Woman's Joys and Sorrows* (1982) y *The Tank Crew* (1983). Este material llegó a recopilarse en el disco *Music From The Films* (1985).

Zodiac volvería en 1989 muy inspirado por la música de Jarre con el disco *In Memoriam*, pero el grupo tuvo un final fatal con el disco de synthpop *Clouds*, donde cantaban en su idioma natal y se parecen a un trabajo new age de Mike Oldfield de los ochenta.

4. La cultura

Mi mejor recuerdo es que éramos un grupo mixto:
racial, étnico y sexual. Eso era lo mejor.

Frankie Knuckles sobre The Warehouse

Desde los primeros tiempos de los clubs ilegales de jazz o swing, pasando por los primeros soundsystem jamaicanos o las salas de conciertos de rock'n'roll, las personas se han juntado en sitios oscuros, con el sonido demasiado alto para bailar y socializar. Pocas cosas socializan más que el baile; desde el principio de los tiempos el ser humano ha sentido la necesidad de comunicarse corporalmente, con movimientos para expresar sus sentimientos. La música disco fue una revolución en los clubs nocturnos de Estados Unidos. Por primera vez los clubs de baile se hacían mundialmente famosos, como el Studio 54 de Nueva York, donde artistas, músicos y estrellas de cine se dejaban ver entre los clientes asiduos al club. Muchos estilos de música de baile han nacido en el club o se han creado específicamente para sonar en el club.

Pero también existen los sellos discográficos, muchos de ellos creados para publicar maxis de 12" que suenan a 33 o 45 rpm y que suelen llevar un tema por cara, material que nutre las maletas de los DJs para hacernos bailar en las interminables sesiones de los clubs nocturnos. Muchos sellos de música electrónica continúan vivos en la actualidad, pero otros duraron solo unos pocos años o unos pocos vinilos. En Detroit, Juan Atkins comprendió la necesidad de autoproducirse y ser dueño de tu propia música, y actualmente muchos músicos y DJs tienen sus propios sellos discográficos, donde se autopublican o publican material de amigos.

Clubs y sellos son dos de las piedras angulares de la cultura de la música de baile. Las drogas, los *clubbers* y la música son las otras tres. En este capítulo seleccionamos 10 clubs que cambiaron la música de baile y diez sellos que han influido mucho en el transcurrir de esta gran historia nocturna de bailar al ritmo de sonidos electrónicos.

Clubs históricos

The Loft

Nueva York (1970-1980)

The Loft era el nombre de la primera fiesta *underground* que el DJ David Mancuso creó el 14 de febrero de 1970 (el día de los Enamorados, la fiesta tenía como subtítulo «Loves Saves the Day»). Mancuso fue uno de los primeros organizadores de fiestas privadas (se podía acceder a ellas con invitación). La exclusividad provocaba que las colas para entrar en la casa del propio Mancuso (en Broadway) fueran monumentales. La disputa con los vecinos hizo que Mancuso creara The Loft en el Soho, el club más exclusivo de la ciudad donde se servían refrescos, frutas y helados. Las fiestas-club de Mancuso fueron rápidamente aceptadas por la comunidad gay de Nueva York en unas fiestas muy locas donde Mancuso pinchaba funk latino, música disco y los primeros hits electrónicos. Su residencia en el Soho duró hasta principio de 1980. Mancuso volvió a abrir el club en el East Village de Manhattan, pero no sería lo mismo. El club ha tenido varias reencarnaciones en diferentes lugares del mundo y se considera un precursor de los clubs modernos de baile.

The Warehouse

(Chicago 1977-1982)

Hasta su localización definitiva en el 206 S. Jefferson, The Warehouse tuvo varias localizaciones en la ciudad de Chicago. Todo comenzó cuando el *clubber* y asiduo de las fiestas de Studio 54 y The Loft Robert Williams fue a Chicago y se dio cuenta de que no había nada parecido a sus locales favoritos en la ciudad de los vientos. Decidido a convertirse en promotor, volvió a Nueva York y convenció al joven Frankie Knuckles para pinchar en las fiestas que organizaría en Chicago. La primera costaba un dólar y fueron 800 personas. Había nacido la leyenda. Knuckles comenzó a experimentar con los discos, cambiándole el *pitch* y añadiendo bases más duras. Fue el comienzo de la música house, al que el local dio nombre.

The Warehouse se volvió más comercial a principios de los ochenta y Knuckles se fue para fundar su propio local (The Power Plant). Williams decidió entonces contratar a Ron Hardy (otro pionero) y cambiar el nombre de la discoteca de The Warehouse a Music Box en 1982, pero The Warehouse ya era leyenda.

Paradise Garage

(Nueva York, 1977-1987)

«La misa de los sábados», así es como llamaban a las fiestas del Paradise Garage neoyorquino donde el desaparecido DJ Larry Levan era el sacerdote que hacía bailar a una audiencia mayoritariamente gay y afroamericana. «Larry predicaba a través de su música desde la cabina del DJ, justo como un ministro o sacerdote lo hace desde el púlpito». Así describía el Paradise Garage el DJ David DePino.

Levan quiso crear un club donde el sonido primara por encima de la decoración (comenzó en un garaje para camiones). Todo era oscuro y deprimente (atrás quedaba el color y los globos de The Loft), pero todo era sonido, potente, directo, una apisonadora de ritmos en la que Levan gustaba de jugar con sus seguidores haciendo durar un único tema más de una hora. En el Paradise podía sonar The Police o The Clash y en los ochenta se celebraban también conciertos donde tocó gente como Duran Duran, New Order o Whitney Houston. El Garage dio nombre al house hecho en Nueva York, más soul y orgánico.

The Haçienda

(Manchester, 1982-1997)

Un antiguo almacén (antes un cine de películas indias) en el sur del canal Rochdale de Manchester fue el sitio elegido por el manager de Joy Division y New Order Rob Grandy para crear un club en su ciudad natal para competir con los grandes clubs de rock de Londres. Con el dinero (y la sociedad) del dueño de Factory Records (Tony Wilson) y el diseño innovador de Pete Saville, en el Haçienda (cuyo nombre original era FAC 51 The Haçienda) de los ochenta actuaron artistas como The Smiths, Madonna o Einstürzende Neubauten.

También fue el germen del sonido baggy con Happy Mondays o The Stone Roses. Pero su importancia radica en ser uno de los primeros clubs en apostar por la música de baile, el acid house, en 1988 con el DJ Mike Pickering. Laurent Garnier comenzó a pinchar en The Haçienda y ayudó a que una generación de músicos rock y pop comenzaran a descubrir la música electrónica como el techno o el acid house.

A principios de los años noventa The Haçienda era un polvorín: se registró el primer caso de muerte por drogas en 1989 en toda Gran Bretaña y hubo tiroteos entre camellos en las puertas del local. Asfixiado por las deudas, Wilson cerró el local en 1997 y el club fue demolido en 2002. Se puede ver cómo era el local en la reproducción que se preparó para la película de Michael Winterbotton *24 Hour Party People*, dedicada a Tony Wilson y el sello Factory.

Pacha-Ku-Amnesia

(Ibiza)

Antes de la época dorada de las discotecas británicas o alemanas, el espíritu de clubs como Studio 54, The Loft o Danceteria había que buscarlo en Europa en la isla de Ibiza. En los primeros setenta, nacían clubs como Pacha y Glory's, clubs a medio camino entre el glamour de la época, el hippismo intelectual de la isla y la discoteca de pueblo. A finales de los setenta comenzaba la proyección de glamour de la isla con Ku y Amnesia, la moda *adlib* y la presencia de la nobleza europea. Pero el boom comercial de la isla se produjo en el verano de 1988, cuando volvieron los nuevos ravers ingleses curtidos en el Shoom y el Trip de Londres o el Haçienda de Manchester. Discotecas como Ku o Amnesia se apuntan rápidamente al acid house. A mediados de los noventa, con las leyes férreas del último gobierno conservador, muchos clubs ingleses comenzaron a montar fiestas en Ibiza, donde nacerían nuevos clubs como Manumission, Privilege, We Love Sundays, Edén o Café del Mar.

Shoom

(Londres, 1987-1989)

En septiembre de 1987 Paul Oakenfold, Nicky Hollaway, Johnny Walker y Danny Rampling fueron una semana a Ibiza a celebrar el 26 cumpleaños de Oakenfold. Allí cayeron rendidos por la mezcla de sonidos que pinchaba DJ Alfredo y, sobre todo, el consumo de éxtasis y la interacción con esa música. A la vuelta a la gris Inglaterra, Rampling quiere repetir esa fórmula mágica en las calles de Londres.

Tras casi perder la vida en un accidente de coche, estaba atravesando una transición espiritual y volcó toda su alegría de vivir en Shoom, un club de *fitness*. Shoom obligaba a sus asistentes a sonreír y ser felices. Fueron los primeros en hacer un flyer en enero de 1988 con la cara del smiley (el emoticono del acid, de la cultura rave y del éxtasis) y en sus paredes se podía escuchar de todo, desde house hasta soul pasando por el primer hip hop o los mismísimos Rolling Stones. Rampling exportó aquella manera balearic de pinchar de DJ Alfredo y José Padilla en Ibiza.

Tresor

(Berlín, 1991-2005)

Aunque volviera a abrir en 2007 en otro lugar de la capital alemana, el recuerdo de la primera Tresor en Leipziger Strasse 126 al lado de la famosa Potsdamer Platz (en el Berlín oriental, abierta pocos meses después de la unificación) y su sótano de techno duro y oscuro es imborrable. Nació de las cenizas del club Ufo (1988-1990), tras cuyo cierre Dimitri Hegemann y sus socios fundaron Tresor en marzo de 1991. La importancia de Tresor en el panorama musical alemán y europeo es total: en sus paredes oscuras comenzó a pinchar en Europa la segunda generación de techno de Detroit, abrieron las puertas de par en par a gente como Jeff Mills, Blake Baxter, Carl Craig, Robert Hood o Stacey Pullen, DJs que pinchaban un techno más duro y rápido que el primigenio de Atkins-May-Saunderson. Como capital del techno europeo, Tresor puso en marcha un sello con el mismo nombre donde se publicaron los primeros experimentos de Jeff Mills como *X-101*, los LP de Drexciya o los primeros discos del británico Surgeon.

Cream

(Liverpool, 1994-2002)

Aunque Cream sea hoy en día una marca internacional con varios festivales (Creamfields) y varios clubs (uno de ellos en Ibiza), la importancia de las fiestas semanales de Cream en Liverpool a mediados de los noventa es innegable. Tras la prohibición de las raves, los *clubbers* necesitaban nuevos templos a los que poder ir a bailar. En la norteña Liverpool, hogar de los Beatles, el promotor Joseph Mullen crea las fiestas de los sábados de Cream, un club con cabida para 3.000 personas donde los *clubbers* se integraron como si fuera una comunidad.

En 1995, un año después, Cream se alía con Amnesia para crear Cream Ibiza. Entres sus paredes comienza el culto al DJ, primero con la residencia de Paul Oakenfold (1997-1998), y más tarde con la presencia en sus platos de superpesospesados como Carl Cox, Sasha, Roger Sanchez, Andy Weatherall, Paul Van Dyck o los sets exclusivos de los Chemical Brothers. Aunque comenzó siendo una fiesta *underground*, Cream comenzó pronto a venderse alrededor del mundo como un marca, como Pacha o Ministry of Sound.

Berghain

(Berlín, 2004)

En 2007 el reputado periodista de música electrónica Philippe Sherburne escribió sobre el Berghain que «posiblemente sea la actual capital mundial del techno, como antiguamente lo fue E-Werk o Tresor en su máximo apogeo». Berghain nació de las cenizas del club Ostgut (1998-2003), situado en un antiguo almacén ferroviario que fue demolido. Decididos a encontrar un lugar tan emblemático en el antiguo Berlín oriental, los promotores del Berghain encontraron el sitio perfecto: una antigua central eléctrica que se alza solitaria en medio de descampados.

La importancia de la programación de Berghain es haber nadado siempre en dirección contraria a las modas. Cuando el minimal imperaba en Europa, ellos pinchaban techno con alma. Abiertamente gay (hay varios *cuartos oscuros* desperdigados por todo el edificio), Berghain tiene una segunda sala arriba llamada Panorama Bar con grandes ventanales con vistas a todo el Berlín oriental. Actualmente es templo de peregrinación para todos los *clubbers* del mundo.

Fabric

(Londres, 1999-2010)

Como Berghain en Berlín, el club de referencia de Londres durante la primera década del siglo XXI ha sido Fabric, un club que comenzó siendo de house y techno pero que gracias a sus tres salas pronto comenzó a programar sesiones de dubstep, grime, y muchos estilos del continuun hardcore o la cultura breakbeat. También fue un templete del primer minimal (el bueno) con sesiones de Ricardo Villalobos o Richie Hawtin.

Situado en un antiguo centro comercial, el club fue fundado por Keith Reilly y Cameron Leslie, y tuvo su mejor baza en sus dos primeros residentes y programadores, Craig Richards y Terry Francis, quienes trajeron a Londres DJs y productores europeos que comenzaban a explotar como Ellen Allien o Michael Mayer. Pero lo mejor de Fabric era su atronador sistema de sonido, considerado por muchos como uno de los mejores de toda la historia de las discotecas. Fabric también se ha convertido en un prestigioso sello discográfico de DJ mix con sus series *Fabric* y *Fabric.Live* de las que han publicado más de 160 sesiones de gente tan diversa como Goldie, Four Tet, Jimmy Edgar, Pangaea, Joris Voorn o Maya Jane Coles. Una buena forma de tomarle el pulso a la escena dance internacional.

Sellos imprescindibles

Warp

La casa de la IDM fue fundada en 1989 por Steve Beckett y el fallecido Rob Mitchell en la ciudad británica de Sheffield. Los dos trabajaban en una tienda de discos de Sheffield donde entraron en contacto con los primeros maxis de Chicago, Detroit y Acid. Enamorados del nuevo sonido electrónico, fundan Warp (acrónimo de We Are Reasonable People), publicando sus primeros maxis de bleep, un estilo creado en el norte de Inglaterra que combinaba elementos del techno y el electro, dándole más importancia al bajo y a las melodías.

Su primer EP sería *Track With No Name* de Forgemasters, pero su primer éxito vendría con *LFO* de, claro, LFO Richard H. Pero el verdadero sonido Warp vendría con la incorporación de tres proyectos: Aphex Twin, Autechre y The Black Dog. Juntos revolucionarían la música electrónica de baile con los recopilatorios *Artificial Intelligence*, que daría nombre a la Intelligence Dance Music (IDM). Tras la muerte de Mitchell, Beckett abrió el perfil de Warp al rock (convirtiéndose en manager del mediocre grupo Maxïmo Park) y al cine (fundando Warp Films) produciendo películas como *Four Lions* y *This is England*.

Basic Channel / Chain Reaction / Maurizio / Burial Mix

El laboratorio minimal dub techno de los alemanes Moritz Von Oswald (tataranieto del mismísimo Otto Von Bismarck) y Mark Ernestus comenzó en Berlín con el primer maxi de Maurizio, *Ploy*, en 1992. Juntos, dividieron sus proyectos en dos. Por un lado, sus propios proyectos, grabados bajo el nombre de Basic Channel y , por otro, Maurizio, repartidos en sendos sellos discográficos del mismo nombre. En estos dos sellos, Von Oswald y Ernestus revolucionaron el techno, siendo más vanguardistas que nadie al acercarlo al dub. Temas de ambient industrial convivían con sinfonías dubbies a 120 bmps. Inventaron el techno dub e influyeron en la creación del minimal techno y la escuela glitch techno. Con Chain Reaction dieron la alternativa a artistas como Vainqueur, Monolake, Porter Ricks, Substance o Vladislav Delay. Con el proyecto *Rhythm & Sound* (Burial Mix) llevaron el techno dub un paso más allá al contar con cantantes jamaicanos de ragga y reggae. Imprescindible el disco *See Mi Yah* (2005).

Tresor

El alemán Dimitri Hegemann y sus socios se enamoraron del estilo y la filosofía de un joven DJ Jeff Mills (que provenía de Underground Resistance) y Jeff Mills se enamoró de esa vieja Europa que recibía con los brazos abiertos a los pioneros de Detroit y demandaba más techno music para bailar. Mills y Tresor van juntos de la mano al publicar el primer EP de la futurista y muy bailable serie *X* (en la que también estaban Robert Hood y Mike Banks). La conexión Detroit-Berlín continuó con la aparición de trabajos de Blake Baxter, Juan Atkins, Eddie Fowlkes, Robert Hood o Drexciya, pero también fue la casa del colectivo No Future con trabajos de Cristian Vogel, Neil Landstrumm y Dave Tarrida.

Pero además, apostó por el hard techno publicando los trabajos menos acomodaticios de Surgeon o Joey Beltram. Tresor fue la casa del techno europea y la capital electrónica de Alemania hasta la aparición de Kompakt y su manera más soulera de entender la música de baile.

R&S

La R y la S del sello son los acrónimos de la pareja belga Renaat Vanderpapaliere y Sabine Maes. Comenzaron el sello en 1984 y pronto se apuntaron a la moda new beat surgida en Bélgica (un estilo que alcanzó su máximo esplendor comercial con la explosión acid en Europa) publicando discos de artistas como Space Opera o Extaesia. Se le podría considerar como uno de los primeros sellos puramente electrónico europeo de los ochenta. Pero su éxito internacional comenzaría con la edición de sus recopilatorios *In Order To Dance*, que en su tercera edición (1991) incluía temas de Moby (sí, el celebérrimo «Go») o The Prodigy.

Fueron los primeros en fichar a Aphex Twin y comenzaron a publicar material de Dave Angel, Joey Beltran, Ken Ishii, Juan Atkis, Biosphere y muchos más. Durante casi toda la década de los noventa si un disco venía de R&S era sinónimo de calidad. En 2000 Renaat cerró el sello alegando que se había aburrido y que todo le sonaba igual, volvería en 2006 abriéndole las puertas de par en par al dubstep con los primeros trabajos de James Blake, Pariah, Space Dimision Controller o Blawan.

Trax / D.J. International

En Chicago, el primer house hay que buscarlo en dos sellos primigenios, Trax y D.J. Intenational, los dos ya desaparecidos. En 1984 comenzó Trax Records y antes de que acabara la década ya había publicado himnos del house como «Acid Tracks» de Phuture, «No Way Back» de Adonis, «Can you feel it» de Mister Fingers o el «Move Your Body» de Marshall Jefferson. Pero sobre todo es famoso por facturar los recopilatorios Chicago Trax Volume 1 y los dos LPs recopilatorios de Acid Trax. Era conocido por todo el mundillo que timaban a los músicos con los royalties, cosa que provocó que Atkins y la gente de Detroit comenzaran a autopublicarse para ser dueños de todo su material.

Por su parte, D.J. International no tenía tantos hits como Trax, pero era la casa de Tyree, Joe Smooth (y su hit «Promise Land») o Farley "Jackmaster" Funk (también editaron el ultrabailable «Can U Dance» de Kenny Jasmin Jason y Fast Eddie Smith). En 2014 cumplieron 30 años con la edición del recopilatorio *The Sound Of D.J. International* en un sello de Japón. Historia del house en dos sellos imprescindibles.

Hyperdub / Tempa

A finales del siglo XX el sur de Londres era un hervidero de creatividad. Del UK garage comenzaban a surgir nuevas derivaciones como el 2step, grime, dubstep, breakstep y mil subvariantes más. Jovencísimos *bedroom producers* hacían sus bases en casa por la mañana y por la noche las llevaban al club planchadas en un CD. Se recuperaba el espíritu de las fiestas soundsystem jamaicanas montando fiestas en diversos puntos de la geografía del sur del Támesis. Dos sellos ayudaron a dar a conocer este nuevo estilo a todo el mundo.

El primero es Tempa, nacido con el nuevo siglo, que encontró en Skream y los recopilatorios *Dubstep Allstars* (CD mix con invitados como Kode9, Plastician, Applebim, DJ Hatcha y muchos más) el vehículo para que a partir de 2006 Tempa fuera sinónimo del dubstep más bailable y wooble (el conocido efecto de bajo «borracho»). Mientras, Kode9 fundaba su propio sello, Hyperdub, para grabar sus trabajos con el rapero-poeta recientemente fallecido The SpaceApe, también nos descubrió al Aphex Twin del dubstep, Burial, un joven londinense que durante mucho tiempo fue un misterio pues ni enseñaba la cara ni sabíamos su nombre. También publicó los trabajos de Kevin Martin de The Bug con la banda King Midas Sound y fue junto a Planet Mu, la puerta del footwork-juke de Chicago a Europa con la publicación de los trabajos del también fallecido DJ Rashad.

Mute / Novamute

Aunque no fuera un *label* únicamente de música electrónica, si hay un sello discográfico que haya enseñado a la mayoría de sellos independientes a gestionarse dando ejemplo de cómo un sello con pocos medios podía crecer sin perder su criterio, ese ha sido Mute. Creado en 1978 por el productor Daniel Miller (un enamorado de la experimentación krautrock), Mute comenzó publicando singles de la banda alemana DAF, pero también a publicar material de Cabaret Voltaire, Eisntürzende Neubauten (que venían porque Nick Cave & The Bad Seeds grababan en Mute), Throbbing Gristle o Nitzer Ebb, artistas que mezclaban punk, rock, vanguardia y electrónica. Pero el supergrupo de Mute tiene nombre propio, Depeche Mode, banda descubierta por Miller que se convirtió en uno de los proyectos de techno-pop más rentables de la historia. También publicaban en Mute los proyectos de Vince Clarke como Yazoo o Erasure y más tarde se incorporaron Goldfrapp, Renegade Soundwave, Komputer, Westbam, Moby o Laibach. En 1992 comenzó el subsello Novamute, más centrado en la música de baile, donde se publicaron discos de Cristian Vogel, Miss Kittin, Luke Slater o Plastikman.

Moving Shadow / Reinforced

El continuum hardcore fue definido por el periodista Simon Reynolds como una continua línea de sonido rave surgido en Inglaterra a principio de los noventa que sigue prosperando desde hace más de 20 años, desde el jungle primigenio hasta acabar en el dubstep, cuyos elementos más comerciales fueron aprovechados por los primeros DJs de la EDM para triunfar entre los jóvenes norteamericanos.

Si hablamos de jungle o drum'n'bass en los primeros noventa hablamos de dos personas y dos sellos, 4 Hero y Reinforced y Rob Playford con Moving Shadow. Más tarde aparecerían Goldie o Roni Size, pero los primeros hits de jungle los bailamos con gente como Omni Trio, DJ Hype, Blame, 2 Bad Mice y aquel «The Helicopter Tune» de Deep Blue en Moving Shadow o los tan copiados primeros discos de 4 Hero, los primeros pasos del colectivo Metalheadz, la rave acelerada de Nebula II, Nookie o los diversos pseudónimos del dúo 4 Hero como Tom & Jerry, Tek 9 o Manix. Velocidad, ritmo y baile, mucho baile.

Undergroud Resistance

A diferencia del futurismo utópico de la primera generación del Detroit techno, Underground Resistance es «un proyecto planeado por los doctores revolucionarios UR y The Vision para fusionar en frío el ADN humano y las estructuras celulares con los circuitos de sonido y la cibernética; una unión entre sonido, hombre y máquina». En 1989, Jeff Mills y Mike Banks crearon el colectivo político, musical y anticomercial Underground Resistance inspirado en la tradición de lucha afroamericana y las lecturas de clásicos de la ciencia-ficción como *Future Shock* de Alvin Toffler. Musicalmente esto se traducía en un techno más oscuro, rápido y opresor, que tuvo una amplia aceptación en Europa, sobre todo en Inglaterra y Alemania.

Robert Hood se unió al colectivo pero lo abandonó muy pronto junto a Mills. Las obsesiones paramilitares de Banks (muy al estilo de los Panteras Negras) no acabaron de convencerles. Por el colectivo-sello han pasado gente como Drexciya, Blake Baxter, DJ Rolando, Claude Young o DJ 3000. UR tuvo su gran éxito comercial con el «Jaguar» de The Aztec Mystic AKA DJ Rolando en 1999.

Kompakt

Tras el éxito internacional de Tresor, muchos sellos de electrónica surgieron en Alemania, en diferentes ciudades, miles de laboratorios de música de baile. El más influyente (tanto musical como empresarialmente) fue Kompakt en Colonia. Fundado en 1998 por Wolfgang Voigt, Michael Mayer y Jürgen Paape, Kompakt comenzó a ser famoso gracias al llamado sonido Colonia, un techno-house minimalista muy funkie. El éxito de Kompakt es que todos eran músicos y tenían una sensibilidad que atraía a muchos artistas alemanes y europeos. Pero su verdadero despegue se produjo al ayudar y distribuir a muchos sellos alemanes de música de baile que se habían quedado sin distribución y al borde de la bancarrota tras el descalabro económico de la gran distribuidora EFA (cerrada en 2004).

En Kompakt han grabado gente como Superpitchet, Sascha Funke, Tobias Thomas, Lawrence, Gui Boratto, Gas, The Field, The Orb, DJ Koze, Apparat o Matias Aguayo, convirtiéndose en uno de los sellos electrónicos más grandes e influyentes del siglo XXI.

☺

5. Los discos

—¿Cuánta música tiene sin publicar?

—Aproximadamente 600 canciones.

Entrevista a Aphex Twin en *El País*, 17/07/2011, por Daniel Verdú

La historia de la música de baile no se contabiliza por discos, como la de la música popular. Al ser una música creada para ser escuchada en un sitio concreto (el club), es una forma de hacer música en la que predomina, sobre todo, la canción, el tema, para que el DJ lo mezcle en sus sesiones. Pero con el éxito masivo del Verano del Amor en Ibiza y la invasión de la rave a partir de 1988 en Inglaterra y media Europa el público comenzó a pedir más material de sus artistas favoritos (aquellos que habían triunfado con un par de singles). Por eso, esta lista de 51 discos esenciales de la dance music tiene muy pocos discos anteriores a 1988, porque la música de baile se hizo masiva a partir de esa fecha, antes solo encontrarás discos de los pioneros y los clásicos del synthpop de los ochenta.

El grueso de esta sección lo forman discos de los noventa y sobre todo de raíz angloamericana. En las Islas Británicas supieron vender muy bien la música de baile como el nuevo pop y crearon una comunidad de clubs, sellos y grupos de la nada. Me habría gustado meter más material de otros países y culturas, pero son culturas musicales muy válidas que funcionan con temas y canciones, no con LPs.

Orbital

Orbital (1993)

El segundo trabajo de los hermanos Hartnoll sin título (también llamado *Orbital 2* o *The Brown album*) pudo comprimir en poco más de una hora toda la efervescencia techno británica rave de principios de los noventa (banda sonora del exceso que ellos ya habían alimentado con temas tan excelsos como «Chime» o «Satan»). Un disco superlativo que resume como nadie toda una época de la música de baile, tan arrebatadoramente *underground*, sin prejuicios y dotada de un aire punk y pop, en un momento en el que las etiquetas no eran un yugo cultural. Un viaje que comienza con la máxima «Hasta un reloj da la misma hora dos veces al día» (de la película *Withnail y yo* en «Planet of Shapes»), continúa de rave con la trilogía formada por «Lush 3-1», «Lush 3-2» y «Impact (The Earth is Burning)», se pone dura con «Remind» y «Walk now...», y acaba con esa maravilla para ver amanecer que es «Halcyon + On + On», uno de los temas más bellos de la historia de la música de baile.

Björk

Debut (1993)

El debut de Björk Guðmundsdóttir se produjo cuando la cantante islandesa se encontraba más cerca de los treinta que de los veinte. Como miembro de Sugarcubes, Björk ya había tenido sus acercamientos a la música electrónica (recordemos que fue la voz de dos de los mejores temas del *Ex:el* de 808 State en 1991), pero su *Debut* fue un estallido de originalidad y comunión entre el pop, la música de baile y la world music. Grabado con la ayuda de Graham Massay de 808 State, el productor Nellee Hooper y los músicos de jazz Oliver Lake y Corky Hale, el primer álbum de Björk tiene de todo y bien: desde temas más house como «There's More to Life Than This», «One day» o «Violenty Happy», gemas del tecno-pop como «Big Time Sensuality» o «Crying», y momentos muy trip-hop lounge jazz de los primeros noventa como «Human Behaviour», «Aerplane» o «Venus Is a Boy». También nos mostró un poco de la Guðmundsdóttir más melódica y experimental del futuro con aquella «The anchor song» que, vista en perspectiva, parece sacada de *Homogenic* (1996) y *Vespertine* (2001).

808 State

Newbuild (1988)

Muchos fans de 808 State elegirán antes *Ex:el* que *Newbuild*, pero el primer álbum de la banda de Manchester es pura historia de la música electrónica inglesa y más del acid house que invadió UK a finales de los ochenta. Grabado durante el Verano del Amor, Newbuild es un disco que influyó definitivamente en la carrera de muchos artesanos de la música de baile de los años noventa, entre ellos Aphex Twin y Autechre.

Además, fue el disco grabado por el trio original: Graham Massay, Martin Price y Gerald Simpson (luego en A Guy Called Gerald), y es una verdadera orgía de house ácido con una 808 a punto de estallar haciéndonos bailar a muerte en temas como «Sync/Swim», «Headhunters» o «Dr. Lowfruit [4

A.M. Mix]». *Newbuild* es la materia de la que están hechan todas las pastillas de las raves de 1989 y 1990, el paso evolutivo lógico del acid house de Chicago al dance británico.

Inner City

Paradise (1989)

El primer disco de Kevin Saunderson y Paris Grey comienza con unos arpegios de sintetizadores muy futuristas. El tema se llama «Inner City Theme», el nombre que se le daba a la ciudad de Detroit, la ciudad del motor que vivió dos revoluciones musicales desde la cultura negra, fue la ciudad de la Motown, del soul y la ciudad de los tres de Belleville (Saunderson, Derrick May y Juan Atkins), el pueblo donde nació el Detroit techno.

Más futurista y revolucionador que su hermano de Chicago, el house, Kevin Saunderson fue el que con más pasión compartía el legado soul de su ciudad, poniéndole alma a sus composiciones con la voz de Paris Grey (y la ayuda en la sombra de su mujer Ann Saunderson, otra de las figuras importantes del principio de la historia del techno). *Paradise* es una máquina de baile, está repleto de hits que dieron la vuelta al mundo, desde el tema que le da nombre, el imparable bajo funk de «Big Fun» o esa eterna «Good Life», uno de los himnos de la historia de la música techno junto al «Strings Of Life» de Derrick May.

Kenny Larkin

Azimuth (1994)

Kenny Larkin forma parte de la llamada segunda hornada del Detroit techno junto a nombres tan importantes como Carl Craig y Jeff Mills, pero siempre será recordado como un artista en su estudio en vez de un DJ en potencia, como la mayoría de sus compañeros de generación. Gran parte de esa fama se la dio su primer y único disco para Warp Music, *Azimuth*, un trabajo que conecta el techno futurista de Juan Atkins y su Model 500 con la primera generación IDM británica formada por LFO o The Black Dog. No pudo formar parte de los tres de Belleville (Saunderson, Derrick May y Juan Atkins) porque estaba haciendo el servicio militar, pero al volver a Michigan creo un mundo propio de ciencia ficción y baile que influyó a muchos compositores de techno de Inglaterra y Alemania. Más de veinte años después, maravillas ambientales como «Funk in Space» o temas tan anfetamínicos como «Q» parecen hechas ayer y funcionarían en cualquier sesión actual.

Maurizio

Maurizio (1997)

En los noventa hubo muchas revoluciones sonoras europeas dentro de la música de baile, pero pocas pudieron compararse por impacto y influencia como la invención del techno dub por parte de los alemanes Mark Ernestus y Moritz Von Oswald con sus siete maxis de Basic Channel y los ocho de Maurizio o, simplemente, M. Recopiladas en un CD de hierro, las M Series eran techno minimalista compuesto como si estuviera hecho por un Lee "Scratch" Perry pero con mucha más disciplina (germánica, por supuesto). En temas como «M5A» se baila el ritmo, el bajo, la secuencia melódica que viaja por el estéreo de tu reproductor y el silencio, sobre todo el silencio (ese pequeño espacio vacío que queda entre las dos notas poderosas de bajo). La recopilación de los maxis hecha en 1997 está bastante bien, pero si uno quiere apreciar como el sonido fue creciendo y expandiéndose necesita escuchar en orden los 8 maxis, desde el primero y virginal *Ploy* hasta el definitivo *M7*. Simplemente, sin este disco no existiría el techno dub ni el minimal techno.

Seefeel

Quique (1994)

Mucha gente no entenderá porque un disco de shoegazer se ha infiltrado en esta relación de mejores discos de la historia de la música de baile. Simple, Mark Clifford y los suyos demostraron que los loops ruidistas melódicos de guitarra se podían bailar en cualquier pista de baile. Se coge, por ejemplo, «Climatic phase N3», con ese bajo tan dubbie y se le añade una base techno en el otro plato y ya tenemos uno de los temas más enigmáticos que podrás oír nunca en una pista de baile. El dream pop dub electrónico del *Quique* de Seefeel está repleto de temas circulares que enamoraron a todos los fans del pop y el baile a principio de los años noventa. Fue uno de los discos del año para NME y todo el mundo aplaudió la combinación excitante de melodía, ritmo y guitarras disonantes. Clifford y Seefeel pudieron unir en un solo disco a los fans de 808 State y los fanáticos de My Bloody Valentine con temas como «Playsong». Dos años después ficharían por Warp y publicarían el incomprendido *Succour* (95), un disco adelantado a su época.

The Streets

Original Pirate Material (2002)

El UK garage (el encuentro entre los ritmos del drum'n'bass y el house) iba envejeciendo en Inglaterra a principio del siglo XXI (y eso que había nacido poco tiempo antes, como unos cuatro años) al ser identificado con una generación joven laborista en los años de la bonanza económica británica... Para ser claros y concisos, se estaba convirtiendo en una música para pijos londinenses. Mike Skinner y su proyecto The Streets devolvió el sonido a las calles con unas letras de desesperanza de barrio que enganchó a muchos jóvenes (y no tan jóvenes) en muchos hogares ingleses y americanos. *Original Pirate Material* fue un éxito mundial y abrió el camino de los nuevos jóvenes hambrientos del sur de Londres con estilos como el grime (hip hop electrónico) o el dubstep (el siguiente paso lógico del continuum hardcore). Tocado por los dioses del ritmo y las rimas, Skinner nunca pudo superar la magnificencia de su debut, una radiografía de las tribulaciones de un joven en Londres con temas tan míticos como «Has it Como to This», «Same Old Thing», o el ska electrónico de «Don't Mug Yourself».

The Sabres of Paradise

Haunted Dancehall (1994)

Andrew Weatherall estuvo al lado de Danny Rampling y Paul Oakenfold desde que estos volvieron de Ibiza todavía encima de la nube del Verano del Amor. Fue DJ de raves, facturó hits para Boy's Own Recordings y provocó que muchos jóvenes amantes del pop bailaran con sus trabajos y remixes con Primal Scream, Happy Mondays o The Charlatans. Como músico siempre será recordado por haber compuesto junto a Jagz Kooner y Gary Burns las dos obras maestras de The Sabres of Paradise, *Sabresonic* (1993) y, sobre todo, este *Haunted Dancehall*, una novela pulp policiaca convertida en música de baile en una equilibrada mezcla de IDM, dub, ambient y trip hop (Portishead aparecen en «Planet D»). Pero sobre todo son grandes por hacer bailar a toda Inglaterra con «Wilmot», una pieza de reggae caribeña que fue pinchada por todo el mundo entre 1994 y 1995. *Haunted Dancehall* suena como si Sam Spade hubiera vivido en el Londres de los gemelos Kray y la historia hubiera sido escrita por William Gibson.

M.I.A.

Arular (2005)

Cuando «Galang» comenzó a sonar con fuerza en las radios británicas en 2003 todo el mundo intuyó que había nacido una de las artistas femeninas más influyentes del siglo XXI. Aquel tema mezclaba en su interior varias disciplinas de la world music (desde los tambores brasileños, música india y jamaicana) mezcladas con el hip hop, la electrónica y una actitud muy punk-rock. *Arular*, el debut de Mathangi "Maya" Arulpragasam reproducía en sonidos el particular patchwork multidisciplinar de estilos que esta artista ya utilizaba como pintora y diseñadora de portadas de discos. Con Diplo, Switch o Richard X ayudándola a transformar en sonidos su imaginativo mundo visual, Maya consiguió adelantarse cinco años a varias revoluciones mundiales con un trabajo excitante, combativo, femenino y muy, muy bailable, una obra maestra de la Historia de la Música con mayúscula.

The KLF

The White Room (1993)

Muchas de las influencias estéticas de Bill Drummond (el ideólogo de The KLF, acrónimo de Kopyright Liberation Front, Jimmy Cauty se encargaba más de la parte musical) se basaban en la falsa y satírica religión discordiana o en los libros conspiranoicos de *The Illuminatus! Trilogy*. Aunque al final el gran público solo se acuerde de sus temas más comerciales y famosos, todos sus proyectos tenían un profundo trasfondo artístico que les hacía únicos. Tras finiquitar la aventura hip hop de The Justified Ancients of Mu Mu, ser tan famosos en Inglaterra como Kylie Minogue con el tema «Doctorin' the Tardis», y grabar el disco seminal de la música ambient, «Chill Out», publicaron tres maxis (con infinidad de remezclas) que les lanzaron al estrellato. Todo el mundo conoce la trilogía «What Time is Love?», «3 a.m. Eternal» y «Last Train to Trancentral», pero pocos saben toda la filosofía artística que se escondían en su composición y, sobre todos, vídeos. Tras el éxito, el dúo se separó, retiraron todo su material de las tiendas de discos y crearon el grupo terrorista artístico K Foundation, cuya *performance* y sacrificio final fue quemar un millón de libras. Genios locos.

Daft Punk

Homework (1997)

H*omework* pasará a la historia por ser uno de los pocos discos cuya historia comienza en Eurodisney París. Es broma. Es cierto que el dúo francés formado por Thomas Bangalter y Guy-Manuel de Homem-Christo conocieron a Stuart MacMillan en una rave en Eurodisney y le pasaron su maqueta allí. Más tarde, Soma, el sello de McMillan publicaría «Alive» (primero llamado «The New Wave»), después le seguiría «Da Funk» y comenzaría la locura por ese nuevo house-disco funk facturado en Francia. El salto a una multinacional como Virgin provocó que Bangalter y Homen-Christo no ganaran mucho dinero pero les permitió una libertad encomiable, una libertad para facturar un disco que es una declaración de amor a todas las raves de techno, acid y house que este dúo había disfrutado durante los primeros noventa. Aparte de «Alive» y «Da Funk», Daft Punk conquistó el mundo con temas tan funkies como «Around the World», el subidón ácido disco de «Burnin'» o esa combativa «Revolution 909» en la que criticaban las recientes leyes francesas anti-raves.

Aphex Twin

Selected Ambient Works 85-90 (1992)

Para muchos críticos el segundo *Selected Ambient Works* (el de 1994, publicado en Warp) es el mejor disco de Aphex Twin, pero si tenemos que señalar a uno más influyente y que marcó a toda la generación bleep ese es el primero *Selected Ambient Works 85-90* publicado en R&S antes del matrimonio entre Richard D. James y el sello Warp Records.

Mucho más bailable que la mayoría de discos de Aphex Twin (no es el caso de la vertiente acid de James con su pseudónimo AFX), este primer álbum recoge la primera etapa ravera de este niño prodigio de la música (que además, tiene sinestesia natural, puede saborear colores o ver sonidos), una obra de autodescubrimiento que nace con un sonido único y particular (llenando todos los canales de capas y capas de colchones melódicos y melancólicos por debajo de unas bases rítmicas desconocidas para la época) que no solo marcaría su música a partir de entonces sino también la de la historia de la música electrónica, de baile y experimental.

Portishead

Dummy (1994)

Dummy ganó el Mercury Music Prize (mejor disco británico del año) en 1995 y está en la lista de los lectores de Rolling Stones de los 500 mejores discos de la historia de 2003. No es para menos, pues estamos ante uno de los discos más influyentes de la música de la última década del siglo XX y parte del XXI. El impacto del debut del trío de Bristol continúa vivo todavía en la actualidad gracias a temas como «Sour Times», «Roads» o «Numb». Geoff Barrow había trabajado con Massive Attack y Tricky cuando se encontró la voz rota de Beth Gibbons y al multinstrumentista y productor Adrian Utley. Juntos rodaron el cortometraje *To Kill a Death Man*, donde sonaban algunas de las canciones que formarían *Dummy*. El trío puso al trip hop y a Bristol en el mapa musical mundial, éxito del que también se aprovecharon Massive Attack o Tricky en sus siguientes discos, pese a haber estado antes. Insobornables, Portishead han publicado dos discos más en 20 años, también absolutamente maravillosos: *Portishead* (1997) y *Third* (2008).

Autechre

Tri Repetae (1995)

Tras el éxito del ambient cálido con bases de hip hop tecnificadas de *Incunabula* (1993) y *Amber* (1994) los mancunianos Rob Brown y Seath Booth se lanzaron al vacío sin red en un camino de experimentación constante y sin pausa a partir de *Tri Repetae*, uno de los discos de bleep más influyentes de la historia de la música de baile: junto a Aphex Twin, el sonido percutivo frío de Autechre y esas melodías tristes han sido la base de toda la IDM y el glitch house posterior. Más centrados en el ritmo que nunca, *Tri Repetae* está considerado uno de los discos más bellos de la música de la electrónica o uno de los más fríos, todo depende del oyente: bajos metalizados, baterías distorsionadas, un ritmo funkie hip hop que lo invade todo y, debajo, esas melodías sintetizadas de futuros imperfectos y distópicos. La materia de la que están hechos los sueños electrónicos. Imprescindible escuchar este trabajo junto a los dos EPs *Garbage* y, sobre todo, *Anvil Vaple*, donde podemos encontrar el tema «Second Bad Vilvel», el del famoso videoclip de Chris Cunningham que hizo famoso a realizador y banda.

Burial

Untrue (2007)

Pocos artistas en el mundo pueden presumir de haber publicado dos obras maestras seguidas y no haber bajado el listón en sus siguientes maxis y EPs. Y no estamos hablando solamente de música electrónica de baile sino de cualquier estilo de la música popular.

Uno de los pocos tiene nombre y apellidos. Nos referimos al misterioso William Bevan, más conocido como Burial. Si su primer y homónimo LP (2006) fue disco del año en muchos sitios, nadie esperaba que tardaría solo un año más en superar su propio debut, convirtiendo en *Untrue* en el mejor disco del siglo XXI. Bevan convirtió el dubstep en un estado mental, en una banda sonora imaginaria del sur de Londres, una ciudad oscura, triste, solitaria y deprimente. Aunque también se puede bailar y abandonarse uno en medio de la pista: temas como «Near Dark», «Ghost Hardware» o la prodigiosa «Etched Headplate» (soul de ultratumba) lo muestran. La demostración sonora de que el ordenador tiene alma y Burial la encontró en todos sus trabajos.

The Prodigy

Experience (1992)

Muchos dirán que *Music for the Jilted Generation* (1994) o *The Fat of the Land* (1997) contienen el sonido Big Beat que hizo a The Prodigy famosos en el mundo entero. Cierto, pero su obra significativa, aquella que supo reflejar el *zeitgeist* de toda una época (el comienzo del continuum hardcore británico ravero: la deriva del acid house y el hardcore techno hacia el jungle y el drum'n'bass) es este primerizo *Experience*, un disco bombástico repleto de hits hardcore megabailables como «Jericho», «Charly», «Your Love» o «Fire». Con Jamaica en las venas, muchas dosis de diversión y ritmo, mucho ritmo, Liam Howlett y los suyos consiguieron ser mucho más punkies e irreverentes que en sus discos posteriores. Si *Newbuild* retrata con fidelidad las primeras raves de Inglaterra con la 303 como protagonista, *Experience* recoge en un excelente documento sonoro los momentos más álgidos del sonido raver, cuando Jamaica hizo su aparición y se fusionó con el hardcore.

Fuck Buttons

Tarot Sport (2009)

¿Un disco de electrónica producido por un componente de Mogwai (John Cummings) y masterizado por Bob Weston de Shellac? Que cosa más rara era esa, había que escucharlo. Eran dos jóvenes de Bristol y su *Street Horrrsing* (2008) sonaba como la Velvet Underground, Merzbow y la gente de Underground Resistance metidos en una lavadora estropeada en centrifugado rápido. ¡Y encima había temas como «Bright Tomorrow» que se podían bailar! Para su segundo trabajo, *Tarot Sport*, el dúo decidió ir un paso más allá y contar con el mismísimo Andrew Weatherall en la pecera. El resultado fue un ejercicio mucho más psicodélico y cósmico, en el que encontramos el espíritu de Vangelis en temas como «Olympians», la épica techno de «Solar Surf» (ambos temas sonaron en la ceremonia de apertura de los JJOO de Londres 2012) o los correos cósmicos de «Space Mountain». *Tarot Sport* fue considerado uno de los mejores discos del final de la primera década del siglo XXI.

Pet Shop Boys

Introspective (1988)

Publicado justo después del Verano del Amor de Ibiza, *Introspective* es el tercer disco del dúo británico Pet Shop Boys, un trabajo con solo seis canciones en versión maxi, o sea, *edits* para clubs de baile, para ser pinchados por los DJs, de una duración de entre seis y diez minutos. Neil Tennant y Chris Lowe eran unos enamorados de los clubs (entre *Please* y *Actually* publicaron *Disco*, un LP de remezclas con mixes de Arthur Baker o Shep Pettibone) y para su tercer trabajo quisieron recuperar en sus nuevos temas ese aire de discoteca, con versiones interminables de temas tan conocidos en la historia del dúo como «Left to my Own Devices», «Domino Dancing» o esa revisión del clásico de Elvis, «Always on my Mind» (a la que añadieron el deep edit «In my house»). Fue el primer encuentro de los Pet Shop Boys y el famoso productor *hitsmaker* Trevor Horn, pero también contaron con Lewis A. Martineé para darle ese aire Miami latino a «Domino Dancing». Para mucha gente, este fue el primer álbum de contacto con la música electrónica de clubs.

Buraka Som Sistema

Black Diamond (2008)

Aunque el estilo musical existe desde principios de los años ochenta, fueron una banda portuguesa quienes popularizarían el kuduro (culo duro, en portugués), un estilo de baile de Angola (de la zona de Luanda, para ser exactos) al que Buraka Som Sistema harían mundialmente famoso con *Black Diamond*, una celebración del baile y los sonidos africanos. Branko, DJ Riot, Conductor y Kalaf Ângelo se rodearon de colaboraciones como M.I.A, Virus Syndicate, Pongolove, Deize Tigrona, Puto Prata y DJ Znobia con un trabajo que conectaba la pista de baile europea, las favelas brasileñas y uno de los bailes más populares de Angola (el kuduro) y de las Antillas francesas (el zouk). La primera edición de *Black Diamond* fue el primer disco original publicado por Fabric London, el sello de la discoteca londinense famosa por sus recopilatorios de mixes *Fabric* y *Fabriclive*. Toda una celebración de vida repleta de temas tan enormes como «Kalemba (Wegue Wegue)» o «Yah!».

Plastikman

Closer (2003)

Principio y final para el minimal techno que asoló Europa durante toda la década del siglo XXI (como decía Matias Aguayo en «Minimal», su famoso tema de 2008: «Basta ya de minimal»). Más vinculado al principio del techno de Detroit (en su sello Plus 8 había publicado material de Kenny Larkin o Terrence Parker) y al acid house (omnipresente en *Sheet One*, 1994, y *Musik*, 1994), Richie Hawtin llevó a su proyecto Plastikman a una constante experimentación del techno minimalista en discos como *Consumed* y *Artifakts* (BC) (los dos de 1998). Pero es en *Closer* donde consigue aunar en un sólido disco su faceta como DJ internacional y la experimentación que había iniciado con los otros dos trabajos de 1998). Mucho más oscuro y ambiental que sus trabajos en 12", *Closer* prosigue el camino de investigación sonoro de *Consumed* pero estableciendo brillantes conexiones con su pasado más ácido como en «Disconect» o «Headcase», pero también creando hits para la pista como «Ping Pong». Introspectivo y bailable.

Underworld

Dubnobasswithmyheadman (1994)

Antes que «Born Slippy» brillara en el final de *Trainspotting* de Danny Boyle, el dúo de techno-pop de Cardiff formado por Karl Hyde y Rick Smith habían reclutado al joven DJ londinense Darren Emerson como tercer miembro de Underworld. El resultado fue un disco de house pop superlativo, *Dubnobasswithmyheadman*, que fue descrito por la revista *Melody Maker* como el disco más importante de Inglaterra desde *The Stone Roses* y *Screamadelica*. Hyde y Smith compusieron las canciones como siempre, letra y melodía con guitarra y después las desmontaban y las volvían a rehacer en forma de trance house, progressive o techno. Aunque el tercer trabajo de Underworld está repleto de canciones para el recuerdo (como «Dark and Long», «Spoonman» o «Cowgirl») el disco no está completo sin «Rez» o «Why Why Why», dos temas publicados antes en 12". Es más, se podría considerar «Born Slippy» como el último tema del disco, aunque fuera recogido en el cuarto trabajo del trío *Second Toughest in the Infants* en 1996.

Kraftwerk

Computer World (1981)

El octavo disco de la banda alemana Kraftwerk cerraba la trilogía iniciada con *Trans-Europe Express* y *The Man-Machine* en el que Hütter y Schneider (y Karl Bartos, por supuesto) intentaron imaginar un futuro ideal. Tras su sueño de una Europa interconectada y una gran oda a la robótica faltaba una utopía futurista que en 1981 todavía comenzaba a estar en pañales: la informática y cómo nos cambiaría la vida. Ahora, en la segunda década del siglo XXI, canciones como «Pocket Calculator» se convierten en toda una profecía viendo a todo el mundo pegado a sus móviles. La domótica hacía su aparición en «Home computer» y hasta las máquinas podían enamorarse en temas como «Computer Love». Pero, sobre todo, *Computer World* brilla por ser rabiosamente pop y por haber influido a gran parte de la comunidad techno y house. Si «Trans-Europe Express», el tema, era funk electro, «Numbers» es puro techno de Detroit.

Yellow Magic Orchestra

Yellow Magic Orchestra (1978)

Como Kraftwerk, el productor y músico de rock psicodélico Hauromi "Harry" Hosomo, acompañado por el batería Yukihiro Takahashi y el teclista Ruiychi Sakamoto, también imaginaba mundos utópicos futuristas. Pero ellos tres tenían mucho más sentido del humor que los germanos (aunque ahora viendo/escuchando a Sakamoto no lo parezca para nada). Solo hay que fijarse en su debut homónimo, un disco de lounge exótica (el musak de los años cincuenta) al estilo del gran Martin Denny. Para ello solo utilizaron instrumentos electrónicos (moogs y korgs) secuenciados por el mítico Roland MC-8 (el primer instrumento computarizado utilizado por Kraftwerk, Giorgio Moroder o Tangerine Dream). Disco divertidísimo con temas como «Firecracker», «Too Pong» o «La Femme Chinoise» que fue el máximo inspirador de todo el synthpop japonés y europeo junto a los trabajos de Kraftwerk. También fue germen de la música chiptune con su revolucionario «Computer Game».

Giorgio Moroder

From Here to Eternity (1977)

Antes del éxito internacional de «I Feel Love» con Donna Summer, el italiano Giorgio Moroder había revolucionado el mundo de la música disco con el sonido Munich de *From Here to Eternity*, un LP en el que la primera cara era un non-stop remix sincopado de ritmo marcial cuatro por cuatro donde destacaban canciones de corte disco como «From Here to Eternity» o «Utopia». Este ritmo y esta forma de «empalmar» las canciones influyeron a los DJs del house primigenio de Chicago y Nueva York (que no paraban de poner temas de Giorgio en clubs como The Warehouse o The Loft). *From here to eternity* también fue muy influyente en la llamada cosmic disco e italo disco, que copió los patrones rítmicos y melódicos de temas como «First Hand Experience in Second Hand Love», un tema de pop muy meloso. Moroder perfeccionaría su técnica hasta convertir a Donna Summer en una diva robótica o triunfar en Hollywood con las bandas sonoras de *American Gigolo* o *El Expreso de Medianoche*.

Lee "Scratch" Perry

Arkology (1996)

Es muy difícil elegir uno solo como trabajo clave en los más de cincuenta años de carrera del productor jamaicano Rainford Hugh Perry, más conocido como Lee "Scratch" Perry. Aparte de sus discos con The Upsetters o en solitario, Perry también ha producido infinidad de temas completos y riddims que han alimentado los soundsystems jamaicanos desde la década de los setenta hasta ahora. Así que si tenemos que rescatar un trabajo, mejor que sea el recopilatorio *Arkology*, que recoge temas en solitario, con The Upsetters y producciones variadas, todas grabadas en el mítico estudio Black Ark. Además, está organizado en 3 CDs históricos en los que oímos como se va desarrollando el dub desde el primigenio reggae del Oeste de los Upsetters hasta sus trabajos más experimentales en solitario o con gente como Max Romeo o Horance Andy. Una joya de compilación que todo buen amante de la música jamaicana debería tener en su estantería.

Suicide

Suicide (1977)

El disco de debut de Alan Vega y Martin Rev se grabó durante cuatro días en los estudios de Red Star (Nueva York) y contó con la producción de Craig Leon (The Ramones y Blondie) y Marty Thau (New York Dolls) y a la primera escucha parece Elvis Presley cantando sobre colchones marciales de sintetizador 4x4. Antes que Sex Pistols publicaran su único disco, Vega y Rev habían inventado el punk y el techno-pop o synthpop. Solo dura 33 minutos pero seguramente sea uno de los discos más intensos de la historia del rock'n'roll, y también el más electrónico y bailable. Suicide tiene efectos de voz y programación secuenciada que todavía se utilizan en la actualidad. No solamente ha influido en gente como Peaches o Jamie Lidell sino que también marcó a varias generaciones de rockeros: desde Bruce Springsteen hasta Spacemen 3, pasando por grupos más experimentales como Pan Sonic o Sunn O))). El delirio industrial de «Frankie Teardrop» es una de las *31 Songs* del famoso libro de Nick Hornby.

Varios Autores

Acid: Can you jack? (2005)

En la música electrónica de baile no existen (mayormente) discos perfectos de algunos estilos, sino que su historia se construye maxi a maxi, tema a tema. Uno de los sonidos más influyentes de la historia, el ñigo-ñigo de la Roland TB-303 solo lo podemos rastrear en recopilatorios, y la gente de Soul Jazz Records (que ha rastreado, seleccionado y documentado infinidad de estilos de baile en sus maravillosas compilaciones, desde el latin rock hasta el dubstep) nos regaló en 2008 el testimonial y definitivo *Acid: Can you jack?*, un doble CD con libreto explicativo que recogía los primeros temas de Phuture, el desaparecido Armando, Mr. Fingers, Tyree, Sleezy D, Virgo Four, Green Velvet o Lil' Louis. Y claro, qué sería de un recopilatorio de acid house sin el seminal premonitorio «Acid Tracks» de DJ Pierre, Spanky y Herb J que le dio nombre y parámetros a uno de los estilos más influyentes de la música electrónica de baile.

Afrika Bambaataa

Looking For The Perfect Beat 1980-1985 (2005)

Los pioneros del hip hop: por un lado, Grandmaster Flash y la gente de Sugarhill Records creando las primeras clases magistrales de rap con temas como «The Message» o, claro, «Rapper's Delight»; mientras, cerca, en otra calle del Bronx, Afrika Bambaataa comenzaba a juntar beats de discos para crear el sonido electro, una mezcla de beats hiphoperos y samplers de todas partes: música funk y soul, latina y, sobre todo, ese frío techno-pop europeo tan funky, como los chicos de Kraftwerk. *Looking For The Perfect Beat 1980-1985* recoge la época más innovadora del gran (en todos los sentidos: musicales y físicos) Kevin Donovan. Desde ese gigante «Planet Rock» (con el mítico sampler de «Trans-Europe Express» de Kraftwerk), esa orgía de ritmos disco llamada «Renegades of Funk», el hip hop primigenio de «Zulu Nation Throwdown» o la muy rockera «Who Do You Think You're Funkin' With?», con la presencia de Melle Mel de los Furious Five de Grandmaster Flash a las rimas. Muy funkie y electrónico.

DJ Shadow

Endtroducing..... (1996)

En el excelente documental *Scratch* (2001) de Doug Pray que investiga la historia y figura del DJ *turntable* y el hip hop instrumental, aparece, por supuesto, DJ Shadow en el sótano de la tienda de discos Rare Records de Sacramento, su ciudad natal. Millones y millones de vinilos se amontonan en ese inmenso subsuelo, un monumento a los sueños rotos de miles de músicos de todos los estilos. Mucho de esos discos, trozos de ese espíritu, acabaron formando parte de uno de los discos más tristes y bellos de la historia de la música electrónica, también el disco con más samplers con Record Guinness incluido: *Endtroducing.....* (sí, con cinco puntos consecutivos). Grabado durante dos años con un simple Akai MPC60 Sampler, el debut de este DJ de la Costa Oeste es una extraña mezcla de hip hop, post-rock y ambient, uno de esos raros discos que transcienden géneros y se convierten por derecho propio en materia inspiradora para otros músicos. Al final se hizo justicia y todo aquel material olvidado por los oyentes brillará para siempre en el disco de DJ Shadow.

New Order

Technique (1989)

Technique es el disco de la época dorada del cuarteto de Manchester que no contiene ni uno de sus hits más recordados. *Technique* fue el primer disco de la banda en llegar al número uno de las listas británicas. *Technique* es el mejor disco de la historia de New Order. ¿Cómo se explica esto? Fácil. New Order fue la banda de rock/pop que documentó en un disco en vivo y en directo el Verano del Amor de Ibiza. Grabado en el estudio Real World de Peter Gabriel en la isla mediterránea, Sumner y los suyos se empaparon de los balearic beats y el acid house de las discotecas de Ibiza y lo incorporaron a su pop melancólico. Temas como «Fine Time», que parece un remix de 3 de la madrugada para bailar con los brazos en alto, conviven con himnos pop de amanecer eterno como «All the Way». Si quieres saber qué fue el Verano del Amor en Ibiza escucha seguido y sin pausa los temas «Fine Time», «Round and Round», «Mr. Disco» y, sobre todo, la muy housera «Vanishing Point».

Depeche Mode

Music for the Masses (1987)

Difícil elección saber qué disco de la primera época de Depeche Mode, la más techno-pop, es el mejor disco de la banda. *Music for the Masses* cierra la brillante trilogía iniciada con *Some Great Reward* (1984) y *Black Celebration* (1986) y es una elección bastante ecuánime al tratarse del disco en el que comenzaba a deslumbrarse a los Depeche Mode más épicos y gigantes (gracias a temas como «Strangelove» o «Never Let Me Down Again») de los noventa.

Todas las composiciones eran de Martin Gore y en la producción ayudó mucho David Bascombe, que había grabado con Tears For Fears o Peter Gabriel. *Music for the Masses* fue el disco elegido para un gran tour que llevó a la banda de Basildon por todo el mundo durante más de un año (incluido ciudades del este del Telón de Acero como Praga o Budapest) y que le dio fama internacional (además fue la gira en la que se comenzó a gestar *Violator*). Por cierto, Music For The Masses Tour comenzó en Madrid y Barcelona en octubre de 1987.

Drexciya

The Quest (1997)

El futurismo literario, sobre todo libros como *La Tercera Ola* de Alvin Toffler, fue una gran inspiración para pioneros del techno de Detroit como Cybotron. El dúo Drexciya, formado por el tristemente desaparecido James Stinson y Gerald Donald (que mantiene viva la filosofía y música del grupo) idearon la banda sonora de un mundo submarino futurista formado por seres híbridos de antiguas razas semihumanas de las profundidades con los hijos de los esclavos que eran arrojados por la borda en los barcos esclavistas del siglo XVIII. *The Quest* es un recopilatorio de sus primeros maxis y temas para sellos como Underground Resistance o Shockwave (lástima que no tenga temas de su inspirador EP *The Journey Home* grabado para Warp en 1995) pero milagrosamente funciona como una historia con su prólogo principal («Depressurization») y la llegada final a la ciudad sumergida («Bubble Metropolis»). Un clásico del electro techno que no ha envejecido ni un solo día desde que fue ideado por las mentes preclaras de Stinson y Donald.

Cybotron

Enter (1983)

En todos los estilos siempre tiene que haber alguien que llegue primero, y en la historia de la música techno esa persona está clara: Juan Atkins. Pero la primera aventura musical de Atkins no fue en solitario. A su lado estaba su amigo Richard Davis, mayor que él y que había estado en la guerra del Vietnam. Obsesionado, como Atkins, por los sonidos electrónicos que venían de Europa y la ciencia-ficción formaron Cybotron junto al guitarrista John Housley. Escuchar Enter ahora es descubrir como el funk sintentizado de Parliament y Funkadelic convive en apenas dos acordes con los efectos pop de Kraftwerk o las melodías cósmicas del italo disco. No se puede considerar el mejor disco de la historia del techno (Atkins mismamente se superaría a sí mismo con todos sus maxis para Metroplex) pero sí el primero. Un muy disfrutable experimento que fue la primera piedra sobre la que el trío de Belleville edificaría la Sagrada Iglesia del Techno de Detroit.

Underground Resistance

Revolution for Change (1992)

Si el hip hop tenía a Public Enemy como su ejemplo de grupo musical político, el techno de Detroit también tiene su propio grupo terrorista anticapitalista, concienciado políticamente y socialmente en continua lucha por los derechos del pueblo afroamericano. Ese grupo se llama Underground Resistance (UR) y fue formado en 1989 por Jeff Mills y Mike “Mad” Banks, aunque pronto se les unió Robert Hood. Mills abandonó UR para centrarse en sus propios proyectos más futuristas y experimentales, pero para Banks la lucha y la anticomercialidad era lo primero. En 1992 sacaron su primer recopilatorio en Network Records, con temas de *Riot EP*, *Punisher*, *Waveform EP*, *Nation 2 Nation* o *Sonic EP* (todos publicados entre 1990 y 1991), una experiencia muy hardcore y bailable en el que se demuestra que el techno también podía ser *too black too strong*. Esta forma agresiva de hacer techno fue la más aplaudida e imitada en lugares como Alemania con la discoteca y sello Tresor a la cabeza.

Boards of Canada

Music has the Right to Children (1998)

Es cierto, *Music has the Right to Children* no es muy bailable. De hecho, es un disco de IDM ambient más que un disco de música de baile, pero el segundo LP original de Boards of Canada (mucha gente se olvida de *Boc Maxima* publicado en 1996) es uno de los trabajos que han inspirado a toda una generación de *bedroom producers* (productores de habitación) que han intentado reproducir el sonido y ambiente único de este disco con ordenadores y sintentizadores modernos. Pero *Music has the Right to Children* nace de la fascinación de Mike Sandison y Markus Eoin por los sintentizares vintage y los modulares que atesoran en sus estudios Hexagon Sun y, sobre todo, en varias grabaciones de campo que el dúo utiliza en varios paisajes sonoros del disco. Ritmos hip hop (como unos Autechre pero en pop), melodías, *field recordings*, sonidos de sintetizadores añejos convierten a *Music has the Right to Children* en uno de los mejores discos de los noventa (el mejor, para muchos DJs y productores).

The Orb

U.F.Orb (1992)

¿Qué es el ambient house? Realmente no existe como estilo, pero era una palabra muy chula para definir ese sonido a medio camino entre el estilo balearic de pinchar que luego se convertiría en música chill out. Mucha sampladelia con bombos no muy exagerados para mover la cabeza en los momentos menos agresivos del viaje de éxtasis. *U.F.Orb*, segundo disco del proyecto de Alex Paterson, Kris Weston y Jimmy Cauty era una apisonadora de sonidos, en sus grabaciones encontramos radio rusas, dub (mucho dub), instrucciones en diferentes idiomas de mil inventos, grabaciones de campo y world music. Pero también melodía y ritmo, mucho ritmo. No solo colaron el single más largo de la historia en el Top 40 británico («Blue Room», 40 minutos de ambient psicodélico con la guitarra líquida de Steve Hillage que en el disco se redujo a poco más de diecisiete minutos), sino que sonaron en todas las fiestas gracias a temas como «Majestic» o «U.F.Orb». Un viaje sonoro más allá del ultraverso.

Varios Autores

Artificial Intelligence I y II (1992-1994)

El primer recopilatorio del sello de Sheffield Warp Records se convertiría inmediatamente en barco insignia de todo un estilo y una forma de vivir y entender la música electrónica de baile. Los dos recopilatorios *Artificial Intelligence* dieron título a la IDM (Intelligence Dance Music), título criticado por muchos, incluidos los propios miembros de esta temprana primera generación de Warp, pero la IDM no hace superior al estilo diferenciando entre techno «inteligente» y techno «tonto» (como algunos críticos ciegos han querido ver) sino una manera de entender la electrónica más cercana a la cultura pop-rock y a la experiencia sonora alejada de la pista de baile. También llamada bleep music, en los dos *Artificial Intelligence* podemos encontrar temas de The Dice Man (Richard D James), Autechre, Speedy J, B12 (como Musicology), I.A.O. (los Black Dog camuflados) Seefeel, Richard h. Kirk (de Cabaret Voltaire) o Link (Mark Pritchard de Jedi Knights). Asombrosamente no hay ningún tema de Aphex Twin (si de Richard D James con otro pseudónimo), siendo considerado por todos como el Padrino del estilo.

A Guy Called Gerald

Black Secret Technology (1995)

El acid house fue la primera experiencia rave extrema, pero el ravero quería más, el hardcore techno holandés (muy influenciado por el post-punk electrónico británico y la EDM de Front 242) cruza el canal de la Mancha y se convierte en un éxito, pero en Inglaterra tienen otra manera de hacer las cosas y comienzan a mezclar hardcore con reggae y dub y nace el jungle o drum'n'bass. Uno de los pioneros del acid house británico, Gerald Simpson, quedó enamorado del drum'n'bass pero lejos de imitar el estilo de colectivos pioneros como los 4Hero o los Metalheadz de Goldie (que aparece en «Energy»), juntó sus colchones electrónicos melódicos con el ritmo acelerado de este nuevo estilo. El resultado es un disco de drum'n'bass atípico, ensoñador, repleto de paisajes ambientales sintetizados y una ausencia del poderoso bajo dub (que hace aparición contundente en temas como «Finley's Rainbow»), uno de los elementos más distintivos del drum'n'bass que aquí es mero espectador. Un crítico lo definió como el sueño químico que tienes después de una rave de 24 horas. Una metáfora muy acertada.

Roni Size / Reprazent

In the Mode (2000)

Sí, mucha gente dirá que *New Forms* (1997) es la obra maestra de Roni Size y su colectivo Reprazent, si ganó hasta un Mercury Prize al mejor disco del año y todo el mundo (creyente del drum'n'bass o no) lo tenía en sus estanterías. Pero *New Forms* era el final de un camino iniciado por Roni Size, DJ Die, Krust y adláteres varios a principios de los noventa, la culminación de una forma de hacer jungle, de llevarlo a un plano más «comercial» y «masivo». Pero *In the Mode* es una patada en la entrepierna, uno de los discos más raveros de drum'n'bass hechos nunca: oscuro, peligroso, metálico, extremo, callejero. Si el jungle nació del hardcore, *In the Mode* se lo devolvió, haciendo suyo muchos de los sub-estilos más *underground* de finales de los noventa como el hardstep, el techstep o el darkstep. Con colaboraciones de lujo como Method Man (de Wu-Tang Clan) o Zach de la Rocha (Rage Against The Machine), si *New Forms* era jazzie y luminoso, *In the Mode* es opresivo y sucio. Acércate al lado oscuro de la fuerza.

Primal Scream

Screamadelica (1991)

El disco con el que toda una generación de fans de rock'n'roll comenzaron a bailar música electrónica. Tras dos discos de rock psicodélico, Bobby Gillespie y su banda descubrieron el acid house y las raves (las drogas ya las traían puestas de casa hace tiempo) y convencieron a Andrew Weatherall para que les hiciera un *edit* bailable de un tema antiguo. El resultado gustó tanto a las dos partes que decidieron unirse para hacer algo juntos y único. El resultado es el exceso *Screamadelica*, o el resultado de juntar a Rolling Stones con Marshall Jefferson, un delirio de psicodelia, rock, dub, soul, gospel y house que transciende géneros, etiquetas y épocas. Aparte de Weatherall, que se hizo un nombre como figura estrella del techno británico con este disco, *Screamadelica* contó con la producción de The Orb (las muy dopadas dos partes de «Higher than the Sun» con el bajo de Jah Wobble) y aunque tiene errores gordos como la inclusión de demasiados medios tiempos, nadie es capaz de resestirse a bailar esos tres temas llamados «Loaded», «Come Together» y «Don't Fight It, Feel It».

Luomo

Vocalcity (2000)

La era digital, la mejora de los programas musicales y el constante crecimiento de la industria informática de hardware y software han permitido a muchos compositores hacer música electrónica solo utilizando el ordenador. De hecho, hay músicos que solo componen utilizando sonidos sintéticos que no salen de ningún instrumento o emulador de instrumento. En la época del glitch, los clicks'n'cuts y otras modas como el micro house, el filandés Sasu Ripatti era muy respetado con sus pseudónimos Vladislav Delay o Uusitalo. Pero a Ripatti también le gustaba bailar e ir de fiesta como a todo compositor criado en la música electrónica.

De esta conjunción de elementos (experimentación digital y pura diversión) nace Luomo y su disco *Vocalcity*, con «Tessio» como su tema más popular, una orgía soul sensual en la terminal del *Music for airports* de Brian Eno. Ambient, deep house y una colección de temas que han sido imitados por todo los compositores de house comercial durante la primera década del siglo XXI.

Motorbass

Pansoul (1996)

El sueño de la razón produce monstruos, o el éxito de unos pocos produce que todo el mundo pida más temas de ese grupo o, si no hay más, de ese estilo, de ese país, de sus amigos. El éxito mundial del «Da Funk» de Daft Punk centró el foco de los medios en París y en el house hecho en Francia. Y todo el mundo pedía más material de ese nuevo house tan chip, tan francés, tan funkie y disco.

El bien llamado french house hizo mundialmente famoso a DJs tan respetables como Laurent Garnier (más centrado en el techno) y también nos dio obras maestras como *Pansoul*, seguramente el disco más redondo de toda la corta historia del french house antes de que St Germain lo convirtiera en chill out para pijos con el jazzie *Tourist*. Philippe Zdar y Étienne de Crézy tenían el nombre (Motorbass), el sonido (ese house disco lleno de efectos y filtros) y el disco (*Pansoul*) pero su carrera acabó pronto, más que nada porque los dos triunfaron bastante más con sus dos siguientes proyectos: Étienne de Crézy con Super Discount y Zdar con Cassius.

Front 242

Front by Front (1988)

El éxito internacional del tema «Headhunter» ayudado, sobre todo, por el vídeo en blanco y negro de Anton Corbijn grabado en el Atomium de Bruselas, descubrió a mucha gente la EBM (Electronic Body Music), aquel synth-pop más metálico, marcial e industrial que hacían bandas como Front Line Assembly, Ministry, And One y muchos más, que iban del rock más duro a la electrónica más visceral. *Front by Front* es considerado por muchos la obra maestra de la banda belga Front 242, no solo por su éxito comercial sino por tratarse de su LP más redondo y, sí, más accesible hasta la fecha. Por fin, la música metálica que Front 242 practicaba desde los primeros ochenta salía del gueto y encontraba su lugar entre el acid house y el techno de las primeras raves europeas. Sin la banda de Jean-Luc de Meyer y Daniel Bressanutti el hardcore techno simplemente no habría existido, así de simple.

The Field

From Here We Go Sublime (2007)

El techno es una criatura que necesita crecer y reproducirse, como cualquier ser vivo. Cuando parece que está estancado, se retuerce y muta en otra cosa u otro estilo. Con el minimal dominando todas las discotecas europeas con mano férrea (al ritmo de lo que se cocía en Ibiza cada verano), desde Estocolmo (Suecia) llegó Axel Willner para revolucionar el techno alemán con *From Here We Go Sublime*, un LP superlativo de techno más cercano a las frecuencias melancólicas y melódicas del primer trance techno noventero compuesto con trozos de samplers de Kate Bush, The Flamingos o Lionel Richie (completamente irreconocibles). Editado por el sello de Colonia Kompakt, colar algún tema de este debut de The Field (como «Everyday» o «Silent») en una sesión de minimal de la época era un estallido de luz y de color. Si los Sigur Rós de *Ágaetis Byrjun* hubieran hecho techno se parecería mucho a este *From Here We Go Sublime*.

Leftfield

Leftism (1995)

En 1995 tres discos de música electrónica eran finalistas al Mercury Prize (mejor disco británico del año). Aunque era el año en que estaba nominando el *Definitely Maybe* de Oasis, ganó el *Dummy* de Portishead. Ese año también estaban nominados el *Maxinquaye* de Tricky y el *Leftism* de Leftfield. Paul Daley y Neil Barnes hicieron uno de los discos más multiculturales de la historia del progressive house (o el primer trance) que invadió las discotecas británicas antes del advenimiento del big beat de Chemical Brothers y compañía. Justo antes de la electrónica de masas, Leftfield producían temas africanistas como «Afro-Left», experimentos dubbies como «Songs of Life» o «Release the Pressure», el ragga acid de «Inspection (Check One)» y, sobre todo, recuperaban a John Lydon (de Sex Pistols) para la causa raver con un mastodóntico «Open Up», uno de los grandes temas de la música de baile. *Leftism* funciona muy bien como un ejemplo muy completo de la mezcla sin complejos que se estaba realizando en los clubs ingleses a mediado de los noventa.

Andy Stott

Luxury Problems (2012)

Tras revolucionar el techno dub con dos EPS brillantes, densos repletos de drones y ambientes opresivos en 2011 (*We Stay Together* y *Passed Me By*, que se compilaron en un doble CD juntos ese mismo año), el mancuniano Andy Stott aprovechó parte de las ideas recopiladas en esas 17 canciones y decidió llevarlas un paso más allá. En *Luxury Problems* (disco también editado por el muy recomendable sello Modern Love donde también militan Deepchord Presents Echospace o Demdike Stare) Stott crea algo que podríamos llamar techno dub pop aislacionista. La mayoría de temas comienzan con drones opresivos en los que poco a poco van apareciendo ritmos, bajos y voces angelicales (la de Alison Skidmore, su profesora de piano). Como si Kate Bush grabara con Techno Animal (el proyecto de Kevin Martin de The Bug) y encima esos bajos dub y esas bases metálicas que lo hacen tremendamente bailable. Si Burial trajo la desesperanza de la gran ciudad al dubstep, Andy Stott además, pretende hacerte bailar.

Four Tet

There Is Love in You (2010)

Kieran Hebden es uno de los muchos músicos que se mudaron del edificio del indie rock-pop al club de baile. Four Tet comenzó a hacerse un nombre remezclando a muchos artistas de las dos aceras (la indie y la electrónica) y llevaba publicando discos de electrónica bonita desde finales de los años noventa. Siempre en el sello Domino, su experiencia cada vez mayor como DJ le llevó a componer una obra más «bailable», un trabajo que mucha gente consideró uno de los mejores discos publicados en 2010. *There Is Love in You* es el disco de Four Tet más centrado en el ritmo y, claro, en la pista de baile. No es para menos, había tenido un gran maestro, el percusionista minimalista Steve Reid, con el que grabó cuatro discos con su propio nombre (a rescatar, sobre todo, el impresionante *Tongues*). Muchas baterías orgánicas son incorporadas a paisajes minimalistas, pero más cercanos al pop o folk que al jazz, creando unas pequeñas piezas de orfebrería bailable en las que destacan «Love Cry» o «Sing».

The xx

xx (2009)

Entre finales del siglo XX y la primera década del siglo XXI dos propuestas estilísticas surgidas del *underground* londinense se convirtieron en The Next Big Thing. Y con razón. Tanto el trío The xx como el cantante James Blake han publicado dos trabajos sin rebajar ni un ápice de calidad. Tanto Blake como Jamie xx (beats y productor de The xx) se han forjado en las fiestas dubstep y grime del sur de Londres, empapándose de todo ese groove sintético. En el caso de The xx, la conjunción se hace única con la mezcla de un bajo muy New Order, una guitarra minimalista al estilo de The Vaselines y métodos de producción del dubstep, house o el R&B de artistas como The Weeknd o Drake. ¿El resultado? Una colección de canciones íntimas e introspectivas apoyadas por las voces compenetradas de los dos cantantes (Romy Madley Croft y Oliver Sim) que todavía suenan en radios, anuncios o programas de televisión. Jamie xx llevaría el sonido del grupo a la pista de baile con su excelente *In Colour*. *xx*, un disco atemporal que ganó el Mercury Prize a mejor disco en 2010.

Lindstrøm

Smallhans (2012)

Siempre ha existido el eterno retorno en la música electrónica de baile. El french house era poco más que música disco modernizada para los nuevos bailarines. Al final de la primera década del siglo XXI la cosmic music o el cosmic italo disco comenzó a sonar de nuevo en los clubs. Fue una generación muy localizada, gente del sello alemán Permanent Vacation, algunos franceses como Joakim y el cuarteto noruego formado por Todd Terje, Diskjokke, Prins Thomas y Lindstrøm. Tras crear el himno cósmico definitivo («I feel Space») en 2005, Lindstrøm creo largas sinfonías espaciales como su versión de «Little Drummer Boy» o los tres temas de *Where You Go I Go Too*, pero le faltaba el disco definitivo en el que aunar melodía y bases cósmicas. En 2012, ayudado por Todd Terje, Lindstrøm entregó el disco definitivo de esta generación, *Smallhans*, un *déjà vu* espacial sin un segundo de bajón, una sesión perfecta, «una montaña rusa de melodías sintéticas y efervescentes que amenazan con saltar al vacío constantemente», como muy bien definía Beto Vidal en la revista *Go Mag*.

Manuel Göttsching

E2-E4 (1984)

Grabado a finales de 1981 pero no publicado hasta 1984, el *E2-E4* del alemán Manuel Göttsching es considerado por muchos como uno de los discos más inspiradores de la música techno y house. El líder de la banda de krautrock Ash Ra Tempel (donde también militaba Klaus Schulze de Tangerine Dream) abrazó la música cósmica después de unos primeros discos más psicodélicos. Tras grabar el muy influyente *New Age of Earth* (1976) como Ashra, Göttsching quiso componer una sinfonía más rítmica, casi funk (esa eterna conexión entre el motorik alemán de los grupos de krautrock con la escuela funk psicodélica americana). *E2-E4* tiene un ritmo constante muy bailable que aún se puede rastrear en muchos temas de techno y house actuales. Por encima, Göttsching iba improvisando solos de guitarras líquidas. Los temas del primer disco de Göttsching firmado con su nombre fueron muy pinchados por los DJs de la época, han sido una influencia muy grande para gente tan dispar como Basic Channel, LCD Soundsystem y forma parte (en forma de sampler) del hit internacional «Sueño Latino».

☺

Bibliografía

Javier Blánquez, Omar Morera y varios autores, *Loops: Una historia de la música electrónica*, Reservoir Books, 2002

Frank Broughton, *Historias y anécdotas de los DJs*, Ma Non Troppo, 2013

— y Bill Brewser, *La historia del DJ: Desde los orígenes hasta el garage*, Robinbook, 2006

— y Bill Brewser, *La historia del DJ 2*, Robinbook, 2007

David Brun-Lambert, *Laurent Garnier: Electroshock*, Global Rhythm, 2006

Felix Denk y Sven Von Thülen, *Der Klang der Familie: Berlín, el techno y la caída del muro de Berlín*, Alpha Decay, 2015

Martin James, *State of Bass: Jungle, The story so far*, Boxtree, 1997

Ariel Kyrou, *Techno Rebelde: un siglo de músicas electrónicas*, Traficantes de Sueños, 2006

Colin Larkin, *The Virgin Encyclopedia of Dance Music*, Virgin Books, 1999

Luis Lles, *Dance Music*, Celeste, 1998

Mark Prendergast, *Ambient Century: From Mahler to Moby - The Evolution of Sound in the Electronic Age*, Bloomsbury, 2003

Simon Reynolds, *Energy Flash: Un viaje a través de la música rave y la cultura de baile*, Contra, 2014

—, *Retromanía: La adicción de la cultura pop a su propio pasado*, Caja Negra, 2013

—, *Después del rock: Psicodelia, Postpunk, Electrónica y otras revoluciones inconclusas*, Caja Negra, 2010

—, *Generation Ecstasy: Into the world of techno and rave culture*, Routledge, 1999

Jesse Saunders, *House Music... The Real Story*, American Star Books, 2007

Peter Shapiro, *La historia secreta del Disco*, Caja Negra, 2012

Dan Sicko, *Techno Rebels: The renegades of electronic funk*, Wayne State University Press, 2010

Alvin Toffler, *El «Shock» del futuro*, Plaza & Janés, 1973

David Toop, *Ocean of Sound: Aether talk, ambient sound and imaginary worlds*, Serpent's Tail, 2001

Filmografía

Sonali Aggarwai, *From Jack To Juke, 25 Years of Ghetto House*, 2012

Gary Bredow, *High Tech Soul: The Creation of Techno Music*, 2006

Sam Bridger, *How Clubbing Changed The World*, 2012

Dick Carruthers, *PNYC: Portishead - Roseland NYC Live*, 1998

Maja Classen, *Feiern, Don't Forget to Go Home*, 2006

Eduardo de la Calle, *Beatz*, 2013

Alexander Dunn, *808 the movie*, 2015

Hans Fjellestad, *Moog*, 2006

Benjamin Franzen y Kembrew McLeod, *Copyright Criminals*, 2009

Brett Gaylor, *Rip! a Remix Manifesto*, 2009

Julian Halt, *Summer of Rave*, 1989

Leandro HBL & Wesley Pentz, *Favela on Blast*, 2008

Ethan Higbee y Adam Bhala Lough, *The Upsetter, The life and music of Lee Scratch Perry*, 2008

Carl Hindmarch, *Pump Up The Volume*, 2001

Rollo Jackson, *Tape Crackers: An Oral Histoy of Jungle Pirate Radio*, 2011

Rob Johnstone, *Kraftwerk and the Electronic Revolution*, 2008

Tilmann Künzel, *Sub Belin: The story of Tresor*, 2005

Steve M. Martin, *Theremin: An Electronic Odyssey*, 1994

Hervé Martin-Delpierre, *Daft Punk Unchained*, 2015

Guy McCreery, *Detroit Techno City*, 2001

Martin Meissonnier & Jean Jacques Flori, *Music is my Drug: Psychedelic Trande*, 2001

Bruno Natal, *Dub Echoes*, 2009

Doug Pray, *Scratch*, 2001

Josell Ramos, *Maestro: Larry Levan & early DJ Culture*, 2003

Günter Schwaiger, *Ibiza, Occidente*, 2013

Maren Sextro y Holger Wick, *We Call It Techno*, 2008

Mark Soldinger, *Chemical Generation*, 2000

Rapetón Staff, *La Clave*, 2010

Wim van der Aar, *Gabbers!*, 2013

Varios Autores, *E is for Ecstasy*, 1992

Varios Autores, *Dubfiles*, 2008

Tracklisting

Dance Electronic Music

Para lograr que la consulta de esta guía sea una experiencia completa para el lector, el autor ha considerado oportuno recopilar en una selección de 600 canciones (más de 62 horas de música) casi toda la historia de la música electrónica de baile, desde 1956 hasta finales de 2015. Desde los primeros experimentos electrónicos masivos hasta los grandes éxitos de la música disco, los ochenta, los noventa y todas las corrientes del siglo XXI. Una lista donde conviven las mejores canciones de cada año, hits rompepistas, muchos descubrimientos y, como no, un montón de temas que el autor considera únicos.

Puedes acceder a esta selección como playlist en la web de streaming musical Spotify, escribiendo en tu navegador de internet el siguiente enlace:

http://bit.ly/danceelectronicmusiclibro

☺

<u>Otros títulos de la colección Guías del Rock & Roll</u>

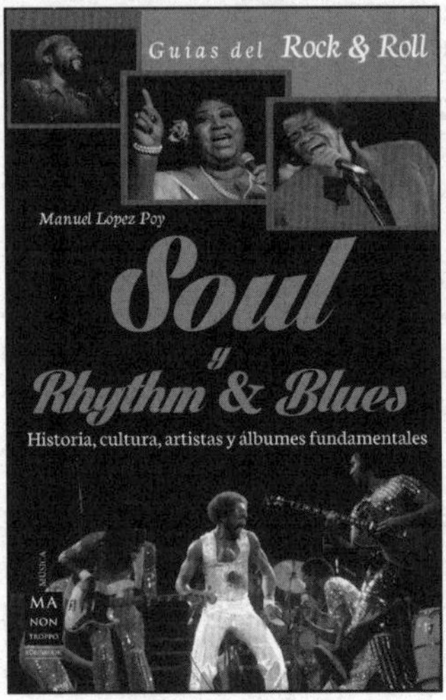

El rock ha cambiado la vida de las últimas generaciones, ya no es solamente un estilo musical sino que integra formas de vida, comportamientos, estéticas, referentes para muchos de los que hemos vivido los últimos 70 años. Esta colección de guías pretende abarcar lo que es y ha sido el rock en la música popular. El rock se ha convertido con el tiempo en un gran árbol del que surgen muchas ramas que han conformado la historia de la música del siglo XX y lo que llevamos del XXI.